みんなの金融

良い人生と善い社会のための金融論

駒村康平・編著

新泉社

みんなの金融

良い人生と善い社会のための金融論

駒村康平・編著

contents

ブックデザイン　守先　正
カバー装画　坂崎千春

序　文

1. 本書の目的

日本人は「金融＝資産運用」という印象を持ったため、「金融はお金持ちの金儲けの話」という考えが根強く、金融に対して正しい知識を持たない人が多いのが現状です。

本書は、慶應義塾大学経済学部で行われた三菱ＵＦＪ信託銀行の寄附講座「長寿と金融」の講義録をもとに、その内容を一部改編し、一般向けに書籍化したものです。

本書は、学生からビジネスマン、高齢者まで非常に幅広い方を読者として想定しています。読者それぞれに対するメッセージは以下のようになります。

中学生や高校生は、お金でできることとできないこと、お金が社会経済そして地球環境にどのような影響を与えるのか、同時にお金の大切さ、貯蓄の必要性、お金の貸し借りの意味、返済のルール、投資のリスク・リターンの関係、インフレ・デフレや複利の効果など、基本的なことを理解し、お金との向き合い方を学んでほしいと思います。

民法改正により２０２２年４月から成年年齢が18歳に引き下げられ、これ以降、18歳以上はみな「成年」となります。様々な経済取引については大人として扱われ、自ら契約に責任を持つことになります。18歳から20歳前半、あるいは大学生にとっては、まずは安易に商品や投資の勧誘に応じない、詐欺などの金融トラブルに巻き込まれないための金融知識は必要になります。その上で、金融システムがＳＤＧｓ（持続可能な開発目標）といった未来の社会までも左右するという知識も身につけてほしいと思います。

そして社会人になると金融と付き合う機会は飛躍的に増えます。ＮＩＳＡやｉＤｅＣｏといった個人資産、個人年金の形成、住宅ローンに代表される様々なローンやクレジット契約をすることになるため、金利や手数料といったものに敏感になる必要が出てきます。加えて近年、進歩が著しいフィンテックなどを使った新しい金融サービスも増加しています。自らアクセスしたインターネット、ＳＮＳやネット販売といった行為が情報という価値を生むとともに、取引相手に提供した自分の情報がどのように使われるのかを知ることも大切です。これからどのような金融サービスや産業が生まれているのか、リスクは何か、などを学んでください。

人生経験を重ねてきた高齢者にとっても金融は重要なテーマです。平均的には、若い人より、金融資産も金融の知識も多いものです。しかし、仕事から引退し、高齢期になると収入は公的年金が中心になります。同時に健康維持、介護費用、住宅リフォームなどで予想外の出費が発生することもあります。自分がどのくらい長生きするかわからない状況で、年金などの収入と支出の差を穴埋めするためには、資産を徐々に取り崩さないといけなくなるでしょう。つまり、うまく金融資産を運用しながら、同時に取り崩すという難しい問題が発生するのです。しかも加齢に伴い次第に認知機能が低下するので、自分で資産管理することもだんだん難しくなります。認知機能の低下により、特殊詐欺などにつけ込まれるおそれが出てきます。また相続や財産分与の問題も発生します。高齢期においても自分のために自分の資産を使うためにはどのような方法があるのか、信託など、これまであまりなじみのなかった方法を使うことも必要になります。

大切なことは、良い人生を送るために金融を使うと同時に、善い社会にするためにも金融を活用しないといけないという点です。格差が拡大し、紛争が起き、地球環境が悪化しているにもかかわらず、自分と自分の家族だけが豊かで平和な生活ができるはずなどないのです。

２０２０年の初頭から世界中に蔓延した新型コロナウイルスが、世界中の人々の暮らしに深刻な影響をもたらしています。この新しい感染症が蔓延した背景には、野放図な開発や行き過ぎた経済成長への信奉があります。新型コロナによって、私たち人類は一つの船のなかで暮らす仲間であり、相互に密接に影響を与え合っているということを強く認識したと思います。地球温暖化や地球環境の悪化が進めば、今後も新型コロナのようなパンデミックが繰り返されることでしょう。地球環境が限界を迎えているという科学者の警告も強くなっています。こうした問題は、昨日今日始まったわけではありません。

1992年6月、ブラジルのリオ・デ・ジャネイロで開催された国連の環境サミットに参加した当時12歳のカナダの少女、セヴァン・スズキさんは、サミットに集まった世界のリーダーを前に、「どうやって直すのかわからないものを、壊し続けるのはもうやめてください」と訴えました。[※1]もう30年近く前の話です。しかし、そうしたセヴァン・スズキさんの訴えもむなしく、地球環境の問題は先送りされてきました。30年も時間を浪費してしまったのです。そして2020年、ついに新型コロナというパンデミックの発生が起きました。ただしこれすら、環境破壊、地球温暖化がもたらす破滅的な被害を考えれば、単なる序曲かもしれません。

そうしたなか、世界ではやっとSDGsが社会の中に浸透してきました。そして地球温暖化、気候変動、パンデミック等、人類が抱える問題を金融の仕組みを使って解決する「サステイナブルファイナンス」や「ESG投資」は、今日極めて重要な金融のテーマになっています。こうした世界の動きにもかかわらず、日本ではまだSDGsの理解すら十分に広がっていません。

いまこそ私たちも金融の仕組みを学び、自分たちが貯めたり預けたりしたお金や保険料などが、社会経済でどのように使われているのか、地球温暖化や地球環境を壊すように使われていないか、貧困や格差を拡大するように使われていないか、知る必要があります。

本書で紹介するように、ＥＳＧ投資や企業ガバナンスの見直しを通じて、行き過ぎた資本主義経済の見直しも議論されるようになっています。金融を学ぶのは、まさに自分のためだけではなく、社会、地球そして将来世代のためでもあります。

※1　セヴァン・スズキさんのスピーチの一部を紹介します。「死んだ川にどうやってサケを呼び戻すのか、あなたたちは知らないでしょう。絶滅した動物をどうやって生き返らせるのか、あなたたちは知らないでしょう。そして、今や砂漠となってしまった場所にどうやって森を蘇らせるのかあなたたちは知らないでしょう。どうやって直すのかわからないものを、壊し続けるのはもうやめてください。（If you don't know how to fix it, please stop breaking it!）」

2. 本書の問題意識

(1) なぜ私たちにとって「金融」が大事なのか

金融は私たちの生活に不可欠なものとなっており、人生や社会の可能性を広げる仕組みです。しかし、「金融」という言葉に強いアレルギーを持っている人も少なくないでしょう。「自分にはあまり貯蓄もないので金融など関係ない」「銀行や金融機関は他人の金で利益をあげており、何も価値を生み出していない」「昔、自分の親が株式で損をした。自分自身も投資信託で損をして、金融機関は信じられない」といった声もあるでしょう。

このように意識的に金融を避ける人もいますが、金融のことを学びもしないで、頭から金融の役割、使い方や金融の可能性を否定すべきではありません。なぜなら、すでに述べたように金融は自分の資産だけではなく、社会、地球にとっても重要な仕組みだからです。

金融リテラシーに関する国際比較によると、国民一人あたりのGDPやOECDの学力調査PISAの数学のスコアと金融リテラシーのスコアの間には正の相関関係があります。つまり豊かな国ほど、そして算数や数学が得意な国民ほど、国民の金融リテラシーが高いことが確認されています。ただし、日本を除いては。日本人の金融リテラシーは、金融システムが整備されている他の先進各国との比較でも、こうした相関関係から外れて不相応に下位に位置しています。

なぜ日本人の金融リテラシーは低いのでしょうか？　いくつかの要因があります。一つは教育の問題があります。

金融の仕組みを理解するためには、「複利の効果」、「インフレ・デフレの意味」、「リスクとリターンの関係」など、基本的な概念を理解することが不可欠です。しかし、現在流通してい

図表 0-1　子供に「金は大切」と教えることに賛成の比率(%)

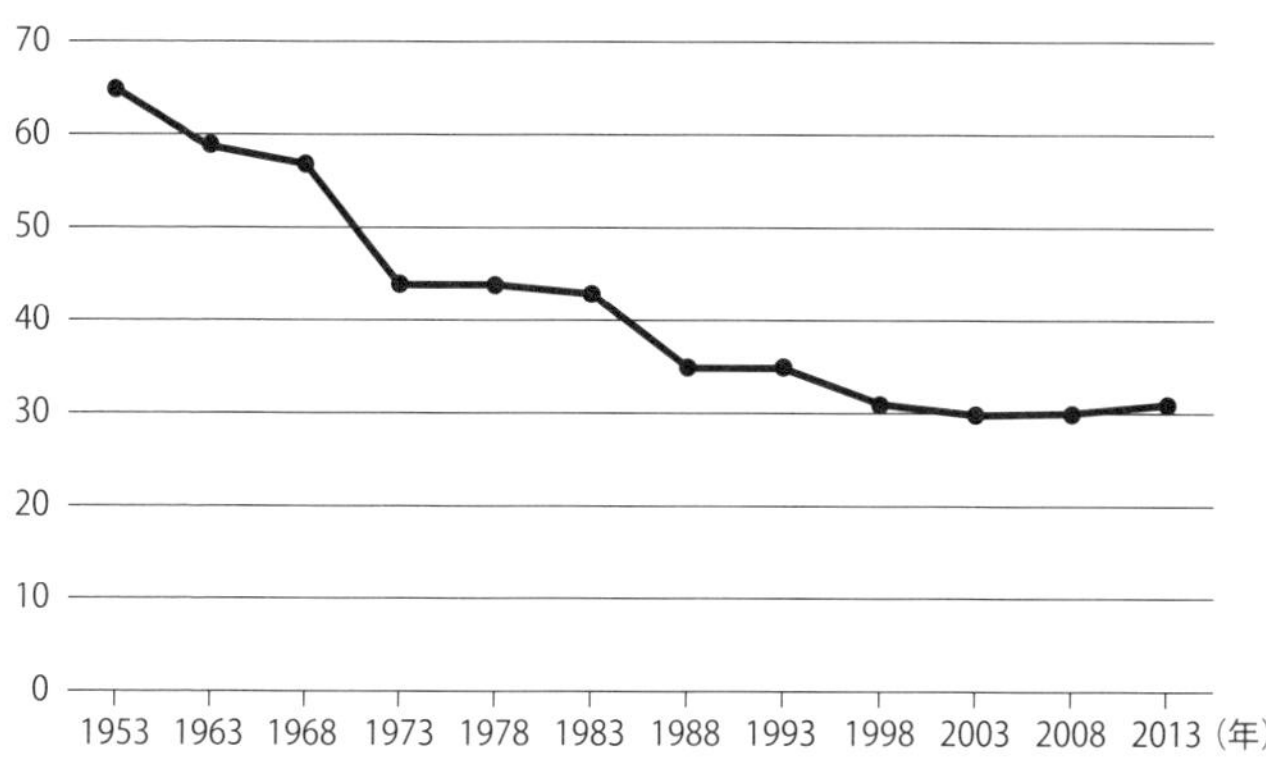

出典：著者作成

る中学生向けの「社会―公民的分野」の教科書でこのような記述があるのは1社だけでした。

ではは金融リテラシーに関する家庭教育はどうなっているのでしょうか？　**図表0-1**は統計数理研究所「日本人の国民性調査」の「小さいときから、お金は人にとって、いちばん大切なものだと教えるのがよい」という考えに賛成と答える親の割合です。意外なことに、1960年代のほうが家庭内でお金の重要性を教えてきたことがわかります。では、なぜ最近の親は子どもにお金の重要性を説明することに消極的なのでしょうか？　以前の日本では、戦後の復興から経済成長に向かうなかでお金の重要性が高かったからでしょうか。成熟した現代社会ではお金より大切なものがたくさんあるからでしょうか。この原因はまだ不明ですが、もしかしたら背景には所得格差の拡大や中間層の没落があるかもしれません。

最近の研究では、子どものときに親がお金の大事さを教えないと子どもの金融リテラシーが低く、お金の管理が苦手になることが確認されています。本当にお金の大事さを教えない家庭が増えているということならば、とても心配なことです。

このように学校でも家庭内でも金融リテラシーへの関心はあまり高まっていないように見えます。２００５年7月の経済教育サミット、２００５年の金融教育元年（金融広報中央委員会）、さらには２０１３年の金融庁「金融経済教育研究会報告書」というように、政府は金融教育・金融リテラシーの向上に努めていますが、その効果はまだ不十分です。金融庁も、「国民一人一人が安定的な資産形成を実現し、自立した生活を営む上では、金融リテラシーを高めることが重要である一方で、そのための機会が必ずしも十分とは言えない」と金融教育・金融リテラシーの向上が思うように進んでいないことを認めています。

(2) 金融リテラシーを身につけるべき理由

なぜ金融リテラシーを学ばないといけないのでしょうか？　この素朴な質問に答えることが学生や一般の人にとって金融リテラシーを学ぶ動機づけになると思います。日本証券業協会は金融リテラシーを「金融に関する知識や情報を正しく理解し、自らが主体的に判断することのできる能力のこと。社会人として経済的に自立し、より良い暮らしを送っていく上で欠かせない生活スキルのこと」としています。

しかし、「生活スキル」と言われても、ピンとこないでしょう。実際、金融のことをそれほど知らなくても日々の生活には困らないのではないでしょうか。自分の資産を増やすため、お金持ちになるため、それとも政府が言うように貯蓄から投資に資金が回ることによって経済成長を刺激するために、金融リテラシーを身につけなければならないのでしょうか。

たしかに、超高齢社会が進む日本では、個人金融資産約1900兆円の約7割を高齢者が所有しており、さらにその多くが預貯金となっています。

資産を保有する高齢者が加齢とともに認知機能が低下し、利子や投資に鈍感になって運用が不活発になれば、貯蓄は有効な投資に回らず経済成長は低いままになり、最終的には賃金も利子も低くなります。

貯蓄が投資に回らないと経済成長に寄与できません。もちろん利息・利子、配当が低いため、貯蓄や投資をしてもメリットがないという意見もあるでしょうが、利息や配当は、経済成長の分配です。投資が効率的に行われないと経済成長が低くなり、利息・利子が低くなるのです。

つまり、多くの人々が金融を学び、お金を賢く使うことが、社会を豊かにし、そして、私たち一人ひとりの人生をも豊かにするのです。

そもそも現代社会で、まったく金融サービスを利用しないで生活することは困難ですし、不利になります。多くの人は、金融についてはよく知らないけど、金融機関の勧めに従って、なんとなく金融サービスを利用しているというのが現状でしょう。

しかし、実は本人が気づいてないだけで、多くの問題や不利益が発生している可能性があります。例を挙げると、2019年OECDのPISAの調査によると、子どもの金融リテラシーは、経済的に恵まれていない世帯の子どものほうが経済的に恵まれている世帯の子どもより低いことが確認されています。それが事実であれば、金融リテラシー面での不利を通じて、世代間の貧困の再生産が発生している可能性があることになります。

低所得者が経済・金融の知識やリテラシーが不足していることで損をする「貧困ペナルティ」の問題がその傍証になります。これは低所得世帯ほど品質の劣る商品を売りつけられたり、同じ財・サービスの購入でも余計に支払っていたりするという問題です。金融面でも同様に、低所得者は現金・預金の不足から高金利のクレジットカードを利用せざるを得ず、年間1300ポンド（18・5万円、2021年1月現在）も余計な支払いが発生しているという英国の報告もあります。こうした問題を解消する一つの方法が、早期からの金融教育等の機会の保障でしょう。

こうした金融リテラシーの不足が効率的な金融市場の形成を阻害している可能性もあります。金融商品・サービスは複雑で、それらを提供する金融機関はその商品・サービスのメリット・デメリットをよく知っていますが、顧客・投資家はよく詳細を理解できていないという意味で「情報の非対称性」の問題があります。

「情報の非対称性」があるとどんな問題が起こるでしょうか。金融知識が不足している顧客に対して、顧客に不利な金融商品を勧めたり、顧客の利益を重視せずに、手数料など自分たちの利益のみを追求したりするような金融事業者の存在を結果的に許してしまうことになります。

顧客にきちんとした利益を出せないような金融事業者は、本来、金融市場・資本市場に存在してはいけないはずです。私たちは金融リテラシーを身につけ、「賢い顧客」すなわち「賢いアセットオーナー（＝投資家）」になる必要があります。そうでないと、「元本保証、高利回り」といった、ありえない「ローリスク・ハイリターン」のとんでもない儲け話に騙されて財産を失うことにもなりかねません。つまり金融リテラシーを持つことは「悪質な金融事業者」に騙されないため、自分自身の財産を守るためにも重要なことなのです。

さらに、賢い「顧客」が増えることは、金融市場・資本市場の効率化につながり、無駄な投資が行われなくなり、経済成長を高めることにもなります。この経済成長の配当こそが、金融商品のリターン、金利になるからです。

人々の金融リテラシーの欠如は、政策立案においても悪影響を与えます。２０１９年6月の金融庁市場ワーキング・グループの報告書が、いわゆる「老後２０００万円レポート」として注目されました。このことにより、「年金不安」がことさら注目され、加えて「２０００万円不足する」という数字が独り歩きしてしまいました。

少子高齢化に伴う社会保障制度の抱える諸問題、人生１００年ともいわれる長寿の時代の老後に向けてどのように準備すべきなのか、といったことを国民も自ら考え、「政府にできることは何か、自らが行うべきことは何か」を真剣に考える絶好の機会のはずだったのですが、金融に関する知識不足がそうした議論を深める妨げになりました。

そして、すでに述べたように人類全体にとっても金融リテラシーの不足は不幸をもたらします。地球温暖化は、現在大きな問題になっている新型コロナウイルスのようなパンデミックのリスクを高めるとされています。いまこそ成長至上主義の行き過ぎた資本主義経済の修正が求められており、ＳＤＧｓの推進が求められます。

その鍵を握るのが環境問題への投資である「グリーンボンド」や環境・社会・企業のガバナンスを重視する「ＥＳＧ投資」などの金融の仕組みです。企業がこれから環境や社会、適切なガバナンスを重視するようになるかどうかは、その企業の行動を大きく左右する機関投資家の評価によって左右されます。その機関投資家のファンドは、公的年金、私的年金、保険といった私たち「普通の人々」の金融資産から構成されています。自らの金融資産がどのように運用されて、どのような企業に投資されているのか、関心を持つことも重要です。自分たちが預けているお金が格差・貧困を解消させ、地球温暖化を食い止め、国際紛争を減少させる可能性があることを理解する必要もあります。

そこで本書は、資産家や高所得者対象の、お金を増やす投資の話だけではなく、お金が社会経済を循環することで、私たちが良い人生を送り、善い社会を作るための金融論の本としました。

3. 慶應義塾大学経済学部における講義（「長寿と金融」）の紹介

慶應義塾大学経済研究所は野村ホールディングスと三菱ＵＦＪ信託銀行とともに金融ジェロントロジーに関する共同研究を行い、２０１６年６月にファイナンシャル・ジェロントロジー研究センターを立ち上げました。また２０１８年度より三菱ＵＦＪ信託銀行寄附講座「長寿と金融」をスタートして、以来２０１８年度、２０１９年度、２０２０年度と毎年４００人近い受講者を集める人気講義となっています。本書は、２０１９年度、２０２０年度の講義から

「みんなの金融」というテーマに合うものを取り上げ、大幅に加筆したものとなります。

なお、本書にある論文は、必ずしも金融のテーマだけに限りません。本書の講義のタイトルを「長寿と金融」としたように、長寿になる人生のなかで、金融をどのように活用するか、そして長寿のなかで見直すべき社会の仕組みは何なのかということがこの講義の主題でした。したがって、高齢者雇用、公的年金、医療・介護といったテーマも含みます。自助である金融や労働、共助である公的年金、医療・介護を使って長い人生をどのように豊かに生きていくのかを考える講義となりました。

第1部　良い人生を送るための金融

第1部は、「良い」人生を送るために金融をどのように活用するかが主題です。取り上げるテーマは、まず金融資産の「形成・運用」、次に自分のための「活用」、そして次世代への「継承」となります。

第1章の「良い人生を送るための金融論：人生と金融――生涯にわたる資産形成の重要性――」(駒村康平・石崎浩二)は、金融資産を運用するための基本的な知識、運用の原則、金融機関や金融市場の役割、金融システムの仕組み、相続や事業承継などの世代間での資産の移転の問題を紹介します。

金融資産を形成するためには、金融リテラシーが不可欠です。ところが、日本人の金融リテラシーは、低いことが知られています。続く第2章「日本の中高齢者の金融リテラシー――日米比較を中心として――」(山田浩之)では、貯蓄し、資産を運用するために必要な金融リテラシーについて概説し、金融リテラシーを巡る研究を紹介、なぜ日本人の金融リテラシーが低いのかを分析しています。

さらに金融資産を運用するためには、リテラシー・知識だけでは不十分です。知識、情報を集めて判断する認知機能も大事です。ところが認知機能は年齢とともに低下し、次第に資産の管理が難しくなります。第3章「長寿社会における認知機能低下と金融ジェロントロジー」(駒村)では、寿命100年の時代を迎えるなかで、加齢とともに起こる認知機能の低下が金融資産の管理・運用に与える影響とその対策について、神経経済学や金融ジェロントロジーの視点から考えます。

金融資産を管理・運用する助けになるのが、AIやIoTを活用した金融サービス、フィンテックです。第4章「豊かな人生のためのお金の管理——フィンテックが広げる可能性——」(瀧俊雄)では、自分のお金を計画的に管理・活用し、人生の選択肢を広げるフィンテックの役割、可能性について紹介します。

高齢期には、金融資産を形成・運用することから自分のために使うことに重点が移ります。第5章「資産形成と資産活用——超高齢社会の金融サービス——」(野尻哲史)は、資産を作るだけではなく、いかに上手に自分の老後生活のために資産を使っていくかについて多くの重要な情報を提供してくれます。日本ではお金を貯めるということばかりに注目が集まり、老後、貯めたお金を上手に取り崩して、自分のためにどのように使うかという点について、十分な理解がなされていません。豊かな老後を迎えるために、人生の最後、ゴールから逆算し考えていくことの重要性を指摘しています。

そして人生の最後には資産を次の世代に継承することになります。認知症などで仮に判断力がなくなっても、あるいは死亡しても、自分の資産を自分が期待したように活用させられる方法が信託という仕組みです。第6章「人生100年時代の資産の管理・承継――信託を活用する――」（能見善久）では、今後ますます重要になる信託の仕組みとその活用を解説しています。あまりなじみのない「信託」という制度ですが、これを使うことで、資産継承の選択肢が広がることや、情報やアイディアなど、様々な資産を信託することで社会経済が豊かになることを紹介しています。

（駒村康平）

第1章 良い人生を送るための金融論：人生と金融

――生涯にわたる資産形成の重要性――

新型コロナの影響で、2020年の出生数は87万人と過去最低を記録しました。日本の少子高齢化のスピードは加速するばかりです。巨額の財政赤字と超高齢社会を迎え、資産形成の重要性が増していますが、「老後2000万円レポート」問題が起こったことで、問題の本質が議論されずに終わってしまいました。寿命が長くなることは、資産寿命も長くなるということです。長生きに備えた資産形成を、自分ごとと捉え、勉強しておくことは大切です。

慶應義塾大学経済学部教授
ファイナンシャル・ジェロントロジー研究センター長

駒村康平
（こまむら・こうへい）

1964年生まれ。慶應義塾大学大学院経済学研究科博士課程単位取得退学。博士（経済学）。国立社会保障・人口問題研究所、駿河台大学、東洋大学を経て2007年より慶應義塾大学教授。社会政策、高齢化問題、金融ジェロントロジーを研究。厚生労働省顧問、社会保障制度改革国民会議委員、社会保障審議会委員、金融庁金融審議会（市場ワーキング・グループ）委員として、高齢化に関わる政策提言を行っている。

＋

三菱UFJ信託銀行 執行役員
フロンティア戦略企画部長

石崎浩二
（いしざき・こうじ）

プロフィールは249ページを参照。

「金融庁ワーキングレポート」騒動から見えてきたこと

２０１９年６月、金融庁金融審議会市場ワーキング・グループが「将来公的年金の給付水準が引き下げられ、老後２０００万円の貯蓄が必要になる」という内容の報告書を発表したとされ、それが「老後２０００万円レポート」として大きな騒動になったことは記憶に新しいと思います。

報告書を巡っては、「金融庁が金融機関を儲けさせるために老後不安を煽った。悪質な証券会社の手法のようなもの」「投資しろというけれど、普通の人がパソコンの画面にかじりついて、株を日々売買しろというのか？　そんなことはできない」などというような誤った評価が広がりました。

しかし金融庁のレポートは、決してすべての人が老後に生活費が２０００万円足りなくなると言っているわけではありません。むしろはっきりと、暮らし向き、生活のスタイルによって、それぞれ必要になる額は異なると記しています。

報告書に書かれていることは、①金融機関に対して手数料稼ぎの過剰な販売推奨をやめて、「顧客本位」のサービスを行うことを徹底させる方針を示した、②若い世代は早くからＮＩＳＡ（ニーサ）や iＤeＣo（イデコ）といった方法で老後の準備をする必要がある、③高齢期にさしかかった人は、加齢に伴って認知機能が低下するリスクが高くなることから、自分の財産の管理や活用の方法を家族など信頼できる人と共有するように、という内容でした。

その後、報告書は多くの人にダウンロードされ、実際に読んだ人の多くは、この報告書は重要であったという評価に転じています。

例えば、中間層より上の所得層の人々の反応は、当然2000万円程度は準備しないといけないだろうというものでした。大企業の正社員からは、退職金や確定給付企業年金などまで考慮すると、2000万円程度はすでに準備しているという声もありました。

では結局、「老後2000万円レポート騒動」とは何だったのでしょうか？　報告書には生活に余裕のない人への配慮が不足していた、ということは事実です。しかし、国民の金融リテラシーの不足という問題もありました。この騒動からわかったことは、世間も年金などの社会保障制度のことをよく理解していないということ、金融機関、そして資産運用に対して、国民のアレルギーが根強くあるということでした。

格差拡大への理解の不足

先述したように、報告書には不足した部分がありました。それは、格差社会が広がる中で、生活に余裕のない人、低所得者層への視線でした。金融庁の議論や報告書を見ても、その対象は日々の生活にある程度余裕のある所得・資産の中・上位層のみを意識したようなイメージとなっています。日々の生活に精一杯で、貯蓄をしたくてもできない人々、非正規労働で日々の生活にも苦しんでいる人々への配慮が不足していました。中小零細企業の従業員や非正規労働者は、老後の準備をする経済的余裕がありません。厚生年金に加入するのも精一杯という中小零細企業が多数あります。国民年金保険料の納付もままならない非正規労働者も多数います。

加えて、将来予想されるのが公的年金の給付水準の低下です。金融庁の報告書が出された後の2019年8月に厚生労働省より公表された「2019年年金財政検証」では、公的年金の給付水準は2040年ごろまで継続的に低下するとされています。しかもその低下幅は、厚生年金（報酬比例部分）は小さいものの、基礎年金はかなり大きくなることが確認されています。低賃金の労働者ほど受け取る年金額に占める厚生年金の割合が低く、基礎年金に依存する割合が高いことを考えると、年金水準低下のダメージは大きくなるといえます。

このような公的年金給付水準の低下を補うという点では、低所得者ほど、若いうちから貯蓄や私的年金を充実させなければならないということになります。しかし、生活にゆとりのない人にとってはとても難しいことです。

公的年金の給付水準が低下するのは、高齢化を迎えた先進国では共通した悩みであり、各国とも低下していく公的年金を補うために、なるべく多くの人、幅広い所得層を私的年金に加入させようと工夫をしています。例えば、ドイツでは低所得者でも私的年金に加入できるように、個人年金の保険料を一部国が補助するような仕組みを導入しています。国民に広く老後の資産準備を促すためには、資産形成を支援する金融庁と、きめ細かく低所得者層にも目配りする厚生労働省との連携が必要だったわけです。

他方で、「老後2000万円レポート」が国民に老後の資産形成を強く意識づけたという点は重要です。もちろん、公的年金や社会保障をまったくあてにしないというのも非現実的です。年金の給付水準が低下したとしても、老後の生活保障の中核は公的年金であり、健康リスクへの対応は、医療・介護保険が重要であることは今後も変わらないでしょう。したがって「金融リテラシー」だけではなく、社会保障に関する知識、すなわち「社会保障リテラシー」も絶対に必要です。諸外国には金融リテラシーのみならず、生活に不可欠な「社会保障リテラシー」を学ぶ機会を国民に提供している国もあります。ただ、社会保障の仕組みもまた複雑ですし、繰り返される改革によって変化しています。まとまって学ぶ機会はほとんどの人にとって皆無といえます。政府による社会保障を学ぶ機会の提供を通じて、国民全体の「社会保障リテラシー」の向上を期待したいところです。

社会保障制度は、人口構造・経済構造・労働形態・家族形態の変化に対応して、絶えず様々な改革を行う必要があります。現在の社会保障制度の仕組みだけではなく、今後、超高齢社会の中で社会保障制度がどのように変化していくのか、先を見ることも必要です。このあたりの議論は、第2部の守備範囲になります。第9章の大林論文や第10章の清家論文を参照してください。

ここでは公的年金および社会保障制度の見通しだけ、少し触れておきましょう。大きな流れとしては、今後進む高齢化率の上昇に連動する「マクロ経済スライド[※1]」という仕組みによって、公的年金の給付水準が引き下げられるのに加え、医療・介護の保険料が上昇するため、手取りの年金給付水準がさらに低下することを老後の準備の中に織り込んでおく必要があります。他にも考えておくべきことは、医療や介護サービスの窓口負担が引き上げられる可能性がある点です。2020年12月には年収200万円以上の75歳以上の高齢者の医療保険サービスの窓口負担が1割から2割に引き上げられることも決まりました。継続する高齢化のなかで、医療費の負担は増大しています。若い世代のみがこの負担を引き受けることになると、健康保険財政が破綻するおそれがあり、高齢者にも負担増を引き受けてもらわないといけない状態になっているのです。

※1　2004年年金改革によって保険料負担と給付とのバランスをとるために導入された方式。公的年金の被保険者数の減少率と、平均余命の伸び率に応じて決まるスライド調整率によって年金の給付水準を調整する。

ライフサイクルと金融資産形成

日本で「老後2000万円レポート」が議論されたのとちょうど同じころの2019年6月、世界経済フォーラムによって「我々の未来に（未来のために）投資する事」という老後準備に関する報告書が公表されました。報告書では、一定の仮定に基づいて、先進6カ国（日本、米国、英国、カナダ、オーストラリア、オランダ）の金融資産の形成（25歳から65歳までの貯蓄、資産運用）をシミュレーションし、①「貯蓄に頼らずに生活しなければならない期間」、②「貯蓄に頼り生活できる期間」を計算しています。その結果、**図表1-1**で示すように、日本は①については、男性15・1年、女性19・9年、②については各々4・5年であるとしています。つまり、日本の高齢者はわずか4・5年で貯蓄が枯渇するということです。最終的には「日本は先進6カ国中で、最も寿命が長いにもかかわらず、最も老後の蓄えが少ない」国であるという結論となっています。金融庁のレポートをはるかに超える厳しい見通しです。

貯蓄大国とされていた日本が、先進国で最も老後の蓄えが薄い国であることが指摘されたわけです。貯蓄好きのはずの日本が、消費好きの米国よりも資産が少ないということは、にわかには信じがたいかもしれません。

世界経済フォーラムの報告書の中で気をつけないといけないのは、これは金融資産の実態、

図表1-1　老後、貯蓄に頼って生活できる期間の国際比較

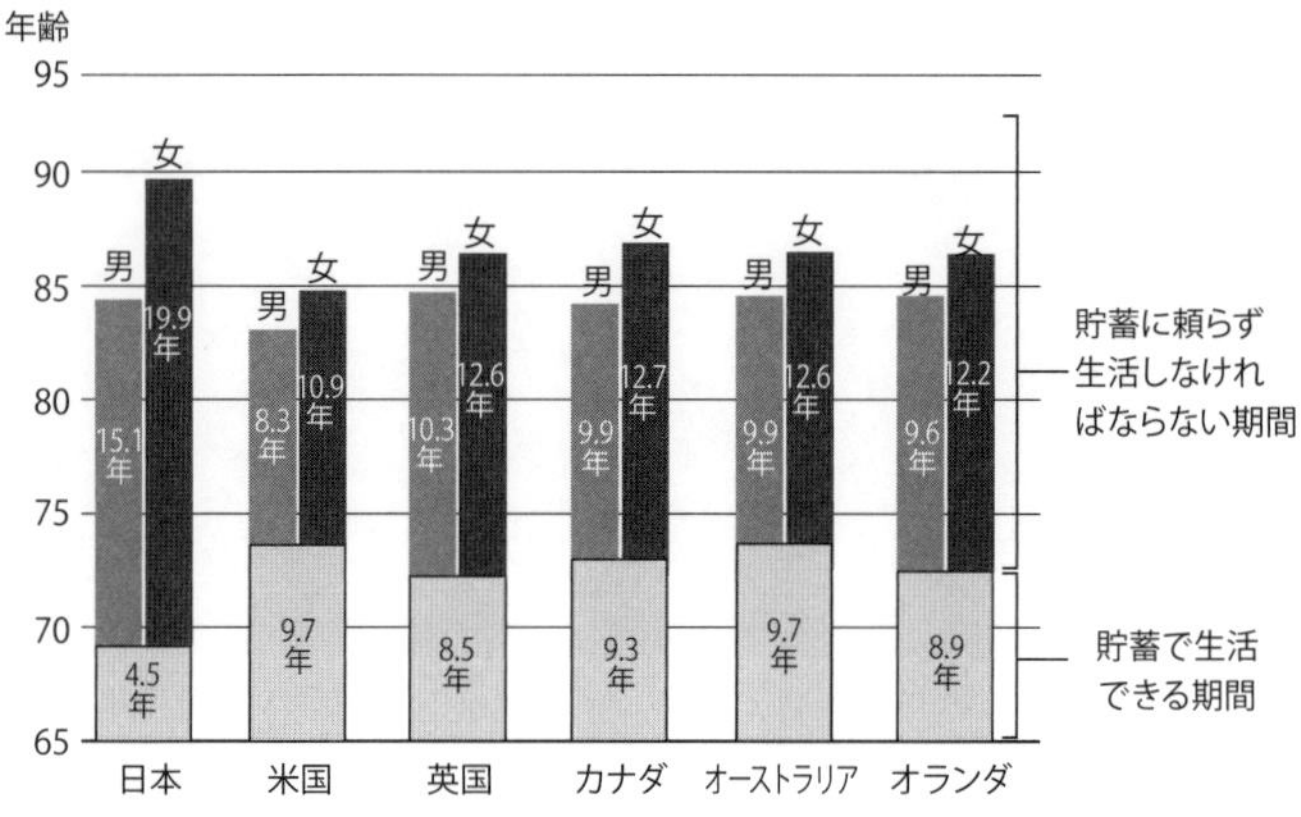

出所：World Economic Forum「Investing in (and for) Our Future」（2019年）より作成

あるいは現実の資産額というよりは、一定の仮定の上での「シミュレーション」である点です。その意味では、金融庁のレポートとは性格がまったく異なります。実際、世界経済フォーラムの報告書には、いくつかの問題があります。一番の問題は、公的年金の給付が無視されているという点で、非現実的な想定となっていることです。

ただ、このシミュレーションでは、大事なことも示されています。資産選択における各国の想定です。**図表1-2**で示すように、日本は、貯蓄を開始する25歳から終了する65歳までの40年間、他国と異なり、ほとんど金利のつかない「短期金融資産」しか保有しないという想定になっています。これに対して「貯蓄に頼って生活できる期間」が9・7年

図表 1-2　各国の資産選択の比較（25歳→65歳）

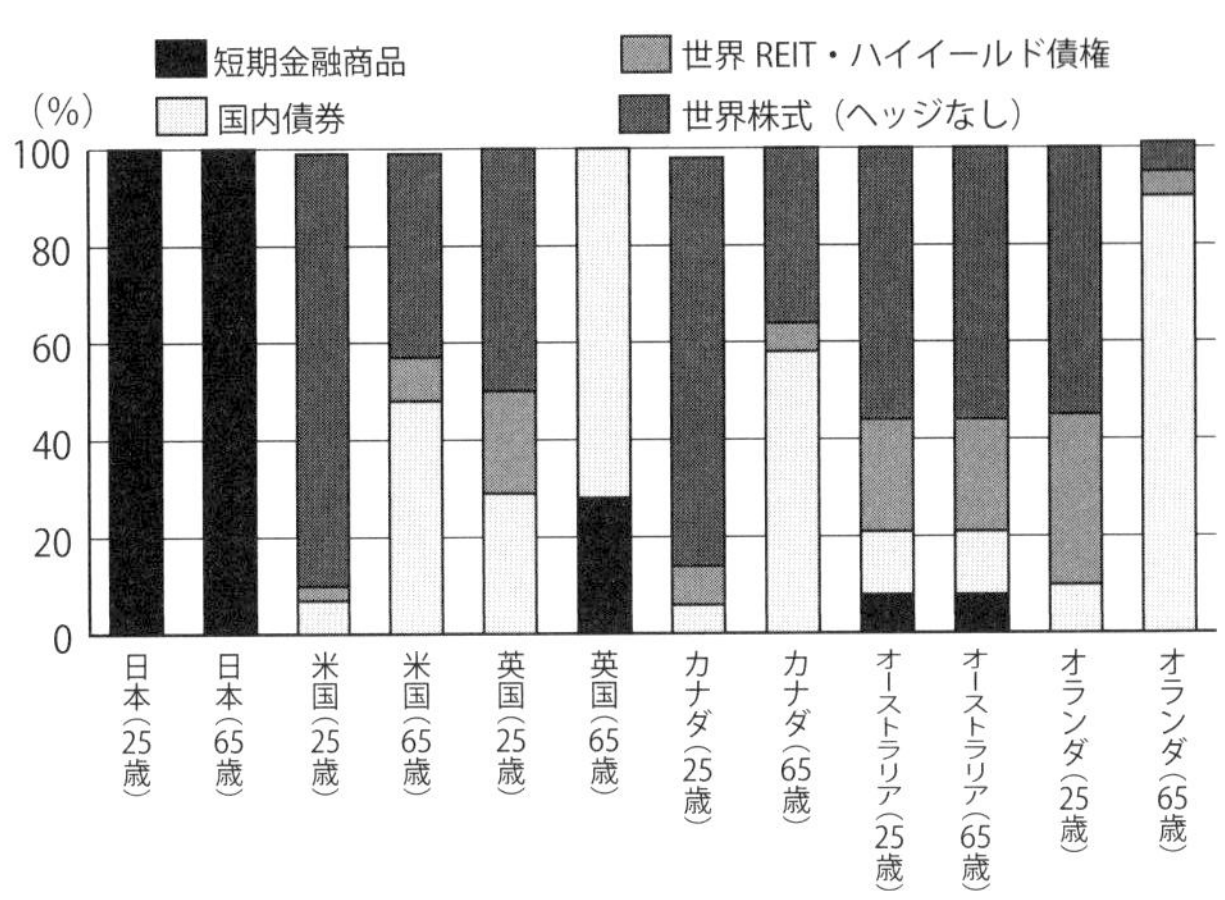

出所：World Economic Forum「Investing in (and for) Our Future」（2019 年）より作成

で最長になるとされる米国は、25歳からリスクは高いがリターンも高い世界株に投資し、年齢とともに徐々にリスク資産の選択を減少させる資産選択を行うと想定されています。

まさに資産構成とその金利の差が、日本と米国の金融資産額に大きな差を生じさせるのです。この運用の意義については、のちほど詳しくお話ししましょう。

日本でも公的年金の低下を補うために、企業型の確定給付年金、確定拠出年金、そして個人型の確定拠出年金のｉＤｅＣｏ、運用で得た利益を一定期間非課税にするＮＩＳＡなどが導入されています。現在も制度改革は行われ、加入の優遇税制も拡充されています。実際にｉＤｅＣｏやＮＩＳＡの加入者も増加しつつあります。しかし、口座を作るだけでは不十分です。前述の世界経済フォーラムのシミュレーションでも見たように、いかに運用するかが重要です。そして、効果的に運用するためには、金融リテラシーや経験も必要です。

諸外国の仕組みで参考になるものも多くあります。世界経済フォーラムの米国の想定に見るように、若いときには「ハイリスク・ハイリターン」中心の金融資産を保有し、加齢とともに「ハイリスク・ハイリターン」の資産の比重を下げていくという資産選択が有効になります。なぜなら、退職までに時間がある若い世代は、就労による収入があり、かつ長い期間の運用が可能だからです。こうした設計がなされたファンドのことを「ターゲット・デート・ファンド」といい、米国では大変人気のある金融商品になっています。

また、自分が将来受け取るだろう公的年金の金額を把握することも大事です。私たちは、それを前提に必要な老後資産を形成するからです。実際、日本の場合は、日本年金機構から「ねんきん定期便」などで一定の年齢に達したときの見込額の通知が送付されます。しかし、それと企業年金や個人年金を組み合わせて、老後に向けた資産形成をするのは簡単ではありません。この点、英国ではフィンテックなどの技術を使って、公的年金と私的年金を統合的に管理できる「年金ダッシュボード」というプラットフォームが開発されています。

資産形成の基本――「長期・積立・分散投資」の意義

次に、資産を形成するための3つの基本的な考えを紹介しましょう。

まず1つめですが、現在のような低金利のもとでは、預貯金では元本以上に資産は増やせません。預貯金は単なる金銭の保管機能を有するにすぎないのです。**図表1-3**は過去50年間の短期金利の動きです。短期金利は、銀行間でのお金の貸し借りの金利で、ほぼ預貯金の金利に相当します。インフレ率が高く、経済成長も金利も高かった70年代とは異なり、過去20年の金利はほぼゼロです。預貯金で金融資産を持っているということは、「保管」しているに過ぎず、運用していた場合に可能だった「利回り」を受け取る機会を失うことを意味します。

2つめは、投資は自己責任だということです。リターン（利回り）が高いということはリスクも高いということです。リスクが低くて、必ず元本は保証するにもかかわらず、リターンも高いという金融商品は存在しません。株式投資や投資信託などの投信運用商品も元本割れの可能性はありますが、その元本割れの可能性を低くする方法はあります。

その答えが、3つめの「長期・積立・分散投資」による運用です。以下、この「利回り」と「長期・積立・分散投資」について説明しましょう。

①利回り――特に複利運用の効果

まず大事なのは、「利回り」(利息)という概念です。利息には単利と複利があります。単利とは元本部分に対する利息であり、複利とは元本と利息を合計したものに対する利息です。利息が利息を生んでいくという複利は、借金する場合は大変なことになりますが、貯蓄・投資をする場合は大きなメリットがあります。

まず単利と複利の効果を比較してみましょう。中学校の教科書でも紹介されている「72の法則」です。「5%の利子がつく投資を何年間行うと元本の2倍になるでしょうか」という問題を考えてみましょう。簡単な計算ではありませんが、単利の場合は「100÷金利」、複利の場合は「72÷金利」で計算できます。例えば、年5%で運用した場合、単利なら20年間かかりますが、複利なら14・4年間で済みます。複利のほうが5年以上短くなるわけで、その効果は絶大です。アインシュタインが「複利は人類による最大の発明だ」という言葉を残したとおり、長期投資における複利効果は大きいです(**図表1-4**)。したがって、利息も配当金も再投資して複利運用したほうが望ましいのです。

②分散投資の効果

分散投資も重要な概念です。英国の格言に「卵を1つの籠に盛るな」というものがありま

図表 1-3　短期金利の動向

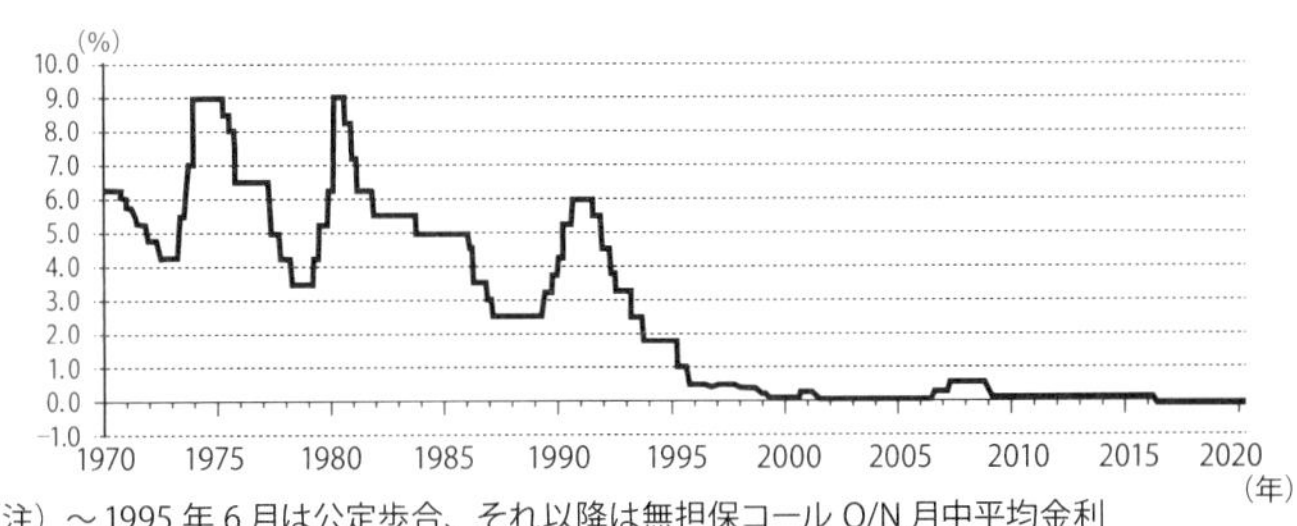

(注) ～1995 年 6 月は公定歩合、それ以降は無担保コール O/N 月中平均金利

出所：Bloomberg、日本銀行より金融庁作成

図表 1-4　100万円を年利5%で30年間運用した場合

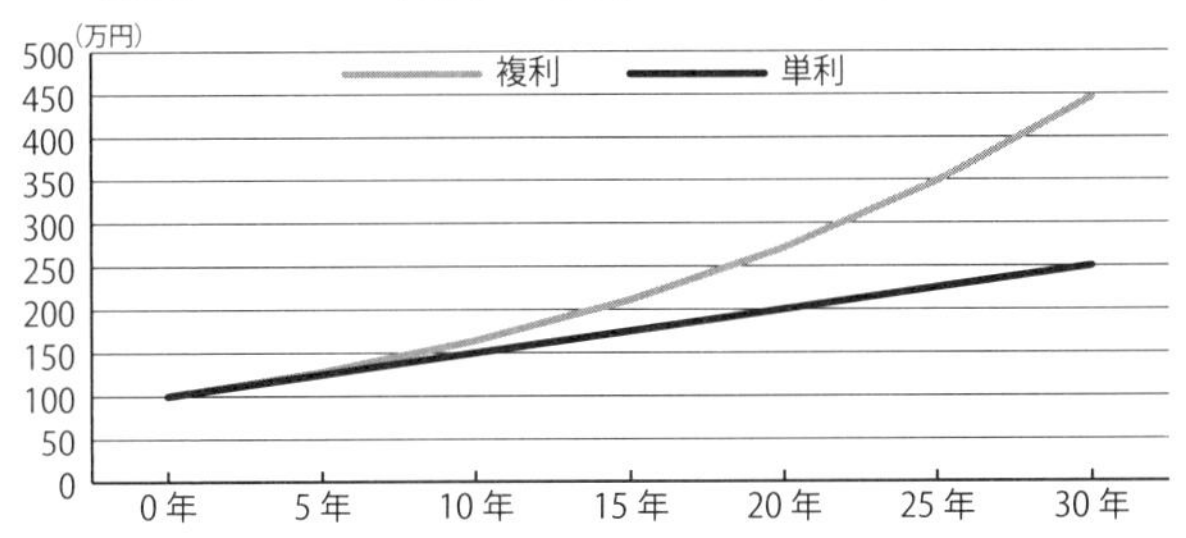

出所：筆者作成

図表 1-5　金融資産の性格

預金・貯金	銀行等の金融機関に預けたお金。元本保証がある
債券	国や企業などが資金調達のために借り入れるお金。返済が必要。国が発行するものを国債、企業が発行するものを社債という
株式	株式会社の事業資金となるお金。株主に配当する義務を負う。会社の価値によって株価は変動する
投資信託	不特定多数の人から集めたお金を資金として、株式や債券などに投資する仕組み。価格は日々変動する

出所：筆者作成

す。仮に1つの籠を落としたとしても、卵を別の籠にあらかじめ分けていれば、すべての卵が割れることはないという意味です。

まず投資対象になる金融資産の性格を、**図表1-5**にそって簡単に見てみましょう。

すでに紹介したように、預貯金の現状リターンはゼロで、リスクも、銀行が破綻する可能性はありますが、預金保険もあるので、ほぼないといっていいでしょう。債券は、発行主体の信用度によって様々ですが、国債などはリターンもリスクも低くなっています。株式は、ハイリスク・ハイリターンの典型で、株価の変動次第ということになります。

ここで、債券と株式について少し説明します。

債券は、政策や事業のためにお金を借りる国や都道府県、会社等が発行する、ある意味「借用書」（負債証券）です。個人が相対で約束する「借用書」とは異なり、額面・利息（クーポン）、返済期日があらかじめ示された包括的な借用書といえます。国等はそれに従い、債券を所有する人に、期日に借りたお金を支払います。この借用書は「債券市場」で売買することができます。

債券市場には、企業が発行して投資家が買う発行市場と、その後に投資家が転売する流通市場があります。流通市場で売買される債券は既発債（すでに発行されている債券）で、債券の売買価格が債券価格となります。

また、債券は発行時の利息（表面利回り）のつけ方（固定か、変動か）、償還の期間（1年以内の短期／2～5年の中期／10年の長期／20、30、40年の超長期）など様々な組み合わせが可能になり、「銘柄」も多数あります。

債券は、発行主体が存在し、返済する能力がある（債務不履行・デフォルトにならない）限り、戻ってくるお金なので比較的安全です。ただし、債券は売買されるために、運用の過程で債券価格が変化します。そのため、購入したときよりも安く売る場合は、損をするリスクもあります。そもそも借金ですので、発行主体の信用力も重要で、信用力に応じて発行時の利息が決まります。「公債」は、最終的には借金を税金で返済する徴税権を国、都道府県が持つため信用力は高く、利息は低くなります。企業の場合は、信用力は業績を反映したものになります。一番信用力が高いのは国債となり、表面利回りは債券の中でも最も低い利息となります。

価格が変動する以上、債券に記載されている利息（表面利回り）以外にも、もう一つの利回りである「流通利回り」があります。例えば、「国債（流通）利回り」とは、表面利回りによる金利収入に、市場取引による売買差益も加えて計算した年間収益率を表します。国債の金利はおおむね市中金利に連動して決まるため、金利が低下すれば、新規発行される日本国債の表面利率も低下します。

他方で、市中金利と発行済みの既発債の価格は逆に動きます。すなわち、市中金利がこれまでより低下すると、新規発行される国債の表面利回りはこれまでよりも低下します。一方、以前の高い利息がついた既発の国債は人気が上昇し、価格が上昇します。その結果、高い利回りを確保するためには、既発の価格の上昇した高い国債を買わないといけなくなるので、既発国債の流通利回りは低下します。

この国債のうち10年物国債（償還期間10年）の流通利回りが、長期金利の指標とされます。長期金利は将来の企業の利益や所得の伸びを示す名目経済成長率とほぼ同じ動きをすることが経験的にも確認されています。そのため、経済活動が活発になって実質経済成長率が上昇すると、景気拡大が予測されて長期金利が上昇します。さらに経済が過熱するとインフレ率が上昇し、より長期金利が上昇するわけです。長期金利は、マクロ経済の体温計のような役割を果たします。

次に株式について説明しましょう。株式は債券とは異なり、会社への投資です。第2部でも紹介するように、株式を買うということは会社の所有者の一人になることを意味します。

企業は新たな株式、新株を発行することで資本を増やすことができ、新たな設備投資が可能となり、成長の機会を得ます。ただし、発行済みの株価が上昇しても企業の資本が増加するわけではありません。

では、株価の上昇は、企業にどのような影響を与えるのでしょうか。

株価の変動要因（上昇要因）には、①マクロ経済要因（景気やその見通しの好転）、②企業の経営努力・企業の将来性（新商品、新技術、社会のニーズの変化等）の向上、③金利の低下、④投資家の楽観的な見通しなどが挙げられます。これらが逆に動けば株価は下がります。

自社の株価が、同業他社の株価よりも上昇しているということは、②が評価されているということで、企業経営陣が評価されているということにもなります。このため、経営陣はより積極的な経営が可能になります。一般的に、株主は株価が高く、配当金が高ければ、企業経営陣に対する信任議案に賛成します。また、株価が高い状況で、公募増資を行えば、より大きな資本の調達が可能になり、企業の投資機会が増えます。株価が高いことは、企業の信用を高め、銀行からの借り入れ条件の交渉や社債の発行を有利に行うことができます。株式市場への投資というのは、企業の成長を通じて日本経済の成長を刺激し、賃金や金利を引き上げることになるわけです。

債券と株式の違いがわかったところで、分散投資に話を戻しましょう。

投資においては、一つの金融資産や一つの企業の株式に集中投資するより、分散投資のほうがリスクは小さくなります。分散投資のポイントは、値動きが異なる金融資産あるいは株式銘柄を組み合わせて投資することです。値動きが類似するものに分散投資してもその効果は小さく、値動きの異なるものを選ぶことで効果が発揮されます。異なる値動きは相関係数で表さ

図表 1-6　積立・分散投資の効果

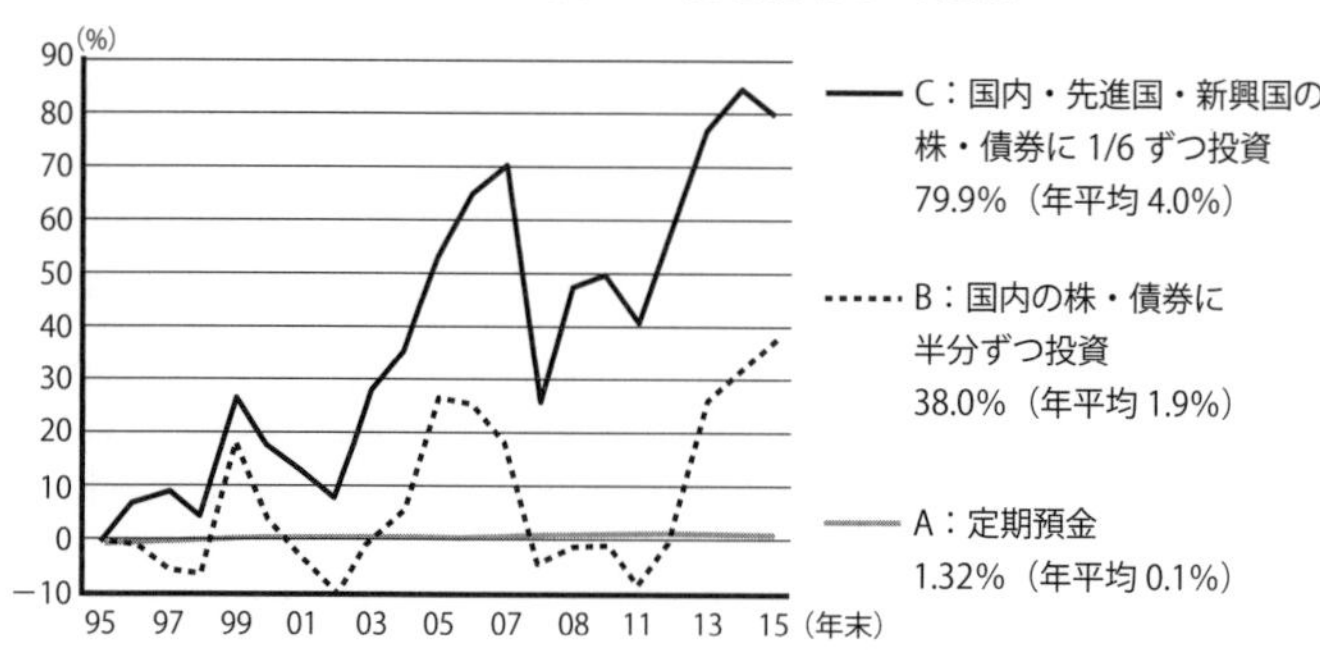

（注）各計数は、毎年同額を投資した場合の各年末時点での累計リターン。
株式は、各国の代表的な株価指数をもとに、市場規模等に応じ各国のウェイトをかけたもの。
債券は、各国の国債をもとに、市場規模等に応じ各国のウェイトをかけたもの。

出所：金融庁　家計の安定的な資産形成に関する有識者会議「長期・積立・分散投資に資する投資信託に関するワーキング・グループ」事務局説明資料（2017年2月24日）

れ、0〜1なら価格変動が連動するように、一方の金融商品が値上がりすれば他方の金融商品も値上がりします。相関係数がマイナス1〜0なら逆方向、すなわち片方が値上がりすればもう一方は値下がりします。同じ方向に変化すると、卵を一つの籠に入れたように危ないですが、逆に動けば別の籠に入れたように安全なわけです。

異なる値動きをする金融商品を買うメリットを見てみましょう。

図表1-6は、積立・分散投資の効果をグラフにしたものです。Aの定期預金で20年間運用した場合は、年平均リターン0・1%のプラス1・32%、Bの国内の株式と債券に半分ずつ投資した場合は、同1・9%のプラス38・0%となります。Cの国内・先進国・新興国の株式と

債券に１／６ずつ投資した場合は、同４・０％のプラス79・９％となり、20年間では定期預金の約80倍のリターンになります。株式や債券は、価格変動はありますが、世界へ分散し長期間保有することで、リスクを低くしながらリターンを得られる可能性が高くなります。

③ 長期・積立投資

次に長期投資の意義を見てみましょう。株式はハイリスク・ハイリターンの金融資産です。バブル崩壊以降も、２００８年のリーマンショック、世界金融危機のように株価が暴落した局面がありました。短期的に見れば株価は上下に大きく変動することもあります。株価が低下すると、このまま保有しているとさらに損失が出るのではないかと狼狽(ろうばい)して早く売ってしまおうと考えがちです。もし実際に株式を売却すると、高いときに買って、安いときに売ることにもなるので損失が発生してしまいます。では、短期の動向に狼狽しないで、長期間保有するとどうなるでしょうか。**図1-7**は、過去の実際の資産運用の実績（１９８５年以降、バブル崩壊、金融危機も含む期間のデータ）からシミュレーションした結果です。保有期間５年の場合は、元本割れを起こしたケースがあるものの、保有期間20年の場合は、元本割れを起こしたケースがありません。このように、長期運用は元本割れのリスクを下げることができるのです。

では、長期運用できる人はどういう人でしょうか。年齢が重要になります。若い人ほど資産

図表 1-7　長期投資の運用成果

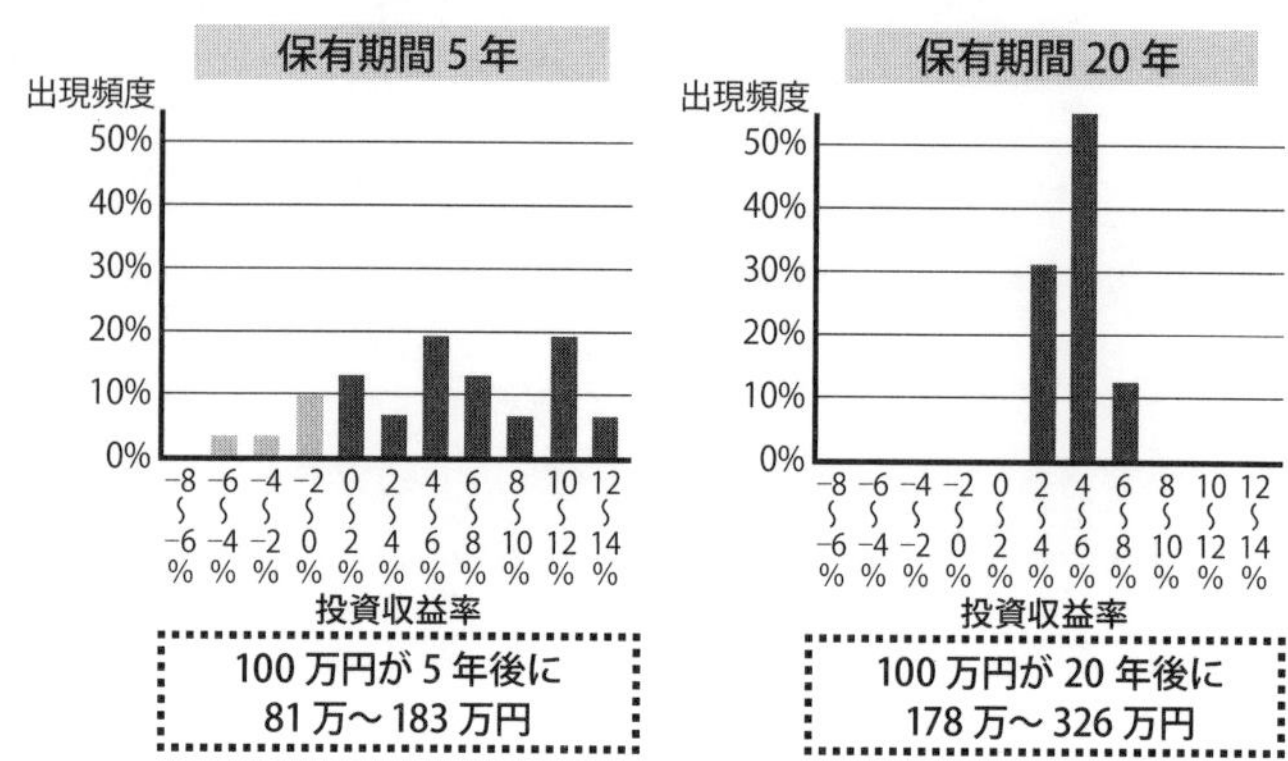

（注）1985 年以降の各年に、毎月同額ずつ国内外の株式・債券の買付けを行ったもの。
各年の買付け後、保有期間が経過した時点での時価をもとに運用結果及び年率を算出

出所：Bloombergより金融庁作成

の取り崩しを必要としません。若いほうが労働による収入もある点で、資産価格の変動による生活破綻のリスクは低いのです。「若くて体力がある。働く能力が高い。」という人的な能力を「人的資本」と呼びます。人的資本という「資産」があることで、金融資産の運用でリスクを取りにいけるという理解もできるわけです。

しかし、高齢になり退職すると、労働収入（賃金）が入らなくなります。医療や介護のコストもかさみますし、住宅の修繕やリフォームなどの支出も増えます。公的年金以外の収入は資産の取り崩しで確保しなければならなくなります。退職後は、株価が低迷して運用がうまくいかなくなっても、株式や債券など金融商品を売って現金化しなくてはいけない状況になるた

図表1-8　ドル・コスト平均法

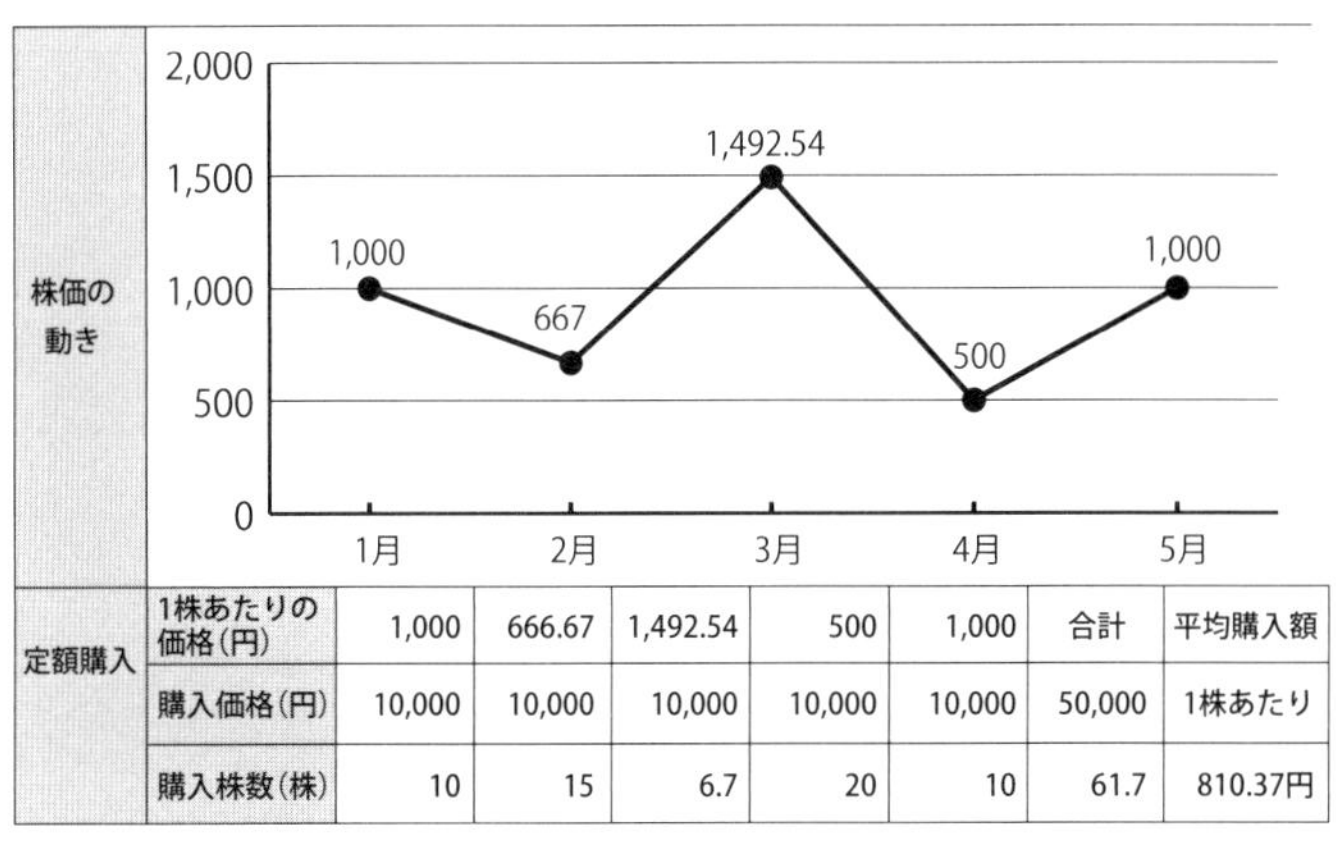

定額購入	1株あたりの価格（円）	1,000	666.67	1,492.54	500	1,000	合計	平均購入額
	購入価格（円）	10,000	10,000	10,000	10,000	10,000	50,000	1株あたり
	購入株数（株）	10	15	6.7	20	10	61.7	810.37円

出所：筆者作成

め、長期運用が難しくなります。

このように、投資対象の種類（債券、株式、投資信託、不動産、貴金属等）や地域（先進国、新興国）の分散、そして時間の分散となる長期・積立・分散投資が有効とされています。これを支える金融理論のことを「現代ポートフォリオ理論」と呼びます。

長期・積立投資の代表的な手法は、定額購入法（ドル・コスト平均法）です。これは、毎月定期的に定額で金融資産を購入するもので、価格変動リスクを低減させる効果があり、購入価格が平均化されます。

図表1-8で示すように、1月から5月の間で株価が変動したとしましょう。毎月1万円ずつ5カ月購入すると、1月の株価は1000円で10株、2月は666・67円で15株、3月は

1492・54円で6・7株、4月は500円で20株、5月は1000円で10株購入できます。合計5万円で61・7株購入できるので平均購入額は810・37円になります。しかし、もしどこかの月で5万円分を1回で購入すると、1株の購入価格は500円から1492・54円と大きく変動することになります。株価の予想はプロでも難しいので、時間を分散して購入したほうが、株価が高いときは少なく、安いときに多く購入でき、平均購入額は安定します。

「ドル・コスト平均法」は、相場が下落している場合は多くの株を買え、高騰しているときは高づかみをしないという方法です。だからといってこの方法は投資のリスクを完全に取り除く万能薬ではありません。行動経済学という経済学に心理学の知見を組み入れた研究結果では、人間は後悔を引きずることで、合理的な行動ができなくなることが知られています。高騰しているタイミングで買ってしまって、その後、大きく値崩れをすると失敗したと後悔し、精神的ダメージを引きずって投資そのものができなくなります。しかし「ドル・コスト平均法」は、「ルール」にしたがって運用しているのだからと考えることで、精神的ダメージを軽減させる効果があります。長期的に運用するNISAやiDeCoに向いた運用方針といえます。

④ 実際の商品選択

ここまでで、長期・積立・分散投資の有用性が理解できたと思います。しかし、難しいのは実際の商品選択です。これについては、やはり専門家に手数料を支払ってお任せするのが現実的です。その方法として、「ファンド」があります。

一般にファンドとは、多くの投資家から資金を集め、様々な資産を組み合わせて運用する仕組みです。ファンドにもいろいろありますが、不特定多数を対象にオープンに資金を募る形式は「公募」、限られた人からだけ集める形式は「私募」といいます。私募で有名なのが富裕層を対象にした「ヘッジファンド」です。ヘッジファンドとは、先物取引[※2]やオプション[※3]などの金融派生取引を駆使して、相場が下落しても利益が出るような絶対収益を目指すファンドです。

公募型ファンドの代表は「投資信託」で、証券会社や銀行で誰でも買うことができます。投資信託の利点は、行政の監督を受けた投資信託委託業者によって運営されていることで、その点では安心感があります。

現実的には、私たちが個別の株式や債券を選択して投資することはとても難しいものです。そのため、投資の専門家が様々な株式や債券を選んでパックにした投資信託を利用するのが便利です。

とはいえ、投資信託といってもたくさんの商品があります。投資信託は1万3359本[※4]もあり、一般人が銘柄を選定することは容易ではありません。金融庁が公表している「つみたてNISA対象商品」でさえ191本[※5]もあるので、専門知識のある金融機関の人にアドバイスを求めることは合理的です。

さらに、投資信託を選ぶ際に知っておくべきことに株式等の運用スタイルがあります。基本スタイルには、大きく分けて「アクティブ運用」と「パッシブ運用」の2つがあります。

アクティブ運用とは、運用機関のアナリストが企業を様々に分析して、将来、業績が良くなるであろう企業の株式等を選んで集中的に運用することをいいます。こうしたスタイルで作る投資信託を「アクティブファンド」といいます。こうした投資信託は、産業・企業調査、情報収集のコストもかかるので手数料は高くなります。

もう一つのスタイルであるパッシブ運用は、様々な銘柄に分散投資することが望ましいというポートフォリオ理論に沿った運用です。究極的に株式市場のすべての銘柄で運用することになり、市場全体の値動き（指数の値動き）と同様の投資成果を目指す運用となります。例えば、東証一部上場株の時価総額の変動を指数化したＴＯＰＩＸ（東証株価指数）をベンチマーク（運用目標）とするインデックス・ファンドであれば、東証一部に上場する約２０００銘柄すべてに投資した場合と同じ投資成果が期待されます。

では、アクティブ運用中心のファンドとパッシブ運用中心のファンドのどちらがいいのでしょうか。後述するように、金融庁は最近、顧客本位の金融サービスを推進するために、投資信託の成績比較などを公表しているのですが、それによると実はアクティブファンドの成績は平均的にはパッシブファンドを上回るものではなく、アクティブファンドは高い手数料にもかかわらず、それにふさわしい成績をあげていないという評価になっています。

長期・積立・分散投資は、若いときから始めて長期間継続することが大切です。ならば、どれくらいの金額を積み立てるのがよいのか。これぱかりは各人の年齢・家族構成・ライフスタイルによって様々なので、正解はありません。投資は自己責任が原則のため、全面的に専門家に任せることはせずに、金融リテラシーを身につけ、投資の基本的なことは勉強する必要があります。その上で、投資信託を購入する際には、金融機関に対して自分のリスク許容度、ライフスタイルなどを含めた運用方針を伝えるとよいでしょう。

※2　先物取引：先物取引とは将来の売買について、あらかじめ現時点で約束をする取引のこと。現時点では売買の価格や数量など、約束だけしておいて、将来の約束の日が来たときに実際の売買を行う。前もって売買価格を決めておくことで、価格変動リスクを回避できる。

※3　オプション取引：オプションとは「権利」のことで、オプション取引は、将来の決められた日にちに「あらかじめ決められた価格」で「買う」（あるいは「売る」）「権利」を売買する取引。

※4　投資信託協会（2020）「投資信託の全体像（2020年10月末）」より。

※5　金融庁（2020）「つみたてNISA対象商品届出一覧」（指定インデックス投資信託、指定インデックス投資信託以外の投資信託、上場株式投資信託の合計）より。

現在の日本の金融資産の状況

現在の日本人の資産選択はどうなっているでしょうか。**図表1-9**によると、2020年の日本の金融資産構成は、現金・預金が54・2%、投資信託3・4%、株式9・6%となっています。米国の現金・預金13・7%、投資信託12・3%、株式32・5%や、ユーロエリアの現金・預金34・9%、投資信託8・7%、株式17・2%と比べると、現金に偏っていることがわかります。それでも10年前の2000年の投資信託2・4%、株式8・6%と比べると、投資信託・株式の比率は若干上がっており、少しずつではありますが資産運用への意識は高まりつつあります。

日本の金融資産が現金・預貯金に偏る理由は、日本人はリスク回避志向が強いためという見方があります。あるいは日本人特有の投資への嫌悪感とする見解もあります。しかし、リスク回避、損失回避の傾向は、日本人特有の文化的なものなのでしょうか。行動経済学の「プロスペクト理論」が示す「人間は利益よりも損失を回避したいという心理」は、日米共通だろうと思います。たしかに、日本の高度成長期には、融資の需要も高く、**図表1-3**（37ページ）が示すように、金利が4~9%もあった預金が好まれていたのは事実です。しかしながら、1970~1982年には個人の株式保有率は25%以上だったように、日本でも投資が盛んな時代

図表 1-9　家計の金融資産構成の国際比較

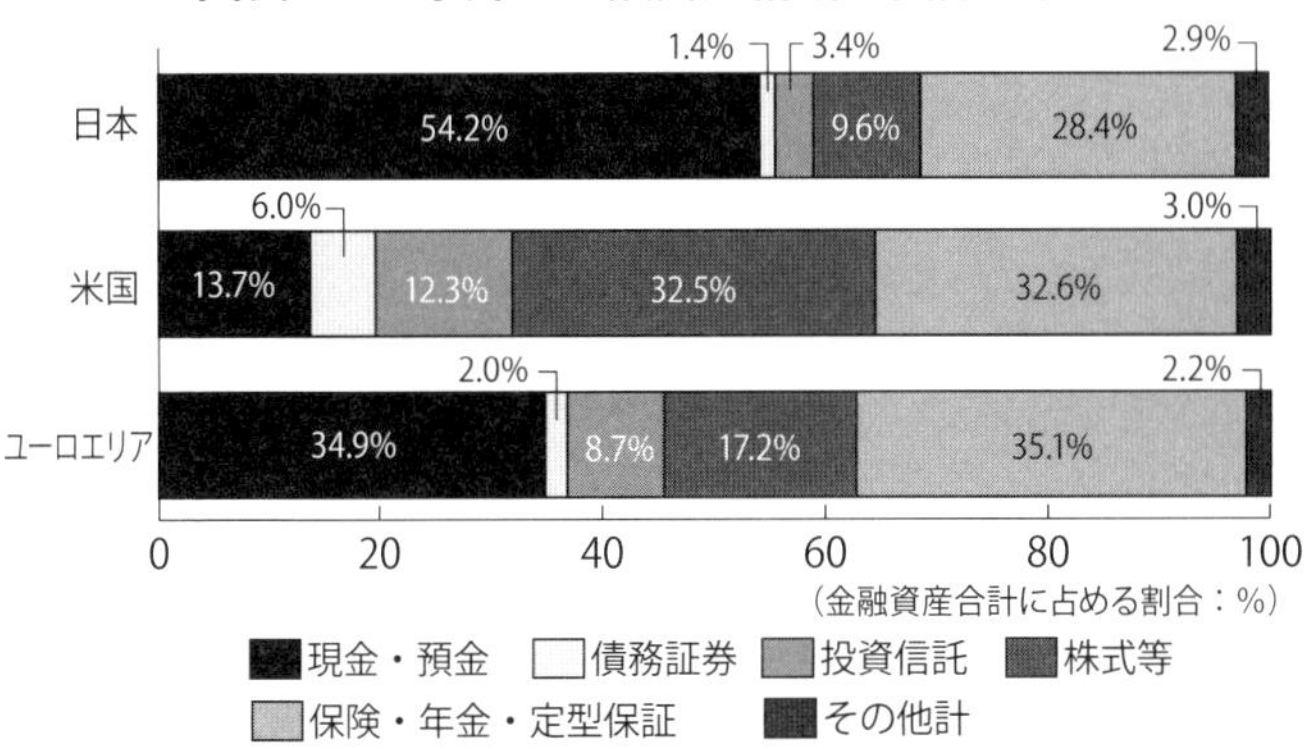

（注）「その他計」は、金融資産合計から「現金・預金」「債務証券」「投資信託」「株式等」「保険・年金・定型保証」を控除した残差
出所：日本銀行調査統計局「資金循環の日米欧比較」（2020年8月21日）より作成

もありました。[※6]

今でもバブル期の成功体験のある日本の高齢者は、リスク選好度が強いとされます。日米のリスク選好度の差は文化的なものではなく、経済成長による成功体験の差が影響しているのでしょう。

次に、日本の金融資産額の動きを米国、英国のそれとの比較で見てみましょう。**図表1-10**は過去20年間の家計金融資産額推移の日米英比較です。20年間で米国2・8倍、英国2・2倍になっているのに、日本は1・4倍に留まっています。さらに内訳を見ると、運用による貢献は米国が2・1倍、英国は1・6倍に対して日本は1・2倍に留まります。各国の残りの部分、米国の0・7倍、英国の0・6倍、日本の0・2倍は元本、すなわち

図表 1-10　各国の家計金融資産の推移

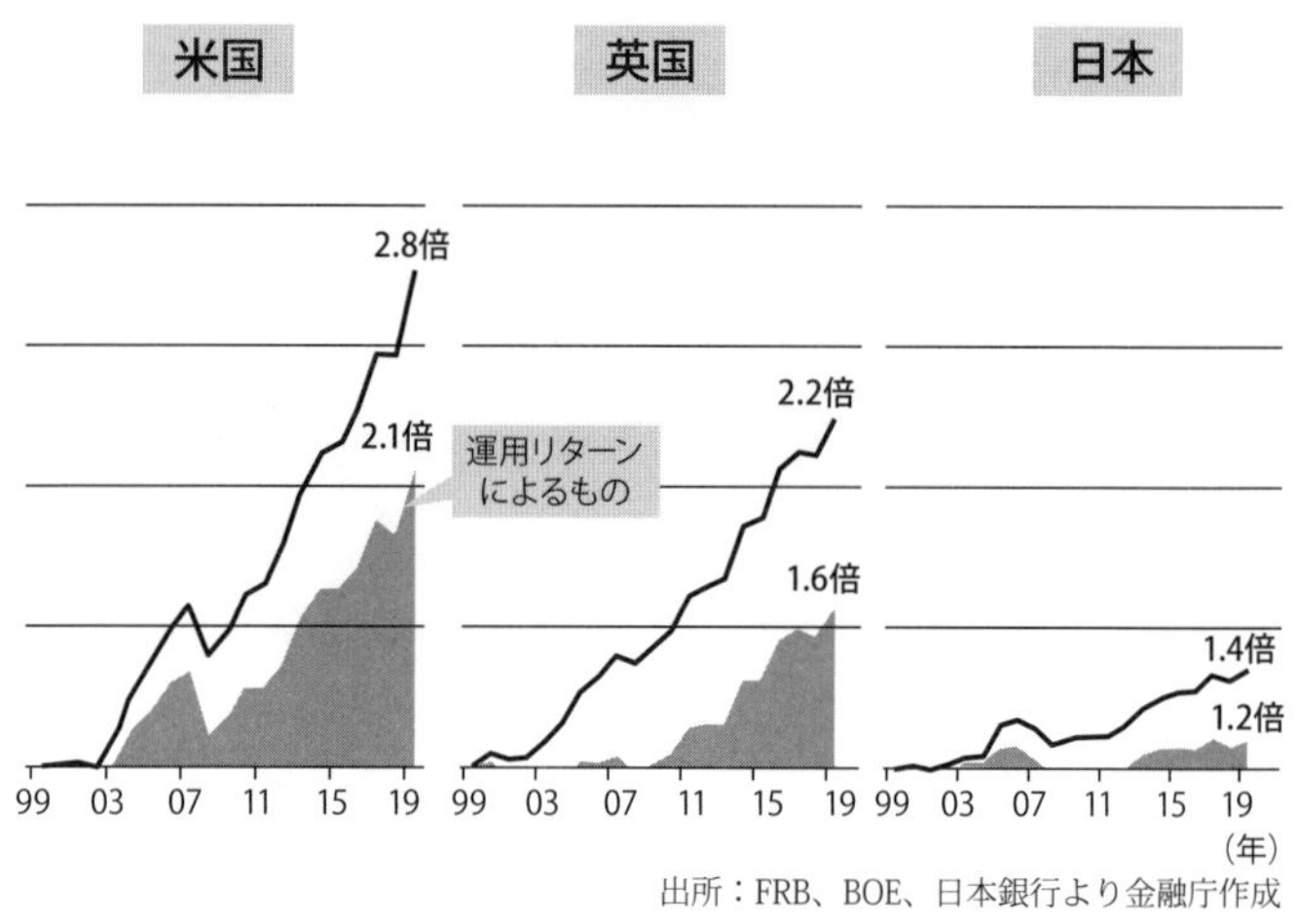

出所：FRB、BOE、日本銀行より金融庁作成

貯蓄の増加による部分です。

このように見ると、まず日本はバブル崩壊後の成長率の低迷の中で賃金も低迷し、貯蓄する力が低下していたことに加え、資産運用面でも大きく遅れを取っていたことが確認できます。この背景には、米英の株式市場は、途中でＩＴバブルやリーマンショックといった金融ショックを経験しつつも、長期的には値上がりしたのに対して、日本株式市場は長期間低迷してきたという差もあります。また、米国や英国では退職口座や投資信託を中心に資産形成が広まったという金融市場の変化などもあり、この20年間で、資産形成面において日本は米国・英国にかなり水をあけられた状況になっているのです。

貯蓄をしても銀行や郵便局への預貯金だけ

では元本以上に資産は増えないことは、これまで紹介したとおりです。

超高齢社会では、社会保障制度改革が継続的に続きます。「年金給付水準の低下、医療・介護保険料の継続的な上昇、医療・介護保険サービスの窓口負担の上昇」は想定外ではなく、予定されているものと考えて、事前の準備、資産形成をすることが重要です。その際、〝老後2000万円騒動〟で見られたように、無駄に浮き足立つ必要はありません。特に、現在40歳未満の世代は、年金給付水準の低下の影響を一番受ける世代ですが、退職までまだ20年以上もあります。基本的な金融リテラシーを身につけ、「長期・積立・分散投資」の基本に従って、NISAやiDeCoを使って計画性を持って資産運用し、準備をすれば十分間に合います。

では、もし多くの人がリスクを避け、投資をしなくなったらどうなるでしょうか。安全資産に資産が偏ると投資が滞り、経済成長が鈍化します。一方で、日本の低金利政策のため、貯蓄も投資もする気がなくなるという声も多く聞きます。しかし、因果関係は逆です。

金融リテラシーがないため、リスクを抑制する方法がわからない、リスクが怖い、だからリスクのある投資をしない、投資をしないので企業活動が活性化しない、企業活動が停滞し、企業収益が低いので賃金も金利も上昇しない、経済成長も鈍化し先行きが不安になる、という悪循環が日本経済に生まれています。前述したように、長期金利と経済成長は連動します。企業が収益を上げないと経済成長が生まれず、金利は上昇しません。体の活動量が低いと低体温になるのと同じです。体を活発に動かせば、体温が上がるのと同じように、企業活動が活発になれば経済も成長し、金利も上昇します。多くの国民が金融リテラシーを持って、投資を行い、企業を活性化することが、生活を豊かにするのです。

金融リテラシーは経済成長を高める機能を持っていますが、これに対応する形で、NISAやiDeCo、企業年金を通じて多くの普通の国民が金融資産を保有し、金融市場の主導権を握ることを「金融の民主化」と呼ぶことがあります。一部の高所得者のみが金融市場を通じて経済成長の利益を得るのではなく、金融リテラシーは普通の人にも利益が波及するという再分配的な効果も持っているのです。

※6　日本証券業協会（2020）「株式分布状況調査・個人の株式保有比率（金額ベース）」より。

最近の金融市場政策──顧客本位の動き

本論の冒頭の「老後2000万円レポート」でも触れたように、金融庁は、投資を通じた老後資産形成や経済成長を進めるために、様々な金融市場改革を行っています。**図表1-11**は家計（金融サービスの最終的受益者）と資本市場、銀行、そして企業の関係です。すでに述べたように、経済学では、資金が金融市場（資本市場、銀行）を通じて、企業の経営に流れ込むこ

図表1-11　金融市場改革の意義

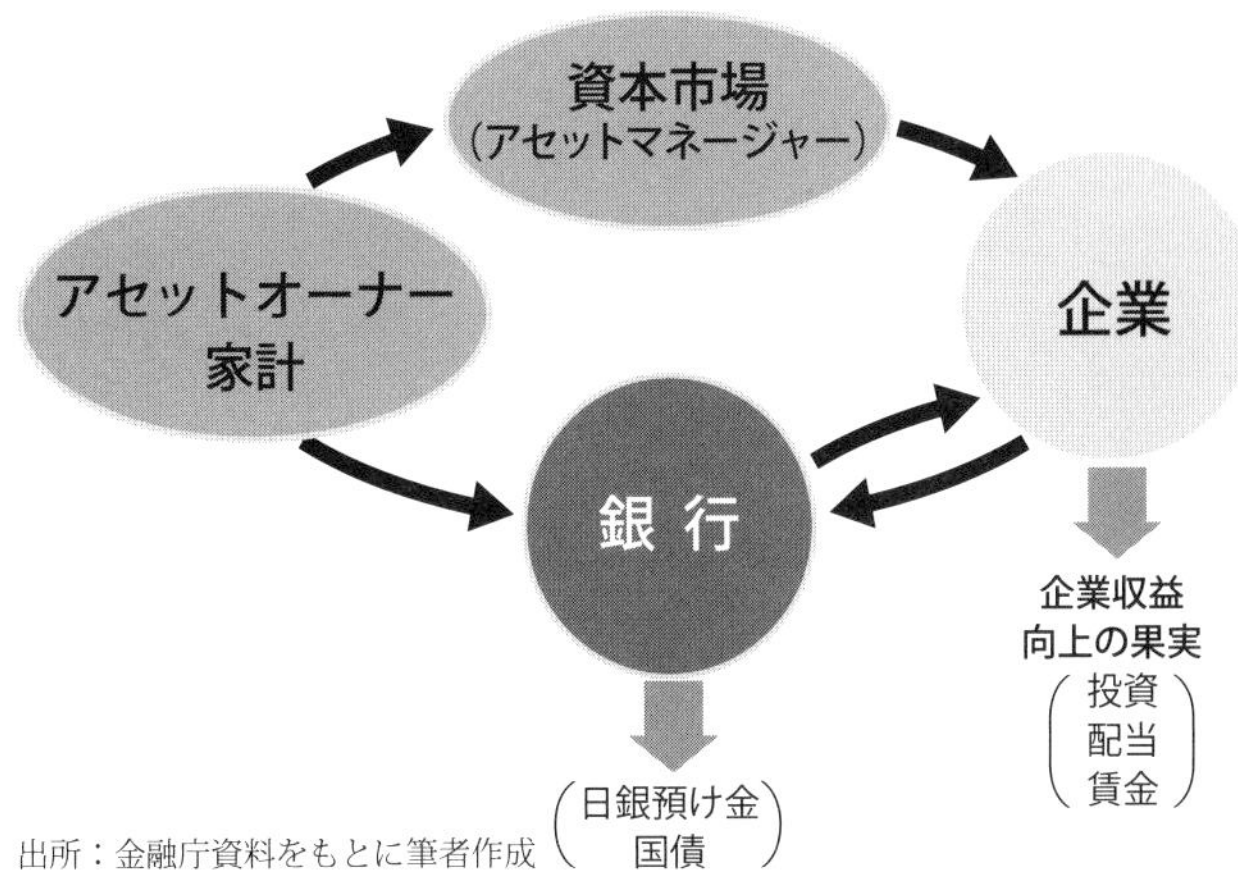

出所：金融庁資料をもとに筆者作成

とで、経済が活性化し、その成果が家計に戻ってくると考えます。

長期・積立・分散投資の意義はすでに説明しました。また企業活動を活発化させるためのコーポレートガバナンス・コード、スチュワードシップ・コードの意義は、第2部の第7章で詳しく説明しますが、ここでは投資家、顧客向けに行われている顧客本位の業務運営に関する議論を見ておきましょう。

①　顧客本位の業務運営とは

高度な専門知識を必要とする金融商品は、売り手と買い手の間の「情報の非対称性（一方が他方より多くの情報を持ち、有利な立場となる関係）」が大きい商品です。これは、医療サービスにおける医師と患者の関係に似ています。

医師は、治療や薬に関する知識はありますが、患者自身の知識は十分にありません。そこで医師は患者に対して、多数ある治療方法の中から最善の治療法となるベストプラクティスを説明し、最終的には患者が治療方法を選択します。このような関係を経済学では、「プリンシパル・エージェント関係」と呼びます。プリンシパル（本人）は患者で、エージェント（代理人）は医師です。医師と患者の利害が一致していれば何も問題ないのですが、医師が、例えば最新の治療を試してみたいとか、医療報酬の高い治療を行いたいという動機を持っている場合、医師と患者の間に利益相反（りえきそうはん）が発生します。つまり、医師は必ずしも患者にとってベストの治療を提案するとは限らないということです。

同じ問題は、金融機関と顧客の間でも発生します。金融機関も顧客の意向、ライフプランを踏まえて、自社商品以外を含めた幅広い選択の中から顧客にとって最善の商品を提案する必要があります。しかし実際には、株式や投資信託の販売回数が増えると金融機関の利益は大きくなるので、いわゆる「回転売買」といわれるような頻繁な売買を勧めてしまうケースも散見されました。保険会社あるいはその代理店も、保険の売買手数料が収入源ですので、手数料の高い保険を売る傾向が見られました。

イェール大学助教授のデリアン・ケインは、大学生を使ってこんな実験をしています。[※7] 学生に2つの役割を割り当てます。半分の学生の役割を「顧客」（プリンシパル）、残りの半分の学生の役割を「アドバイザー」（エージェント）とし、ガラス瓶いっぱいに入っているコインの合計金額を当てるゲームを行いました。顧客は瓶を見て、合計額を推測し、その瓶の中の合計額との差が小さいほど多くの報酬を受け取ることができます。推測額が実際の合計額より大きいか小さいかは問題ではなく、「差」に連動して報酬が決まるというものです。ただし、顧客は瓶を一瞬しか見ることを許されません。

そこでパートナーであるアドバイザーの出番です。アドバイザーは瓶を手に取ってじっくりと見ることが許されます。また、おおよその金額を主催者から教えてもらえます。その上で、アドバイザーが顧客に、「おおよそ、○○くらいだろう」というアドバイスをします。顧客はそのアドバイスを聞いて、推測額を申告します。では、この際のアドバイザーの報酬はどうなるのか。このアドバイザーの報酬の仕組みについて、2つのケースを用意しました。1つめは、アドバイザーの報酬も顧客の報酬と同じように、推測額と実際の合計額の差に連動するというもので、顧客とアドバイザーの間には利益相反は発生しません。[※8]もう1つは、本人の推測額が実際の合計額を「上回っているほど」アドバイザーの報酬が増えるというものです。後者は、過大な推測額をすると顧客の報酬は減りますが、アドバイザーの報酬は増えるので利益相反になっています。

では、このゲームの結果はどうなったでしょうか。前者の利益相反がないケースでは、アドバイザーは過大な推測額をアドバイスしませんでした。しかし、後者の利益相反のあるケースでは、アドバイザーは、利益相反のないアドバイザーよりも25％多めの金額を顧客にアドバイスしていました。顧客本人も瓶は見ているので、極端な上乗せは「ばれる」ので、25％程度の上乗せに留めたのかもしれません。顧客が瓶をしっかり見ることができるかできないかが情報の非対称性のポイントです。この顧客とアドバイザーの関係がまさに、金融市場における投資家と金融機関との関係なのです。

このような、顧客を軽視し犠牲にすることで利益を生むようなことが横行している金融市場では、運用の増加などおぼつかないのは言うまでもありません。実際、過去に金融機関にひどい目にあわされたという経験を訴える人が少なくないのも当然です。

そこで金融庁は、金融機関に「フィデューシャリー・デューティー（他者の信認に応えるべく一定の任務を遂行する者が負うべき幅広い様々な役割・責任の総称）」を負うことを求めました。金融庁は、２０１７年に「顧客本位の業務運営に関する原則」を公表し、２０１８年には金融機関による自主的な成果指標、運用成績と手数料の関係、顧客満足度調査の結果の公表が促されました。それ以後、金融機関から発表された情報からは、驚くべきことに、前述のアクティブ運用でも紹介したように、運用成績と手数料に何ら相関関係がないケースも確認されました。加えて高い手数料も問題になりました。運用成績が芳しくないにもかかわらず手数料が高ければ、運用は顧客にとってなんのメリットもないからです。

2019年の「老後2000万円レポート」でも、金融庁から多くの金融機関が顧客本位の業務運営が不十分、不徹底であることが厳しく指摘されました。さらに2020年8月の金融審議会市場ワーキング・グループ報告書でも、金融機関が顧客に手数料の状況や顧客の理解を確認するチェックシートを使う、といった顧客本位の業務運営の実効性を高める提言を公表しました。顧客本位の金融サービスへの取り組みについて、これまでは各金融機関の自主的な取り組みに任せるという「プリンシプルベース」（各金融機関が市場における評価などをもとに自ら判断する）という考え方でしたが、これに対して、部分的に「ルールベース」（金融庁「行政」が金融機関のとるべき行動を個別的、具体的に規定する）の要素を取り入れた、従来以上に踏み込んだ改革提案と評価されています。

※7　ダン・アリエリー（2014）pp.109-112参照。
※8　利益相反のないアドバイザーについては、第5章を参照。

②　高齢顧客に対するサポート

情報の非対称性から発生する諸問題は、先述のような顧客本位の金融サービスの普及の中で徐々に解決が進むことが期待されます。最近は、金融機関から独立した金融アドバイザーも育っており、アドバイス手数料を顧客の資産残高と連動するように設定しているところもあります。顧客の利益とアドバイザーの収入が連動することから、利益相反が生まれません。こうした独立系アドバイザーの役割は第5章の野尻論文で紹介します。

ただし、超高齢社会では、情報の非対称性の克服だけでは解消できない問題も生まれています。高齢者が増えることは、当然、高齢者が保有する金融資産も増えます。つまり個人金融資産の大半を高齢者が保有するわけですが、認知機能の低下により十分な資産管理・運用ができなくなるという問題が発生するのです。これについては第3章の駒村論文が詳しく解説しています。

この認知機能の低下が資産管理・運用に与える影響とその対応は、今後ますます重要になります。先の瓶のゲームにたとえると、顧客が瓶を見ても、コインの合計額を推測できなくなっているという状況です。そうなるとアドバイザーは遠慮なく高めの推測額をアドバイスするわけで、やりたい放題ということになります。こうした高齢者の認知機能の衰えに対応する仕組みは、まだ用意されていません。一部の金融業界では70歳あるいは75歳以上といった一定年齢以上の顧客に対して金融商品を販売する際には、社内手続きを厳しくする、あるいは原則、販売しないという対応をしているケースもあります。認知機能が低下し、さらにＭＣＩ（軽度認知障害）や認知症になっている場合は、トラブルに発展するからです。

しかし、年齢で一律に区分する、取引を制限するというのは年齢差別であるという批判もあります。また、高齢者の認知機能が低下した場合の預金の引き出しや投資信託の売買の実務においては、各社ごとに判断基準が設けられていて、いまのところ統一のルールがありません。金融庁も2020年8月の市場ワーキング・グループの報告書で、業界の指針作りを求めています。

認知機能の低下と資産管理運用の話は、第3章でも再論します。ここで強調しておきたいのは、2019年の「老後2000万円レポート」のもう一つの柱である「加齢に伴う認知機能の低下リスク」は誰にでも起きる一般的なリスクであり、高齢期にさしかかった人とその家族は認知機能の低下に備えた準備を事前に行う必要があるという点です。認知症なんか滅多に起きない、認知機能が低下してから準備すればいいというのは間違いです。第3章で改めて紹介するように、金融ジェロントロジー研究は金融に関する認知機能が加齢とともにどのように低下するかを明らかにしています。その情報を生かして、認知機能が低下してから対応しようという自己認識を改め、「認知機能の低下以前」に自分の老後設計を組み直すことが重要です。こうした取り組みのことを認知心理学では、「ブースト」と呼びます。

また認知機能の低下の問題を克服するために、ＩＴやＡＩなどの最新技術を使った認知機能の状況を判別する機器の開発も行われていますが、金融の現場での実装には時間がかかります。当面は、高齢者の認知機能の変化を理解し、「瓶のコインの水増し」をしないような倫理観を持った金融機関の従業員を育成することが重要です。実際、2019年に設立された一般社団法人日本金融ジェロントロジー協会は、銀行、証券、生保の業態を超えた大手金融機関が多数参加して、高齢者の認知機能や心理の変化、高齢顧客に向き合う際の倫理の重要性を学び、営業担当者向けの研修や取引事例のケーススタディなどの意見交換を行っています。今後、同協会では、高齢顧客を担当する営業員向けの資格認定制度の創設や、金融業界横断的な政策提言等を行っています。

大相続時代の到来

本書の重要なテーマは、長寿の時代における金融の役割です。しかし、無限に寿命は延びるわけではなく、竹内まりやの「いのちの歌」の歌詞にあるように、いつかは誰でもこの星にさよならをするときが来るわけです。最後に本書の他の章では触れていない、長寿社会でも最後に訪れる相続、あるいは資産の承継について見てみましょう。

まず、今後の死亡者数の推計を見てみましょう。高齢者が増えるということは、死亡者数も増加することを意味します。国立社会保障・人口問題研究所によると、1年あたりの死亡者数は、2019年には137万人となり、今後は2039年に167万人のピークを迎えると推計されています。[※9]これに比例して相続の件数も増加します。野村総合研究所によると、年間の相続資産は50兆円に達すると推計されています。GDPの10%近い相続が毎年発生するわけで、「大相続時代」が到来するのです。

相続で気になるのは、相続税です。2015年の相続税制の改正により基礎控除額が引き下がり、サラリーマンでも都心で家を所有していれば相続税を払う可能性があります。

※9　厚生労働白書（2016）「死亡数及び死亡率の推移と将来推計」より。

①相続税制と相続法の改正で何が変わったか

2015年に行われた相続税制改正で、基礎控除額が（5000万円＋1000万円×法定相続人数）から（3000万円＋600万円×法定相続人数）へ大幅に引き下げられました。これにより**図表1-12**のように、納税件数の割合は約2倍に増え、課税割合も2018年には死亡者の8・5%になりました。最高税率も、6億円超（各法定相続人の取得金額）が50%から55%へ上がりました。一気に相続税の対象者が増加したわけです。

一方、自宅を引き継ぐ配偶者や家族は優遇されるように、小規模宅地等の限度面積は240㎡から330㎡へ拡大されました。また、高齢者から若年層への資産移転を促進させるため、

図表 1-12　相続税の課税割合［課税件数／死亡者数］

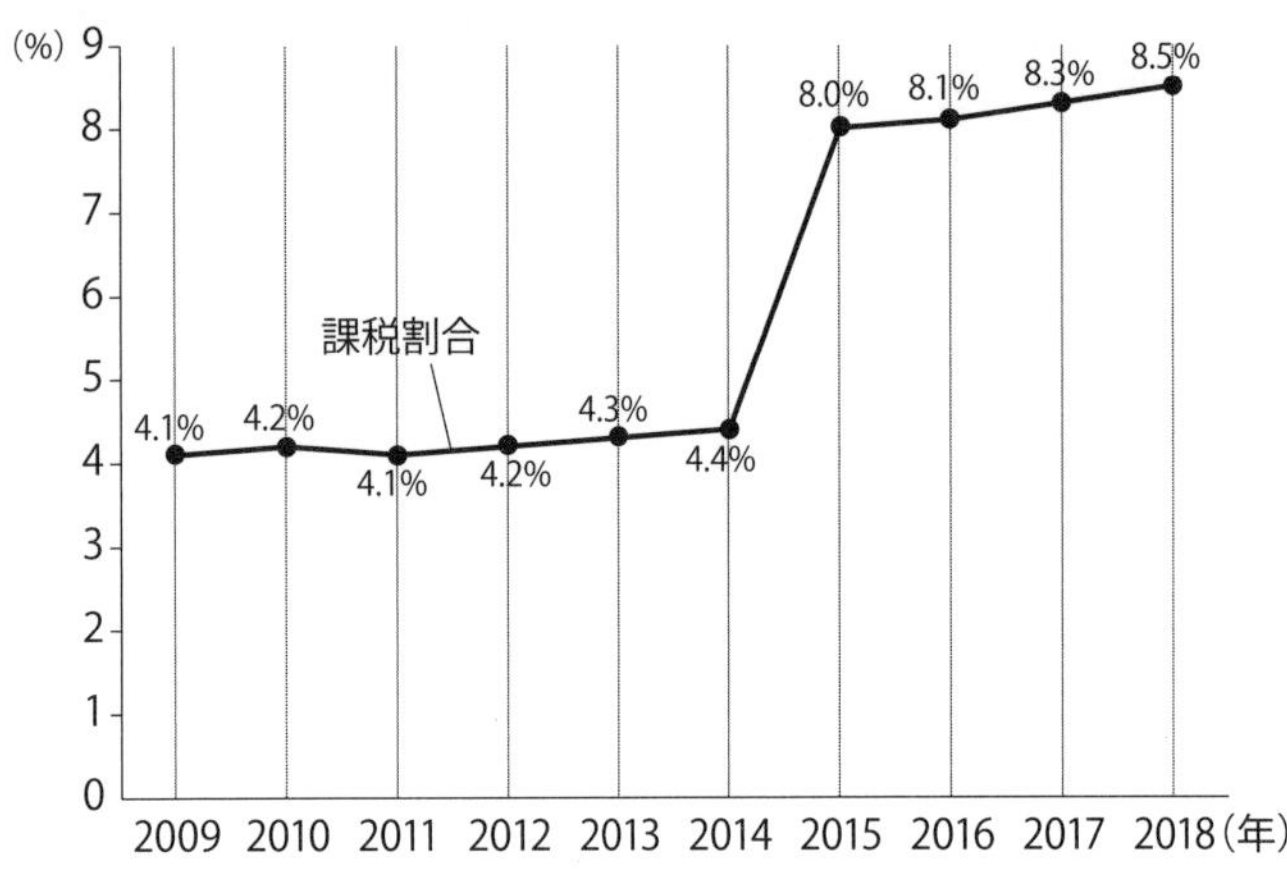

出所：国税庁「平成 30 年分 相続税の申告事績の概要」（2019 年 12 月）より作成

相続時精算課税の適用要件の贈与者の年齢制限が65歳以上から60歳以上に拡大されるとともに、受贈者の範囲が推定相続人に加えて孫も適用できるようになりました。

さらに2019年には超高齢社会に対応するため、約40年ぶりに民法（相続法）も改正されました。この改正の1つめのポイントは、子どもと別居する老夫婦が増えたため、残された配偶者の生活が守られるようにしたことです。旧民法では、配偶者と子どもが法定相続割合で相続した場合、配偶者が不動産を相続すると預貯金を相続できる割合が少なくなり生活費に困る場合が多かったのです。改正後は配偶者居住権が創設され、配偶者が自宅に住みながら預貯金を多く相続することが可能となりました。また、婚姻期間が20年以上の夫婦間における居住用不動産の贈与があった場合でも、遺産の先渡しと見なさなくなったことにより、配偶者の相続分が増えるようになりました。

２つめのポイントは、被相続人の預貯金の払い戻し制度の創設です。これまでは遺産分割が終了するまで預貯金の払い戻しができなかったのですが、一定額は相続人が単独で払い戻せるようになり、葬儀費用などに充てられるようになりました。

３つめのポイントは、相続による紛争を防止する観点から、遺言（いごん）の利用を促進するため、自筆証書遺言の作成方式が緩和されたことです。それまで全文自書しか認められていなかったのですが、財産目録のパソコンでの作成や預貯金通帳のコピー代用が認められました。また、自筆証書遺言保管制度が創設され、遺言の紛失防止や閲覧の利便性が上がりました。

② 変化する相続のかたち

戦前は、長子相続と引退あるいは生存している親の扶養義務がセットになった「家督制度」がありましたが、戦後は民法が改正され共同相続・均分相続制度になりました。その後、家族形態の変化に応じて相続の実態は変化していきます。１９８０年には全世帯に占める三世代同居は50・１％を占めていましたが、２０１８年は10・０％まで減少しました。一方、単身世帯は10・７％から17・４％、夫婦のみ世帯は16・２％から32・３％へと増加しました。

現代では単身世帯、子どものいない夫婦など家族形態も様々になり、相続の多様化が進んでいます。一般的には、親の介護と相続の間には交換関係があります。しかし、その関係も多様化しています。親と同居している長男やその配偶者が親の介護をするとは限らず、別居している別の子どもやその配偶者、あるいは孫のように非同居の法定相続人でない者が介護の貢献度が大きい場合もあります。２０１９年の民法改正により、法定相続人でない者にも、相続時には介護の貢献度に応じて、相続人に対する金銭の請求が認められるようになりました。

また、長寿も相続に大きな影響を与えるようになりました。人生の後半で認知機能が低下し、相続の決定ができなくなる高齢者も多くなりました。遺言がない場合は親の意向も曖昧となり、相続人間（かん）の揉め事も多くなっています。大相続時代の到来に伴い、親の認知機能が低下する前に、相続に向けた準備をすることも重要になっています。

③ 増加する老々相続

寿命の伸長により、相続のタイミングが遅くなる傾向があり、**図表1－13**で示すように相続人もまた高齢者という老々相続も増えています。１９８９年は相続人が50歳未満と推定される割合は60％と、消費が旺盛な世代へ移転ができていましたが、２０１６年は31％へ低下しています。老々相続が続くと、ますます資産が高齢者に集中し、資産が活用されずに経済が停滞し

図表 1-13　相続税の申告から見た被相続人の年齢構成比

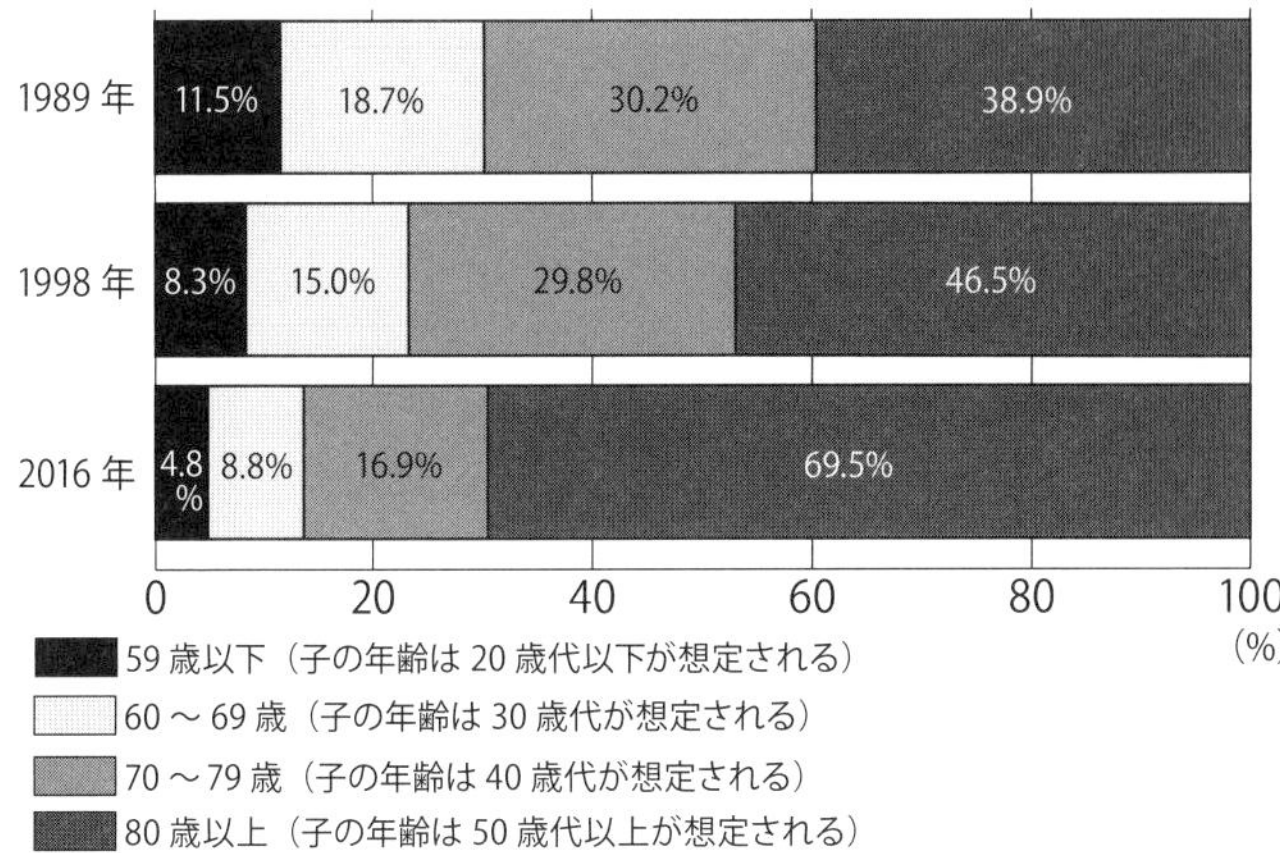

出所：財務省「第 18 回税制調査会（2018 年 10 月 17 日）説明資料」より作成

ていく可能性があります。生前贈与の優遇など、資産活用の活性化が必要になります。

④ 不動産相続の問題

相続財産は、**図表1－14**で示すように、流動性の低い不動産の占める割合が高くなっています。相続財産に占める不動産の割合は、相続財産１０００万円以下では43％、５０００万円以下では21％と資産が少ないほど高くなっています。不動産資産は、金融資産と異なり遺産分割しにくい点が課題です。この結果、**図表1－15**のように流動性の低い不動産の多い相続ほど係争が多いことがわかります。さらに、不動産の活用にも問題があります。２０１８年10月時点の空き家率は13・６％と増加傾向にあり、都市部に住む子どもが

図表 1-14　相続財産に占める不動産の割合

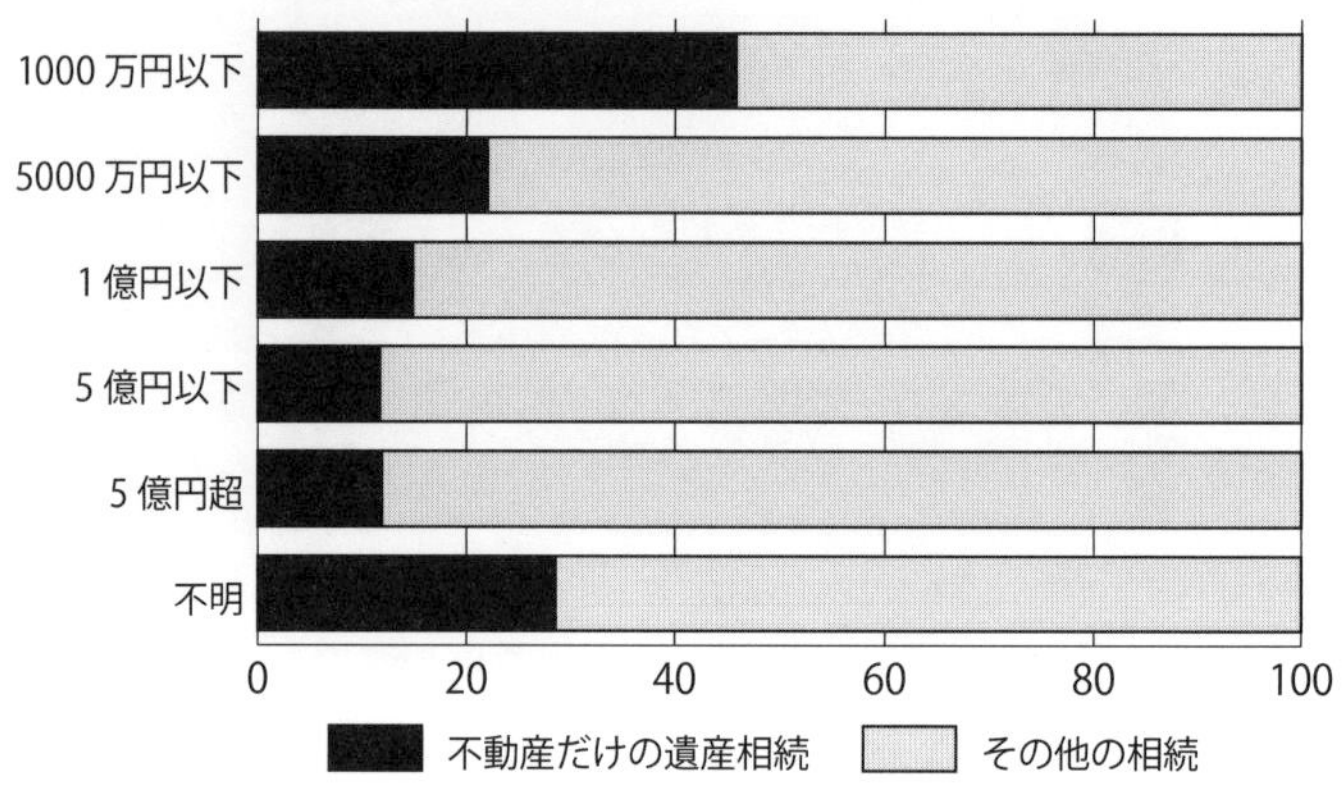

出所：平成 28 年度「遺産分割事件のうち認容・調停成立件数 - 遺産の内容別遺産の価額別 - 全家庭裁判所」司法統計より筆者作成

図表 1-15　遺産額による事件数割合

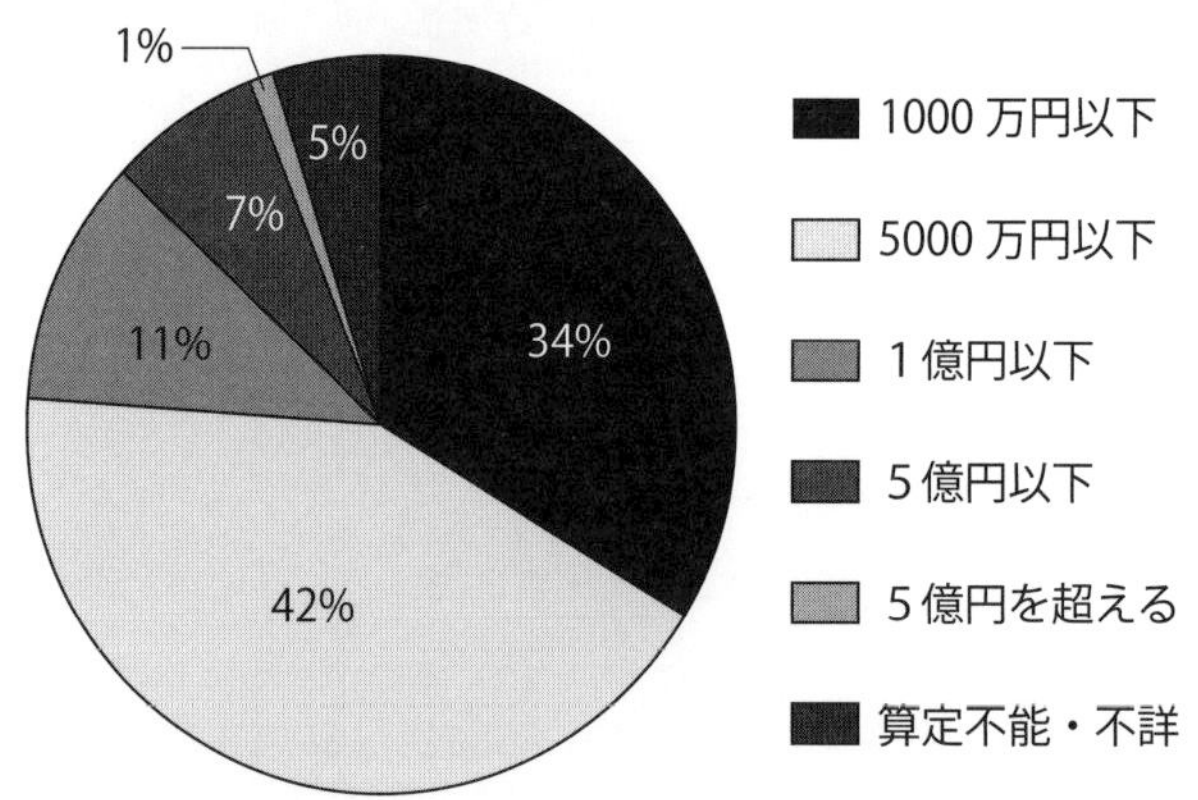

出所：平成 28 年度「遺産分割事件のうち認容・調停成立件数 - 遺産の内容別遺産の価額別 - 全家庭裁判所」司法統計より筆者作成
※四捨五入により 100%にならないことがあります。

地方の家を相続した場合、相続した家には住まないケースが増えています。

⑤ 広まらない遺言

相続は、人生最後の資産活用です。家族間で問題を引き起こさず、自分の考えたように子孫に資産を承継させるためには「遺言」が有効です。最後の資産活用の方法であるにもかかわらず、遺言はあまり普及していません。その背景にはいくつかの制度的要因があります。

遺言の主な種類には、自筆証書遺言と公正証書遺言があります。自筆証書遺言は、遺言内容・日付・氏名を自書して押印したものであり、法的な効力があります。以前は、相続人が遺言を開封するためには家庭裁判所による検認手続きが必要でしたが、2020年の自筆証書遺言保管制度の創設により、検認なしで閲覧できるようになりました。一方、公正証書遺言は、公証人により2名の証人立ち合いのもと作成される公文書であり、原本を公証人、謄本(とうほん)を遺言者が保管します。

法務省の調査[※10]によると、65歳以上の自筆証書遺言作成比率は4・8%、公正証書遺言は3・5%、計8・3%となっています。米国の34%[※11]と比較すると低い状況です。英米の遺言によって相続財産を自由に処分できる「自由相続」という制度と異なり、日本では遺留分(子どもなどに一定割合を保障する仕組み)によって、相続財産の処分に制約があるため、単純に比較はできないですが、遺言が普及しない原因の一つに公正証書遺言の作成費用が高額で、内容を修正する事務手続きも煩雑なこともあるようです。

※10 リベルタス・コンサルティング（2018）「我が国における自筆証書による遺言に係る遺言書の作成・保管等に関するニーズ調査・分析業務（2017年度法務省調査）」より。

※11 JNEWS（2019）「知的財産ビジネス事例集」より。

⑥相続の問題を起こさないためには

人生最後の資産活用である相続で家族内の問題を起こさないためには、事前の準備が大切です。自分はそんなに財産がないから相続の問題は起きないと思わないほうがよいでしょう。④の「不動産相続の問題」で示したように、資産が少ない相続ほど、家族内で問題が起きているのです。

家族形態の多様化、老老相続の増加、不動産の割合の多い相続財産、普及しない遺言作成という日本の特性を踏まえ、家族と話し合いながら、相続に向けた準備をしておくことが望ましいでしょう。

本人の認知機能の低下や認知症の兆候が出て、本人も家族も症状の変化に疑問を抱きながらも、認めたくない気持ちから病院へ行くことをためらう人も多いようです。

しかし、認知機能の低下は認知症の一歩手前の状態であるＭＣＩ（軽度認知障害）まで含めると、誰にでも起こりうることです。認知機能の低下、認知症は長い時間をかけて進行するため、日常の金融取引と財産管理・相続準備は分けて考え準備しておくとよいでしょう。

まずは事前の準備です。認知機能が低下してくると、多数のものや複雑なものを理解することが難しくなってきます。昔の金融機関の営業担当者との付き合いや、１０００万円までの預金は保護される銀行のペイオフを考慮して複数の銀行や証券の口座を開設した人も多いでしょう。しかし、銀行口座とクレジットカードは整理して、１～３つにまとめておくほうが望ましいでしょう。相続時の手続きの煩雑さを避ける意味でも、利用していない銀行口座は残高がゼロでも解約をお勧めします。また、ネット取引は残高明細などが不送付になっていることも多く、本人しか知らないことも多いので、パスワードの管理方法を含めて家族と日ごろから話をしておくことも必要です。

また、高齢者は消費することで自己承認欲求を満たす傾向があります。ＡＴＭの引き出しと振り込みの上限額の設定もしておいたほうが望ましいでしょう。

次に、財産管理・相続準備ですが、遺言を書くのはまだ早い、縁起でもないと考える人も多いですが、少なくとも財産目録は作成しておいたほうがよいでしょう。遺言作成の準備として、エンディングノートを書くこともお勧めします。気軽な気持ちで人生の振り返り、家族への思いを確認しながら書いていけば、財産目録、相続時の配分なども考えやすいのではないでしょうか。

遺言の作成は、法的には自筆証書遺言でも問題はありませんが、記載要件の不備による無効のケースや、保管、開示のことも考えると、公正証書遺言のほうが安心感があります。手数料はかかるものの、死後の遺産整理の事務手続きまで一気通貫でやってくれる信託銀行等の遺言信託も便利です。なお、遺言作成は、弁護士、司法書士、信託銀行員などの専門家へ相談しながら行うのが望ましい方法です。難しいことはお任せと丸投げするのでなく、家族への思いなどを伝え、付言事項（家族や大切な方へのメッセージ）を入れた遺言を作成したほうが、相続での揉め事を回避しやすいのです。

仮に認知症などで判断力を喪失した場合は、家庭裁判所に申し立てをして成年後見制度[※12]を利用することになります。成年後見等の利用者は少しずつ増えているものの、２０１９年22万人とまだまだ広がりに欠けています。高齢者の意思をきめ細かく反映するためには、資産の管理、運用、相続の方針をあらかじめ決めておき、弁護士や司法書士などに相談し、任意後見契約を結んでおくとよいでしょう。

※12　法律行為の意思決定が困難な人の判断能力を補い財産等の権利を擁護する制度。

⑦ 中小企業経営者の高齢化——決まらない中小企業後継者

最後に、少し話は広がりますが、相続の問題は、中小企業の事業承継が関わると、より重要な経済問題になります。中小企業の数は全事業者数の99・7％を占め、全従業者の約70％が中小企業に就業しており、中小企業の経営者の相続問題により、事業承継ができなくなると従業員の雇用問題につながるからです。

中小企業の経営者の年齢構成は徐々に高齢化し、**図表1‐16**のように経営者の年齢分布の山の頂点は2015年時点で66歳に到達しています。そしてこの山の頂点は、このままだと10年後の2025年には70代半ばになります。経営者の高齢化、そして後継者が未決定のままでの健康状態の悪化、そして最悪の場合、事業廃止の可能性があります。

中小企業庁（2019）「中小企業・小規模事業者におけるM&Aの現状と課題」によると、①2025年までに、70歳を超える中小企業・小規模事業者の経営者は約245万人となり、うち約半数の127万人（日本企業全体の約1／3）が後継者未定、②現状を放置すると、中小企業・小規模事業者の廃業の急増により、2025年までの累計で約650万人の雇用、約22兆円のGDPが失われる可能性がある、と報告しています。この問題は中小企業の事業承継の「2025年問題」ともいわれ、時間との闘いになっています。

このように中小企業経営者の高齢化に伴って、経営者の健康問題が企業経営、日本経済の大

図表 1-16　中小企業の経営者年齢分布（年代別）

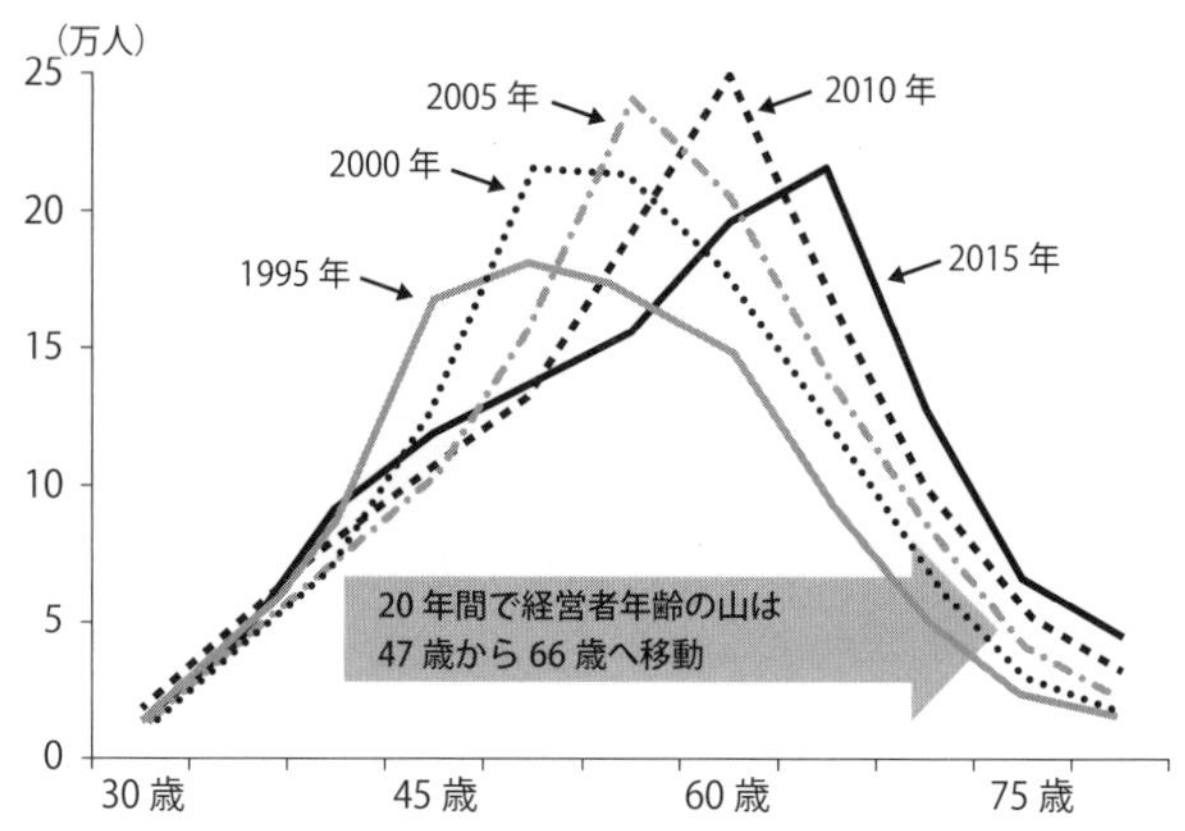

出所：中小企業庁委託「中小企業の成長と投資行動に関するアンケート調査」（2015 年 12 月、㈱帝国データバンク）をもとに筆者作成

図表 1-17　事業承継の準備状況

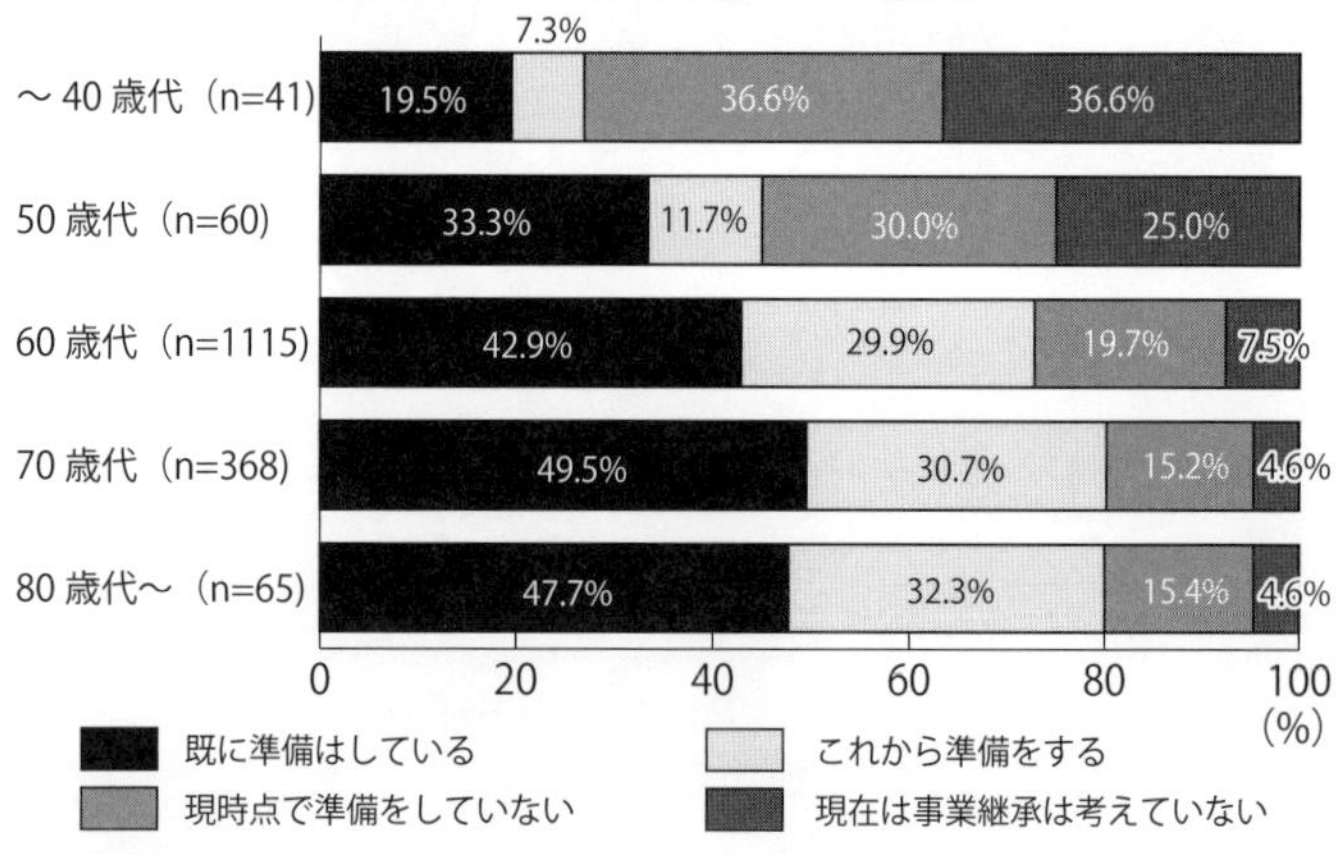

出所：（株）帝国データバンク「中小企業における事業承継に関するアンケート・ヒアリング調査」（2016 年 2 月）より再編加工

きな課題になりつつあります。実際に経営者をやめる理由の上位に位置するのが健康問題ですが、それでも引退できないのは、後継者がなかなか決まらないという点にあります。

後継者が決まらない要因は事業の魅力や将来性もありますが、事業承継の準備を行っていないという現況があります。**図表1‐17**に見るように、事業承継の準備を先送りし70代、80代になっても半数以上が対応していないのが現状です。

事業承継の先送りを避けるように警鐘を鳴らしている中小企業庁の調査によると、先送りの原因は、①日々の経営で精一杯、②何から始めればよいかわからない、③誰に相談すればよいかわからない、という回答が多くなっています。

しかし経営者だからといって認知機能が低下しないとか、認知症に罹患しないわけではありません。もしかしたら、判断を先送りして後継者を決められない背景には、高齢の経営者がすでにMCI（軽度認知障害）や認知症に罹患している可能性もあります。

中小企業庁（2017）「経営者のための事業承継マニュアル」では、後継者の指名とスムーズな事業承継には5年から10年かかるので、経営者は早めに事業承継計画を作り、60代ごろから事業承継の準備に入るべきとしています。また取引をしている金融機関などと相談して、第6章で紹介する信託という仕組みを使ったり、家族内での承継にこだわるのではなく、第三者による事業承継の可能性も考える必要があります。

第2章

日本の中高齢者の金融リテラシー

―日米比較を中心として―

世界でも少子高齢化のトップを走る日本において、いま関心が高まっているのが「金融リテラシー」です。長い人生を豊かに生きるため、金融リテラシーの向上はこれからの私たちの大きな課題です。海外の先行研究などをひもときながら、2020年にまとめた金融リテラシーの日米比較の結果について、講義では言い足りなかった部分を加えて、書き下ろしていただきました。

慶應義塾大学経済学部教授

山田浩之（やまだ・ひろゆき）

1974年生まれ。慶應義塾大学経済学部卒業。1997年より青年海外協力隊に参加、ザンビアに理数科教師として赴任。帰国後、2002年、東京大学大学院にて経済学研究科修士課程修了。2008年、シカゴ大学経済学研究科博士課程修了後、国際通貨基金でエコノミストとして従事。大阪大学国際公共政策研究科専任講師・准教授を経て、2015年、慶應義塾大学経済学部准教授。2016年より現職。主に発展途上国・新興国を対象とした研究を進めている。

金融リテラシーに関する問題意識の高まり

長期的な少子化と平均寿命の延伸が続いている日本では、総人口に占める高齢者の割合は増加しており、とりわけ公的年金制度の持続可能性を揺るがしています。このような状況下では、将来的に受け取ることのできる年金額の減少が予想され、かつ退職後の長い期間の生活のやりくりをいかに行っていくかという、少なくとも2つの大きな不確定要素に多くの人々が直面することが想定されます。

こうした環境の下、高齢化が急速に進んでいる日本では、老後の長期化に伴う資産・貯蓄の運用に関連して金融リテラシーへの関心が高まっています。個人の金融リテラシーの向上は、経済的な幸福を確保するための機能としての、あるいは高齢者の生活水準を向上させるための機能としての可能性を潜在的に秘めていると考えられます。

金融リテラシーに関する研究は、2000年代以降、米国をはじめとする欧米諸国では大きく発展してきましたが[※1]、日本ではこうした研究は比較的少ない状況です。現在、金融リテラシーの標準的な指標として広く使われているのは、「複利の概念」、「インフレーションの影響」、「リスク・分散化の意味」に関する3問のクイズの正答数です。これらの質問は、2004年、アメリカの「Health and Retirement Study」という中高齢者向けの調査において初めて盛り込まれました。これらの指標やその他の金融リテラシーの指標を用いて、経済学者のアナマリア・ルサーディとオリビア・ミッチェルは、米国の金融リテラシーのレベルは低いと結論づけています。さらに、金融リテラシーは米国に限らず、日本を含むほかの国々でも低いということが報告されています。[※2]

日本における金融リテラシーのミクロデータを用いた研究は多くはありません。数少ない先行研究の中で、ノースカロライナ州立大学のロバート・クラーク[※3]らは、2010年の「仕事と家族に関する全国調査」のミクロレベルのデータセットを利用して、日本では男性、都市部在住者、高学歴者、高所得者ほど金融リテラシーのレベルが高いことを明らかにしました。ただし、調査時点で雇用されている40歳から59歳までの個人のみが対象でした。

また、京都産業大学の関田静香は、2010年の「くらしの好みと満足度についてのアンケート」の個票データを用いて、ロバート・クラークらと同様の知見を得ていると同時に、日本の金融リテラシーは低いという結論に至っています。[※4]ただし、対象者の年齢層は20歳から69歳までと幅広く、必ずしも中高齢者に関しての知見が得られていません。

アジア開発銀行研究所の吉野直行[※5]らは、金融広報中央委員会が収集したインターネットモニター調査を用いて、金融リテラシーに影響を与える要因や、金融リテラシーと家計の資産配分との関係を検討しています。しかしながら、吉野らが使用したデータは、インターネット調査であるため、その環境にアクセスできるような人しか対象になっていません。また、金融リテラシーに関連する変数が豊富に含まれているものの、国際比較可能なデータではないため、日本の金融リテラシーが他国、とりわけアメリカと比較してどのようであるかという比較研究にはあまり適していないといえます。

※1　Lusardi, A. & Olivia S. Mitchell. "The Economic Importance of Financial Literacy: Theory and Evidence." *Journal of Economic Literature* 52.1（2014）: 5-44.

※2　Lusardi, A. & Olivia S. Mitchell. Financial Literacy around the World: An Overview. No. w17107: National Bureau of Economic Research, 2011.

※3　Clark, Robert, Matsukura, Rikiya, Ogawa, Naohiro, 2013. Low fertility, human capital, and economic growth: The importance of financial education and job retraining. *Demographic Res.* 29, 865–884.

※4　Sekita, Shizuka.（2011）. Financial Literacy and Retirement Planning in Japan. *Journal of Pension Economics and Finance*, 10（4）, 637-656. doi:10.1017/S1474747211000527

※5　Yoshino, Naoyuki, Morgan, P. J. & Trinh, L. Q. Financial Literacy in Japan: Determinants and Impacts. No. 796. ADBI working paper series, 2017.

本章における金融リテラシー日米比較の概要

本章では、日米で比較可能な中高齢者（52歳から79歳）の個票データを用いて、日本と米国の比較分析を行い、日本の中高齢者の金融リテラシーの現状を把握したいと思います。日本の中高齢者の金融リテラシーに関する研究は、定年を控えた人、あるいはこれから定年を迎える人を対象とした研究はおろか、すでに定年の年齢を過ぎている人に関しても蓄積が多くありません。人口動態や経済の変化を踏まえて、日本の中高齢者の金融リテラシーの現状を理解することは、特に重要であると考えられますが、これまでの研究と比較すると、本章で紹介する内容は、次のような特徴があります。[※6]

第一に、国際標準化されたデータセットを用いて日米比較を行う点です。本章では、日本に関しては２００９年に実施された「くらしと健康の調査（ＪＳＴＡＲ：Japanese Study of Aging and Retirement）」のデータを、アメリカに関しては２０１０年に実施された「Health and Retirement Study（ＨＲＳ）」のデータを用いて比較します。これら２つの調査は、同じ質問項目が多く含まれているため、「姉妹」調査とも呼ばれており、国際比較研究を行うためには非常に有益です。具体的には、金融リテラシーに関する３つの質問（複利、インフレーション、リスク・分散化）を含め、多くの質問項目が統一化されています。したがって、これらのデータセットは、日米間の金融リテラシーの比較に最も適しており、日本の中高齢者の金融リテラシーの把握により適しています。

第二に本章では、退職準備に敏感な、あるいは実際に退職している52歳から79歳までの中高齢者に焦点を当てます。ＪＳＴＡＲ、ＨＲＳ共に中高齢者に特化した調査であるため、これらのデータを用いた分析は本章の目的に強く合致するといえます。２００９年のＪＳＴＡＲは５つの自治体（東京都足立区、石川県金沢市、岐阜県白川町、宮城県仙台市、北海道滝川市）において、調査員による訪問調査と置き留め調査を組み合わせて実施されました。またサンプル数はＪＳＴＡＲが２８５２人、ＨＲＳが１４７３人です。

※6 Shimizutani, Satoshi & Yamada, Hiroyuki. "Financial literacy of middle-aged and older Individuals: Comparison of Japan and the United States." *The Journal of the Economics of Ageing* 16（2020）: 100214.

金融リテラシーに関する3つの質問に対する答えに基づく日米比較

それでは、金融リテラシーに関する３つの質問（複利、インフレーション、リスク・分散化）に対する答えに基づいて、日米を比較していくことにします。これらの質問に対する答えの結果は**図表2-1**にまとめられています。

図表 2-1 日本とアメリカの金融リテラシー質問に対する回答比較

A. 複利

「○○さんが 1 万円貯金していて、利率が年 2% だったとします。そのままお金を預けたら、5 年後にいくらになると思いますか。」

	日本 パーセント	アメリカ パーセント
10,200 円より多い	38.57	71.76
10,200 円ぴったり	6.21	13.92
10,200 円より少ない	6.87	10.05
いくらになるか予測できない・分からない	42.56	3.87
回答拒否	5.79	0.41

B. インフレーション

預金の利率が年率 1 %ですが、物価の上昇が年率 2%だとします。いまこのお金でものを買うよりも、1 年後に預けたお金で買えるもののほうが多いと思いますか、それとも少ないと思いますか。次のうちから選んでください。

	日本 パーセント	アメリカ パーセント
より多くのものが買える	4.42	5.50
いまと同じだけ買える	2.91	8.55
より少ないものしか買えない	38.67	82.35
どうなるか予測はできない・分からない	47.86	3.19
回答拒否	6.14	0.41

C. リスク・分散化

日本：「企業の株券を購入するほうが、投資信託（中期国債ファンド、外国投資信託など）の債券を購入するよりも必ず確実に収益をあげられる。これは正しいと思いますか、それとも間違いだと思いますか。」

アメリカ：「あなたは、次の事柄は真だと思いますか　偽だと思いますか？：単一の企業の株式を購入すると、通常、株式投資信託よりも安全なリターンを提供される。」

	日本 パーセント	アメリカ パーセント
正しい	8.73	16.56
間違い	30.89	66.40
分からない	53.86	16.36
回答拒否	6.52	0.68

出所：Shimizutani and Yamada （2020）を筆者が加筆修正

① 複利計算に関する質問

1つめは、「1万円貯金していて、利率が年2%だったとします。そのままお金を預けたら、5年後にいくらになると思いますか。」という質問で、複利計算に関するものです。ただし、アメリカの文脈では1万円を100ドルに置き換えて質問しています。複利計算に基づいて考えると、正しい答えは「10200円以上」です。

正答率を見てみると、日本は38・6%、アメリカは71・8%となっており、日本の正答率がアメリカのそれに比して圧倒的に低いことが見て取れます。この結果を鑑みると、日本の中高齢者の金融リテラシーは、アメリカのそれに比して極めて低いという解釈ができるかもしれません。

しかし、日本では「いくらになるか予測できない・分からない」と答えた人の割合が42・6%と、アメリカの3・9%と比べてはるかに高いので、この数字の解釈には注意が必要です。日本で実施された調査で、多くの人がこの質問に対して「いくらになるか予測できない・分からない」と答える傾向は、我々の研究に限ったものではなく、前節で紹介した先行研究でも、同様のパターンが見られました。これは、日本人は非常に慎重で、自信を持って答えられるときにしか明確な選択肢を選ばないということを示している可能性も考えられます。

その一方、「いくらになるか予測できない・分からない」の選択肢を選んだ人の特徴を詳しく調べると、より年配、女性、現在働いていない、低学歴、経済学・会計学を学んだことがないという傾向が顕著であることもわかっており、やはり日本の中高齢者の金融リテラシーが高いという証拠は見当たりません。

もう一点付け加えておきたい点は、誤答率だけに限って見てみると、アメリカのほうが高いという点です。よって、アメリカの中高齢者は日本の中高齢者と比較すると圧倒的に「断言的な」答えを選択する傾向があり、国民性の違いが浮かび上がっているという解釈も成り立つと考えられます。

② インフレーションに関する質問

次に、2つめの「インフレーション」に関する質問に移りましょう。2つめの質問は「預金の利率が年率1%ですが、物価の上昇が年率2%だとします。いまこのお金でものを買うよりも、1年後に預けたお金で買えるもののほうが多いと思いますか、それとも少ないと思いますか。次のうちから選んでください。」というものです。預金の年率である1%よりも物価の上昇率すなわちインフレーション率2%のほうが高いので、1年後まで預金しておいたお金は実質で考えると目減りしてしまうことになります。よって、正解は「より少ないものしか買えない」となります。

日米で正答率の比較をすると、日本は38・7％である一方、アメリカでは82・4％にも上ります。よって、正答率だけ見ても日米で大きな開きがあることが見て取れます。また、1問目と同様に、日本では「どうなるか予測はできない・分からない」と答える人が47・9％と半数近くいて、断定的な答えの選択肢を避けています。しかし、この点を考慮して考えても、この問題に対する答えに関しては、日本の中高齢者の金融リテラシーはアメリカのそれと比べて低いように見受けられるといえるのではないでしょうか。ただし、1問目と同じく、明らかな誤答率だけに限って見てみると、アメリカのほうが高いという点は留意が必要です。

③ リスク・分散化に関する質問

最後に、「リスク・分散化」に関する質問です。この問題に関しては、日米で多少質問内容及びニュアンスが異なります。日本では、「企業の株券を購入するほうが、投資信託（中期国債ファンド、外国投資信託など）の債券を購入するよりも必ず確実に収益をあげられる。これは正しいと思いますか、それとも間違いだと思いますか。」という質問が設けられました。一方、アメリカでは、「あなたは、次の事柄は真だと思いますか　偽だと思いますか？：単一の企業の株式を購入すると、通常、株式投資信託よりも安全なリターンを提供される。」となっています。ですので、国ごとに注意深く回答パターンを見る必要があります。

まず、日本に関してですが、設問では企業の株券のほうが「必ず確実に」投資信託よりも収益をあげられるかどうかが質問されています。ですので、厳密には正解は「間違い」であり、30・9％の人のみが正解しています。しかしながら、質問文及び選択肢に若干曖昧な点があり、「分からない」と答えた人（全体の53・9％）の中にも本来は正しく問題を理解していた人がいる可能性もあります。つまり、設問の文章が正しいかどうかというと「そうとはいえない」という解釈をして、「分からない」を選択した可能性も考えられます。

しかしながら、この質問以外の2問（複利及びインフレーションに関する問題）に対する答えに鑑みて推察すると、そこまで深い理解に及んで「分からない」と答えた人の数はそれほど多くはないことが推察されます。ですので、この質問に対する正答率もさほど高くないことがうかがえます。

アメリカに関しては、質問の趣旨がより明確であり、正解は「間違い」であり、正答率は66・4％となります。しかしながら、この質問に「分からない」と答えた人も16・4％に上り、断定的な答えの選択肢を選ぶ傾向が強いアメリカの中高齢者にとっても、リスク・分散化の質問は難易度が高いものであったことがうかがえます。

日米比較という観点からは、日本の中高齢者の多くが「予測はできない」や「分からない」という選択肢を選んだ場合、本当に質問の内容が理解できなくてその選択肢を選んでいるのか、断定的な答えの選択肢を避けたいがためにその選択肢を選んでいるのか（よって国民性が反映されている可能性）、議論は残るところではあります。ですが、いずれの質問の回答パターンを見ても、日本の中高齢者の金融リテラシーはアメリカの同年代の層のそれと比べて、決して高いとはいえないことは確かではないかと思います。

どのような個人属性が金融リテラシーと相関しているのか

前節では、金融リテラシーの基本となる質問3問に対して、主に日本の中高齢者がどれくらい正確に答えることができるかを見ました。そして、日本の中高齢者の金融リテラシーは、アメリカのそれと比較しても低水準にあることがわかってきました。

次に、日本の中高齢者に関して、金融リテラシーと個人の属性の相関関係についての分析結果を見てみたいと思います。つまり、個人の属性が上の3つの問題への正答数で測られる金融リテラシーとどのような関係を持っているかを簡単な計量経済学的な手法を用いて調べました。3問の質問を用いているので、正答数は0から3の値を取り、正答数が多いほど金融リテラシーが高いという解釈を用いたいと思います。その結果、わかってきたことを簡単にまとめます。

① 性別・年齢・教育水準との関連性

まず、性別との関係ですが、男性のほうが平均的に見ると女性よりも正答数が多いという傾向が見られました。つまり、女性よりも男性のほうが、金融リテラシーが高いということが示唆されます。年齢との関係を見ると若い人のほうが、金融リテラシーが高いということがわかってきました。さらに、教育水準と金融リテラシーの間には正の相関関係があることもわかりました。つまり、教育水準が高い人ほど金融リテラシーが高い傾向が見て取れました。

② 認知機能との関連性

さらに、高齢化問題との関係で、認知機能と金融リテラシーの関係はたいへん重要ではないかと考えられます。ＪＳＴＡＲでは簡単な認知能力のテストも行い、その情報を個人から集めています。具体的には、次の２つの情報を認知機能の指標として用いました。第一に、１００から7ずつ順に引き算を5回してもらい、正しい答えが得られたかどうかという情報です。第二に、単語を10個読み上げたあと、そのうちのいくつを記憶していたか（具体的に覚えていた単語を挙げていってもらう）という情報です。

わかったことは、これら２つの認知能力に関する質問により正確に答えられている人ほど、金融リテラシーが高い傾向が見て取れたということです。ですので、認知機能が低下している人はそれに伴って金融リテラシーも低下していると理解しておくべきではないかと考えられます。

③ うつ傾向・経済学および会計学の知識・所得との関連性

上記以外で、注記しておくべき傾向をいくつか述べておきたいと思います。まず、うつ傾向と金融リテラシーの間にも相関が見られるという点です。うつ傾向にある人ほど、金融リテラシーは低いという結果が得られました。また、当然の結果と考えられますが、経済学や会計学を学んだことがある人は金融リテラシーが高いようです。所得と金融リテラシーの間には正の相関が見られること（所得の高い人ほど金融リテラシーが高い傾向）もわかりました。

④ 居住地域との関連性

最後に重要な点としては、大きな地域差が見られるという点です。金融リテラシーは地方の田舎に住む人ほど低い傾向にあります。日本の地方ではインターネットを介しての金融投資活動を除いては、金融商品取引に接する機会は極めて限られています。そのため、そういった地域に住んでいる中高齢者の人たちは、おもに銀行預金のみを利用していることが推測され、株式や債券などの取引に必要になる金融リテラシーが高くないことは理解できます。

以上、日本の中高齢者に関して、金融リテラシーと個人の属性の相関関係を見てきました。もちろん、アメリカに関しても同様の分析は可能で、その結果は、年齢と金融リテラシーの間に相関が見られないこと、うつ傾向のデータがアメリカのデータには含まれていないことを除いては、日本ととても似た傾向でした。つまり、性別、教育水準、認知機能、経済学・会計学を学んだことがあるか、所得と金融リテラシーの間の相関関係は、日米で同じようなパターンであることがわかっています。

金融リテラシーと金融取引行動の相関関係

次に、３つの問題への正答数で測られる金融リテラシーと、実際の金融取引行動の間の相関に関して簡単に触れたいと思います。ここでは、金融取引行動に関しては、株式投資と債券投資に焦点を絞ります。２００９年のＪＳＴＡＲ調査時点では、株式投資を行っている人は全体の15・７％、債券投資を行っている人は全体の20・２％でした。全体で見ても、金融取引行動を行っている人の割合はそれほど高くないことがわかります。

そこで金融取引行動と金融リテラシーの間の相関関係を調べるため、簡単な計量経済学的分析を行ったところ、株式投資・債券投資を行っているということと、金融リテラシーが高いということの間には正の相関関係があることがわかりました。金融リテラシーの質問に対する正答数が多いほど、株式投資や債券投資を行っている傾向が見て取れたのです。

ただし、結果の解釈には注意が必要です。上記の簡単な分析でわかったことは「相関関係」であって、「因果関係」ではありません。つまり、金融リテラシーが高いから株式投資・債券投資を行っていると断言することはできません。ひょっとしたら、株式投資や債券投資を行った結果、金融リテラシーが身についた可能性も考えられます（これを、「逆の因果関係の問題」と呼びます）。また、金融取引行動と金融リテラシーの両方に影響を与えるけれども、観察不可能で分析に含めることのできないような要因がある可能性も十分に考えられます。この場合、金融リテラシーが金融取引に直接的な影響を与えているとは断言できません。そのため、ここでの結果の解釈には注意が必要となります。

金融リテラシーを巡る議論：問題点、課題、及び展望

以上、日本の中高齢者の金融リテラシーの問題を、おもに日米比較の観点を交えつつ概観してきました。わかってきたことは、日本の中高齢者の金融リテラシーはアメリカのそれと比較すると低い傾向があるということです。先にルサーディとミッチェルが米国の金融リテラシーのレベルは低いと結論づけていることに鑑みると、日本の中高齢者の金融リテラシーはさらに

その下を行くという理解を持っておいたほうがよいのかもしれません。

ただし、本章で紹介したデータを用いた分析結果は、一時点での日米の中高齢者の比較に過ぎません。実務的なことを考えると、顧客の金融リテラシーが経年的にどのように変化していくのかがわかることが本来は理想的です。さらに、前節ですでに述べましたが、金融リテラシーが高いから金融取引行動を行っているのか、金融取引行動を行うことから学んだ結果、金融リテラシーが高いのかはまだよくわかっていませんので、今後さらなる解明が待たれるところです。これらの不明点を明らかにしていくためにも、金融リテラシーの研究はさらに続けられるべきところですが、残念ながら、研究と実務の間にまだ大きなギャップがあると考えられます。

本章では、中高齢者の金融リテラシーだけを取り上げましたが、それでは中高齢者だけに金融リテラシーのトレーニングを提供すれば事が足りるのかというと、そうではありません。金融取引行動は、長期運用及び分散投資が重要であることを考えると、若いときから金融リテラシー教育を行っていくことが必要であるといえるでしょう。ただし、その上で金融取引行動を行うかどうかは、個人の選択にゆだねられることとなります。

では、「どれくらいの」金融リテラシーがあればいいのか、という問題が問われるところですが、これは難題です。本章で紹介した3つの金融リテラシーに関する質問（複利、インフレーション、リスク・分散化）は、国際比較に用いられることを主眼に置いているため、極めて初歩的な問題であり、これら3つの質問に全問正解したからといって複雑な金融取引を十分理解できるとは到底考えられません。ここから先は、よりテクニカルな金融リテラシーを身につけるような訓練を、個人が考えていく必要があるでしょう。

本章の冒頭で述べたように、高齢化が急速に進んでいる日本では、老後の長期化に伴う資産・貯蓄の運用に関連して、個人の金融リテラシーの向上が、経済的な幸福を確保するための機能として、あるいは高齢者の生活水準を向上させるための機能として期待されています。よって、金融リテラシーの向上がますます重要になるのは明らかです。

しかしながら、最も危惧される点は、多少金融リテラシーがある（もしくは身についた）と考えて、実際には自分が理解していないような金融商品に手を出してしまうことです。今後は、自分自身がどれほどの金融リテラシーがあるかを客観的に判断できるような指標が世の中に求められるようになってくるかもしれません。同時に、金融機関は、顧客に対して取り扱っている金融商品の説明を明確に行う義務がより重要となるでしょう。

第3章

長寿社会における認知機能低下と金融ジェロントロジー

金融資産を管理・運用するためには、金融リテラシーだけでなく、情報や知識を有効に使う認知機能が重要になります。しかし、加齢とともに認知機能の低下は避けがたく、金融資産の管理・運用が困難になってくることが日本社会の新たな問題になっています。高齢者のための、金融資産活用の仕組み作りが急務です。

慶應義塾大学経済学部教授
ファイナンシャル・ジェロントロジー研究センター長

駒村康平
（こまむら・こうへい）

1964年生まれ。慶應義塾大学大学院経済学研究科博士課程単位取得退学。博士（経済学）。国立社会保障・人口問題研究所、駿河台大学、東洋大学を経て2007年より慶應義塾大学教授。社会政策、高齢化問題、金融ジェロントロジーを研究。厚生労働省顧問、社会保障制度改革国民会議委員、社会保障審議会委員、金融庁金融審議会（市場ワーキング・グループ）委員として、高齢化に関わる政策提言を行っている。

人生100年時代の人生設計とは

20世紀半ばまでは、乳幼児死亡率の低下に起因する部分が大きかった寿命の伸長ですが、20世紀後半からは中高年の死亡率低下による寿命の伸長が続いています。既に日本人の平均寿命は80代になり、厚生労働省の国立社会保障・人口問題研究所の推計によると、2065年の女性の平均寿命は91・35歳になると予想されています。つまり半分近くの女性が90歳代半ば近くまで生きるような社会になるということです。しかも、国立社会保障・人口問題研究所の寿命予測は、今後も続くと思われる医療技術の発展など、技術革新を十分に織り込んだ推計にはなっていないため、今後も続く技術革新・医療技術の進歩を考慮すると、実際に2065年になったとき、寿命がもっと延びている可能性もあります。21世紀生まれの世代は、人生100年の可能性もあるという研究も出てきています。

寿命の伸長に応じて、人生設計も当然ながら見直さなければいけません。人生を「春夏秋冬」の四季にたとえると、寿命80歳の時代では、生誕から20代前半までの「春」は、人生の土台であり勉強に勤しむことになります。そして20代半ばから40代に入るころまでは、挑戦期間である「夏」を楽しみ、40代から60代前半までは、実りの「秋」を迎え、60代後半から20年程度は「冬」となり、現役時代の蓄えで悠々自適の老後生活を過ごす、というのが理想の人生だったかもしれません。しかし、寿命が90歳を超え、100歳に接近するようになれば、60代前半の引退では「長すぎる老後」になり、蓄えも不足するのではないでしょうか。

例えば、国立社会保障・人口問題研究所の予測では、2065年になると65歳女性の「平均余命」は28年になるとされています。先ほど示した2065年の予想平均寿命は91・35歳でしたから、65歳の人の残りの生存期間は26年ではないかと思うかもしれませんが、平均寿命とは0歳時時点の余命ということです。つまり、65歳まで生き残った人は比較的丈夫な人が多いので、死亡率は低く、65歳時点での余命は0歳時点のそれよりも長くなります。

もし65歳で退職すると、30年近い老後生活になるわけです。長い老後を公的年金制度に当てはめて考えると、20歳から60歳までの40年間の保険料納付で、老後30年間を支えることになります。よほど高い保険料にするか、よほど低い年金額にしないと財政のつじつまが合わなくなります。実際には、後ほどお話しするように、年金給付水準は引き下げられることが決まっています。

年金給付水準の引き下げに対応するためには、寿命の伸長に応じて年金受給年齢を先送りして、高齢になっても働き続け、年金保険料を支払う期間を長くすることで、年金額を増やす方法があります。仮に公的年金の増額や就労継続に頼らないとすると、長い老後を見据えて、早くから資産形成を行う必要があります。しかし、単に資産を積み上げればよいというわけではありません。加齢とともに認知機能が低下し、資産の管理や運用が難しくなることも考えておく必要があります。特に75歳以降になると、認知機能は低下し、加えて病気などに起因する認知症の有病率も上昇します。

認知機能の低下や認知症の発症で資産の管理、活用が難しくなるという新しいリスクに、私たちはどのように対応していけばいいのでしょうか。この先、誰もが一生のうち最後の数年間は、認知機能が低下する期間を経験するかもしれないのです。このような状況に対応できるように、社会経済の仕組みの見直しなどが必要になっています。

世界で進む高齢化と今後の見通し

「高齢化」とは人口に占める高齢者の割合が上昇すること、つまり「社会の状況」を意味し、「長寿化」とは個人の寿命が長くなること、つまり「個人の状況」を意味します。

少子化とともに長寿化は人口高齢化の一要因です。現在、世界の人口は増え続けていますが、他方で徐々に世界規模での少子化が始まっており、長寿化と相まって、地球は今後、高齢化に向かうことになります。すでにタイなど東南アジアの中進国は高齢化が始まっていますが、日本の高齢化率はすでに30％に接近しており、日本は世界で最も高齢化が進んでいる国となっています。

図表 3-1　世界で上昇する中位年齢

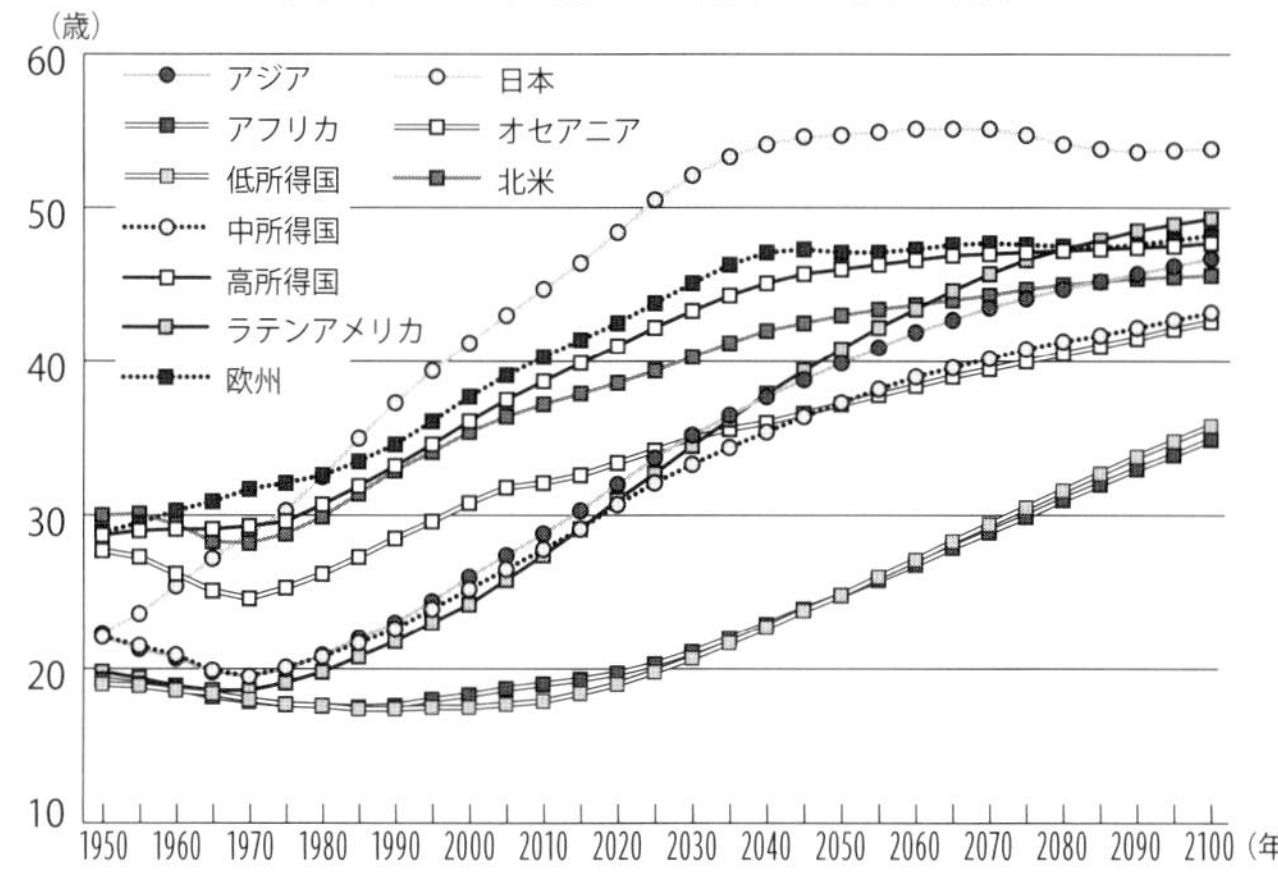

出所：UN.World Population Prospects 2019 より筆者作成

図表3－1は、日本及び世界各地の地域別の中位年齢（年齢順で人口を並べていき、ちょうど真ん中に来る人の年齢）の動向を示しています。１９６０年代までの高度経済成長期は、日本の「中位年齢」は20歳代で、大変活気のある「若い社会」でした。それが２０１５年には40代半ばまで来ています。そして、社会全体の高齢化は続き、２０４０年ごろには中位年齢は55歳になります。つまり日本全体が、「中年の社会」になっているわけです。年齢は人間の行動や考え方を変えます。「中年」が中心の社会は落ち着いた、熟慮できる社会になる可能性もあります。ただ、いつまでも若い気持ちで行動すると失敗するように、社会全体でも、中位年齢が20代であった社会の仕組みを見直して、中位年齢

が50代半ばになる社会に向けて、社会の仕組みを大きく見直さなければならなくなります。

それはどういうことか。日本社会の高齢化の状況を、個人に当てはめて考えてみるとわかりやすいでしょう。私たち人間は、加齢に伴っていろいろな健康問題が発生します。つまり医療費や介護費がかかるようになるし、住居のリフォームなども必要になるでしょう。それだけではありません。加齢に応じて認知機能は低下します。認知機能とは、外部から情報を取り入れ、分析し、意思決定を行い、行動に反映させる脳の機能のことを意味します。認知機能が低下すると情報処理や合理的な意思決定が苦手になり、お金の管理など経済活動にも支障が出てきます。超高齢社会とは、認知機能が低下する高齢者が増えるということも意味しています。

図表3‐2は、日本の今後の高齢者数の見通しです。2015年時点で65歳以上人口は約3500万人ですが、その人数はピーク時で約3800万〜3900万人ぐらいまで増加します。意外なことに65歳以上を高齢者としてひとくくりにすると、今後はそれほど高齢者数は増えません。しかし、少子化により若い人口が減少するため、高齢化率は上昇を続け、2050年以降、高齢化率は40％程度に到達し、そこで安定することになります。また、65歳以上のなかでも75歳以上の人口が増加します。65歳以上の高齢者の60％以上が75歳以上となり、75歳以上の高齢者が全人口に占める割合は24〜25％となります。そして、女性のほうが男性よりも長寿なため、65歳以上、75歳以上でも女性の占める割合が高くなります。

図表 3-2　65歳以上人口の構成と「65歳以上人口に占める75歳以上人口」の比率

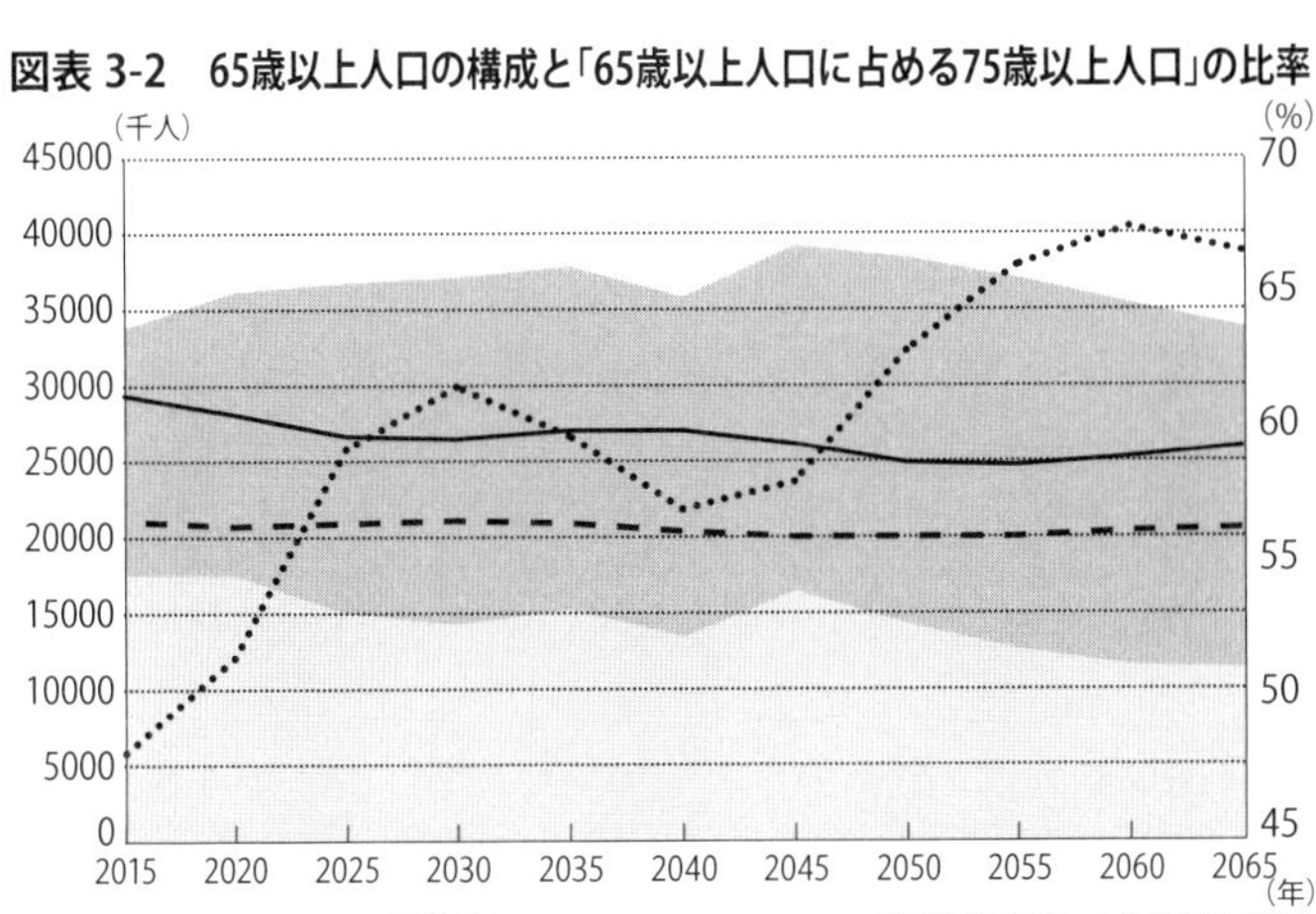

出所：国立社会保障・人口問題研究所「日本の将来推計人口（2017 年）」より筆者作成

年金水準の引き下げにどのように対応するか

寿命が延びるということは、高齢者の生存率が上昇することを意味します。つまり、年金受給者数が増加し、一人ひとりの年金受給期間も長期化します。このため、公的年金給付は増加し、年金財政は不安定になります。政府は年金財政を維持するために、「マクロ経済スライド」という、寿命の伸長と少子化の程度に応じて一人あたりの年金水準を徐々に引き下げる仕組みを導入しています。現在の見通しでは、これから2040年ごろまでの間に、年金水準を毎年1％程度、累積では20％引き下げることになっています。

このような年金水準の低下分を回復するた

めには、前述のように引退を先送りして65歳以降も働き続け、年金に加入する期間を延ばすという方法があります。というのも、厚生年金の給付は加入期間に比例するからです。また年金受給のタイミングを遅らせる「繰り下げ受給」という方法もあります。この方法を使って、1カ月、年金の受給開始を遅らせられれば0・7％年金を増やすことができます。70歳まで遅らせられれば42％年金を増やすことができます。

このほか、公的年金の給付水準の低下を補う役割を期待されているのが私的年金です。企業年金のみならず個人が準備するｉＤｅＣｏやＮＩＳＡなどの重要性が高まっており、政府は加入者には税制上の優遇措置を行っています。

若い世代にとっての老後準備の課題は、いかに早くから計画的に貯蓄し、長期にわたって効果的に資産形成を行うかという点です。一方、引退期を迎えた高齢者は、増加する医療費や介護費の確保、住み替えや住宅の老朽化に伴う改修等コストの捻出、介護施設等の選択や有料老人ホームの費用など不確実な状況下で、資産運用しながらもうまく資産を取り崩すという難しい資産運用・管理が必要になります。

金融資産の高齢化

なぜ人は貯蓄をするのでしょうか。それは収入が減少する老後の生活費を確保するためで

図表 3-3　資産の高齢化——長寿と資産形成・消費

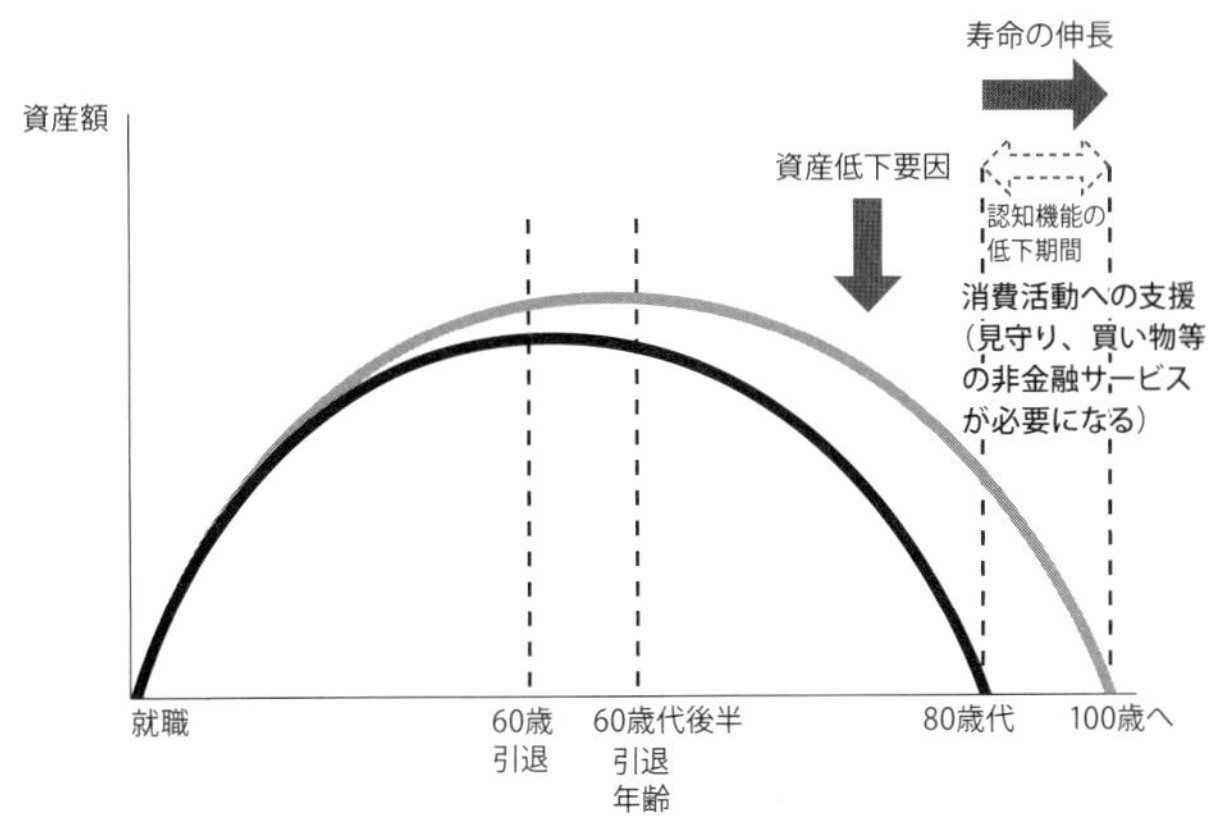

出所：筆者作成

す。若いときは収入も少ないので貯蓄はわずかですが、年齢とともに収入が増えれば、貯蓄や資産は増えていきます。そして老後は収入より支出が上回ることになるので、資産を取り崩して生活するため、徐々に資産は減少するはずです。

図表3-3は、年齢とともに資産をどのように増減させるべきかをイメージしたものです。寿命が80歳代の時代であれば、濃いグレー線で示すような人生設計を考えればよかったのが、寿命が90歳代そして100歳近い時代になると、薄いグレー線に近づいてくることになります。当然ながら資産形成はより積極的に行う必要があります。他方で、医療費や介護費の増大などで資産低下要因も強まります。資産が人生の途中で枯渇しないように、寿命の伸長に応じ

て「資産の寿命」（＝資産寿命）を延ばしていかなければなりません。同時に、認知機能の維持や認知症の予防をして、「健康寿命」も延ばさなければなりません。なぜならば「健康寿命」を延ばさないと、せっかくたくさんの資産を貯めても、それを管理運用できなくなるからです。

図表3‐4は「年齢別平均金融資産残高」ですが、長期にわたって老後に向けて資産形成をしてきた高齢者は平均的には現役世代より多くの金融資産を保有していることが確認できます。また70歳代前半をピークに金融資産は減少するものの、75歳以上でも思った以上に金融資産や株式などのリスク性資産を保有していることがわかります。

図表3‐5は、**図表3‐4**をもとに、将来の人口予測数から作成した年齢別の個人金融資産構成比です。２０１５年を見ると、高齢者が全金融資産の70％を保有し、さらに75歳以上が22％を保有していることがわかります。今後、この傾向はさらに強まり、２０３０年には個人金融資産残高の30％以上を75歳以上高齢者が保有する可能性があります。

仮に、２０３０年になっても個人金融資産が今のままの１８００兆～１９００兆円であったとしても、５００兆～６００兆円近い金融資産が75歳以上の人たちによって保有されるようになるのです。

一方、70歳代後半以降は、急に認知機能が落ちていき、自分の財産をうまく管理運用できない事態に直面するかもしれません。加えて75歳以上になると認知症の有病率が25％と見込まれ

図表 3-4　年齢別の平均金融資産額とリスク性資産の割合

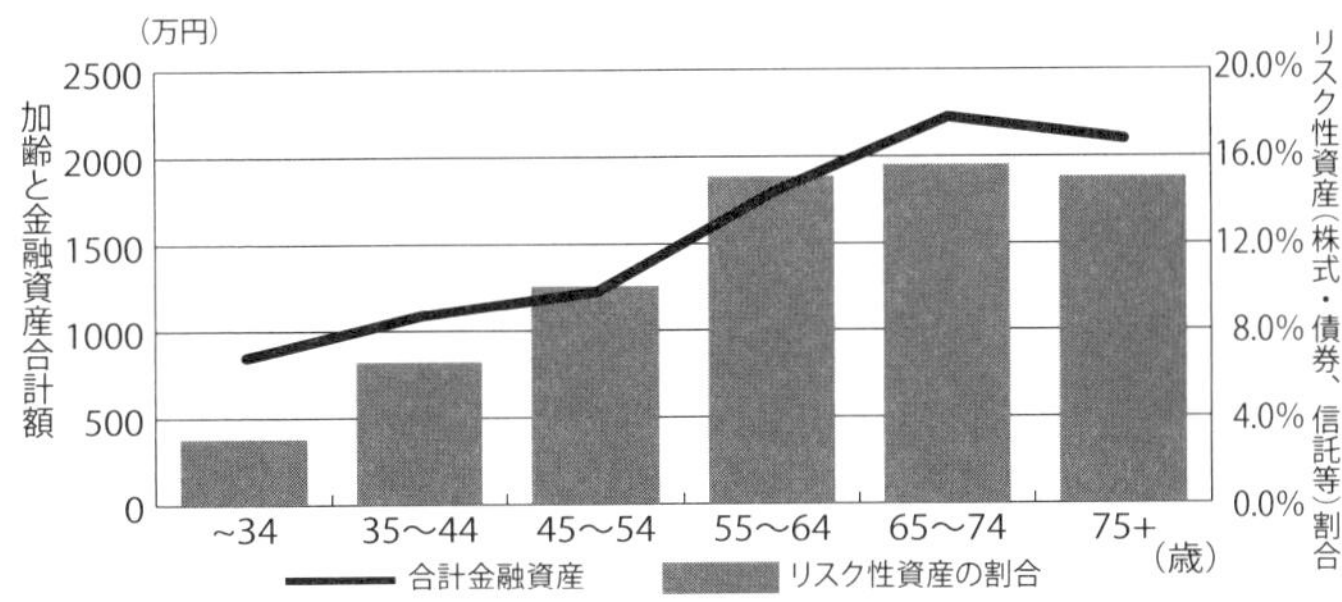

注：総務省統計局「全国消費実態調査」の調査票情報を筆者が独自集計したものである。そのため全国消費実態調査の本体集計との整合性があるとは限らない。また特に標本数の少ない集計区分では標本誤差に留意が必要である。今回、調査票情報の利用を許可いただいた総務省統計局関係各位に心より感謝申し上げる。なお、本研究は JSPS 科研費 26380372 の助成を受けたものである

出所：駒村（2019）より引用

図表 3-5　年齢別金融資産の保有割合の推計

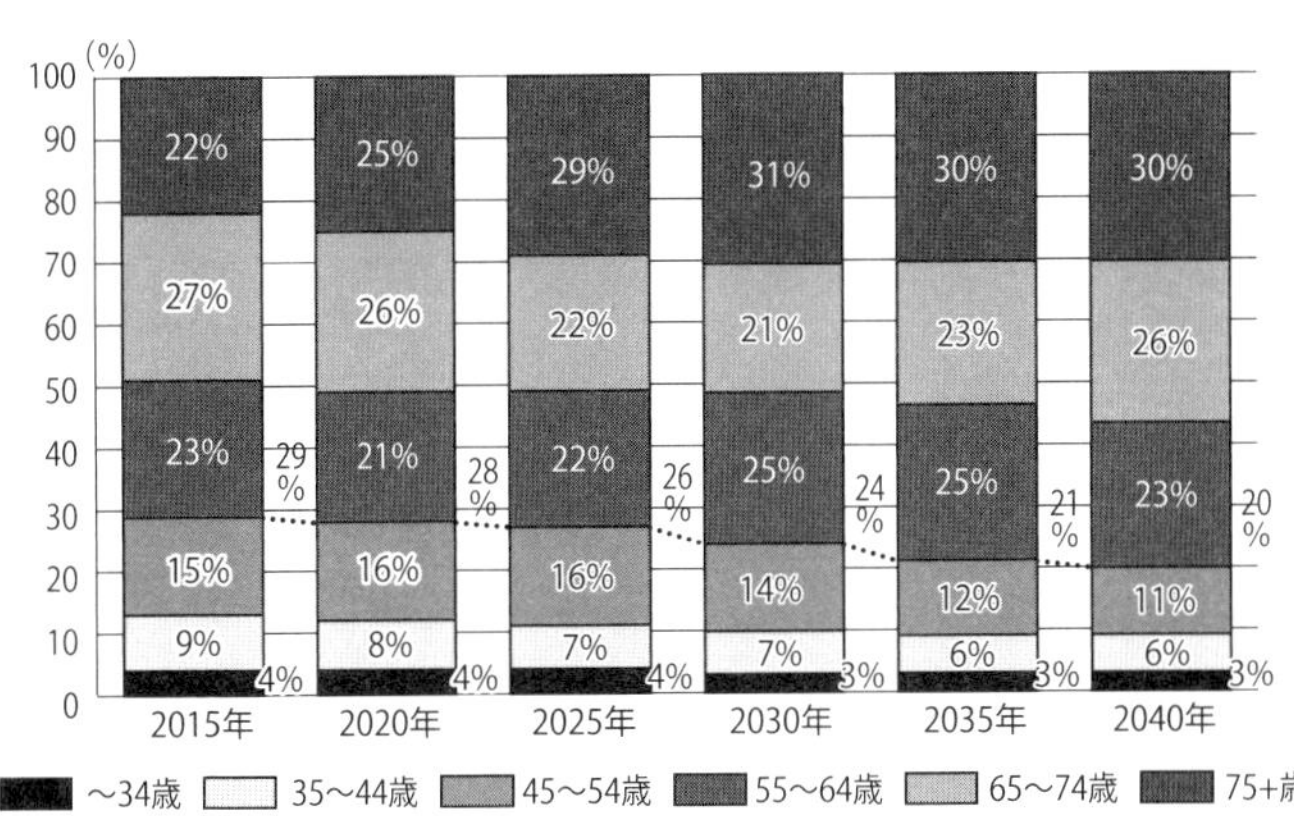

出所：駒村（2019）より引用

ることから、個人金融資産の約5%、現時点でおよそ100兆円の金融資産が認知症の方によって保有されている可能性があります。そして2030年には今よりも75歳以上の人口が増加することを考慮しますと、おそらく200兆円近い個人金融資産が認知症患者によって保有される可能性があります。

こうしたことからも、高齢期には自分の財産をどうしたいか、どこにどのような資産、口座を持っているか、ということは、早めに家族と共有し、信頼できる金融機関等に相談したほうがいいでしょう。

高齢者の資産管理の重要性は、2019年に開催された先進国の財務・金融担当大臣が集まったG20福岡の「ポリシー・プライオリティ」でも、先進国が共通で解決すべき課題と認識されました。

高齢化に伴う「資産の高齢化」は、単に「高齢者の経済的な影響力が拡大する」という「量的な影響」だけではなく、加齢によって意思決定に課題を抱える高齢者が経済力を持つという、これまでにどんな社会も経験したことのない難しい問題を発生させることになるのです。

神経経済学と金融ジェロントロジー

今日、科学の関心は急速に「人間自身」、「自分の内なる謎」に向かっています。特に脳神経科学は21世紀になり急激に進歩し、「第4の科学革命」ともいわれます。fMRI（機能的磁気共鳴装置）あるいはMRI（磁気共鳴装置）によって、人間の脳の構造を外から観測して、脳の動き、血流を直接観測するという技術が出てきています。このように、脳神経科学は人間の意思決定と脳の関係を解明しつつあります。脳神経科学の進歩は社会経済システムや経済学、法学にも大きな影響を与えつつあり、神経認知心理学、神経倫理学、神経法学といった理系である神経科学と、人文社会科学の両方にまたがった研究分野も生まれています。今後は、「脳神経科学という理系の畑を、文系の鍬で耕す」というような学際的な研究が重要になります。

従来、ミクロ経済学は、いわゆる予算制約線と無差別曲線というものを想定して、選択に必要な情報を十分受け取れれば、人間は合理的な意思決定ができるという想定をしていました。たしかに、現在のミクロ経済学の創生期には、脳神経科学は存在せず、人々の好みや選択は、ブラックボックスだったわけです。しかし、脳神経科学の進歩により、人々の脳の構造と選択の関係がわかるようになってきました。

すでに経済学では、心理学を取り入れた「行動経済学」というものが出てきましたが、脳機能の変化が経済的な意思決定に与える影響を明らかにする研究領域が神経経済学（neuroeconomics）として注目されつつあります。

神経経済学の研究結果によると、人が合理的な行動を取るためには、論理的な思考力、十分な注意力が必要です。それを支えるのが、十分な認知機能や注意力、記憶力（ワーキングメモリ）といった脳機能です。もちろん現実の人間の認知機能、記憶力、注意力は無限ではなく、多すぎる情報は適切に処理できなくなります。ミクロ経済学の想定とはかなり異なります。また脳の機能を左右する要因としては、ストレスのような一時的なものもありますが、特に重要なのは加齢による影響であることがわかってきました。

他にもニューロ・マーケティングといわれるような形で、今まではブラックボックスであった人間の脳そのものを観測することにより、意思決定メカニズムを探り、それをマーケティングに使っていこうという動きも始まりました。

このように神経経済学を重要な分析手法とし、加齢による脳機能の低下などを考慮して経済行動や資産選択を研究する分野が、「金融ジェロントロジー（金融老年学）」なのです。今後の高齢化社会では、脳の加齢の問題に着目して、人間の経済行動に与える影響を見ていこうというアプローチが大事になるでしょう。こうした社会状況に対応するように、金融ジェロントロジーは、他にも、老年学（ジェロントロジー）、老年医学、心理学といった研究分野の蓄積を、金融の分野で社会実装した学問分野なのです。

合理的経済人の見直し

経済学も法学も「合理的経済人」を想定し、契約ほか市場取引の諸ルールを作ってきました。合理的経済人の「人間像」は、人は自分の欲しいものはわかっており、十分な情報を得ることができれば、「合理的な判断・意思決定」ができるという想定でした。

合理的な判断とは、不確実な場面において、それぞれの可能性（確率）を考慮しつつ、利益を最大化する行動です。その基本になるのが、それぞれの出来事が起きる確率とそれぞれの利益額をかけて「期待値」を計算し、それを最大化する行動です。これは何も金融資産運用に限られるわけではありません。

私たちの生活は不確実性に囲まれています。確実なことなどほとんどないのです。そして、その不確実性のもとで常に意思決定を求められています。人は毎日、3万5000回以上の意思決定をするという研究もあります。

例えば、銀座の百貨店でバーゲンセールがあるとしましょう。通常価格1万5000円で販売される、ある欲しいものが5000円になるとします。1万円もお得です。しかし、人気があるので、開店時には到着していないといけない。遅れると定価1万5000円で買うしかなく、1万円の損になります。銀座へは、バスを使って200円で行く方法と、地下鉄を使って

400円で行く方法があるとしましょう。バスのほうが安いですが、バスは渋滞のため、60%の確率で1時間かかる可能性があります。地下鉄ならば95%の確率で10分で到着します。さあどちらで行くでしょうか。もちろん早く家を出るという考え方もありますが、家事など、いろいろやらなければいけないこともあるでしょうし、交通費に使える生活の余裕度もあるでしょう。しかし、多くの人が交通費を余計に200円支払ってでも地下鉄で行って、95%の確率で1万円のお得を目指すほうを選ぶのではないでしょうか。

ましてや人生を左右する重要会議ならどうでしょうか。就職面接ではどうでしょうか。事前にアクセス方法や交通機関、費用、時間その他の情報をできるだけ調べて行動するでしょう。十分な情報を得ることで、合理的な判断と行動ができるのです。

経済行動や資産運用も同じです。商品に関する情報が重要なのです。

経済取引では、売り手と買い手が対等の立場で契約を自由に結んでいくという「契約自由」の原則があります。しかし、売り手と買い手は、必ずしも対等ではありません。商品やサービスの知識、情報量は売り手のほうが多く持つのが普通です。第1章でも触れましたが、このように一方が他方に対して多くの情報を持ち、有利な立場に立つことを「情報の非対称性」といいます。

リスクやリターンの関係が複雑な金融商品は、情報の非対称性が強い取引の典型になります。そのため金融庁は、金融機関には顧客へのわかりやすい金融商品情報の提示を促し、顧客側にも金融リテラシー教育を推奨し、情報の非対称性を解消しようとしてきました。

従来のように若い人口構成を前提とした社会では、十分な情報があれば市場参加者は適切な判断ができるという市場経済のルールを想定してきました。そして例外的に、深刻な障害や認知症など判断力に問題があれば、成年後見制度などで支えるというものでした。

しかし、現実の人間の認知機能は年齢とともに低下し、高齢期には合理的な判断、意思決定とはかなり乖離した行動をとります。実際、障害や認知症でなくとも、加齢とともに意思決定に様々な揺らぎが出て、「合理的な選択」から乖離した意思決定が行われることが確認されています。

「自分自身を知る」＝メタ認知の重要性

近年の脳神経科学の研究で、加齢が認知機能に大きな影響を与えることが明らかになってきています。脳神経科学の知見を生かした神経経済学の意思決定モデルとして有名なのが、ノーベル経済学賞を受賞したダニエル・カーネマンの Dual Process Theory（二重過程理論）です。その理論では、人間の意思決定は、大脳辺縁系が基盤になる「早くて（ファスト）、衝動的な意思決定」システム1の情報処理や意思決定を、前頭前野を基盤とする「ゆっくり（スロー）

と熟慮的、合理的な意思決定」システム2が制御すると想定されています。しかし、加齢とともに後者の基盤である前頭葉が衰え、システム2の機能は低下し、次第に衝動的なシステム1の意思決定の影響が強まる可能性があるのです。このように加齢とともに意思決定は直感的、感情的な部分の影響を受けやすくなり、さらに記憶力や一時メモリも低下すると、脳が複雑な問題を処理することが苦痛になり、過去の経験に従った意思決定をする傾向が強くなるわけです。

ここで大事になるのは、自分の意思決定の過程、自分の知識不足、認知機能の低下などを、自分自身で認識できているかどうか、つまり「自分自身を知る」ことができているかどうかということです。

合理的意思決定である「規範的意思決定論」によると、意思決定の際に人は、①選択によって望ましい結果を得られ、あるいは望ましくない結果を避けられる確率を理解している、②選択によって起こりうる結果の価値がわかっている、③確率と結果から組み合わされる選択肢を比較する能力がある、④意思決定の過程、知識や能力における自らの限界を理解している、つまり自分自身を知っている、すなわち「メタ認知」がある、という4つを想定しています。特に大事なのが、④の「メタ認知」で、「自分自身を知る」、すなわち自分の知識や判断力の限界や、いま自分がどのような状態か―例えば、今日はいいことがあったので、少しテンションが

図表 3-6　加齢に伴う意思決定コンピテンシーの変化

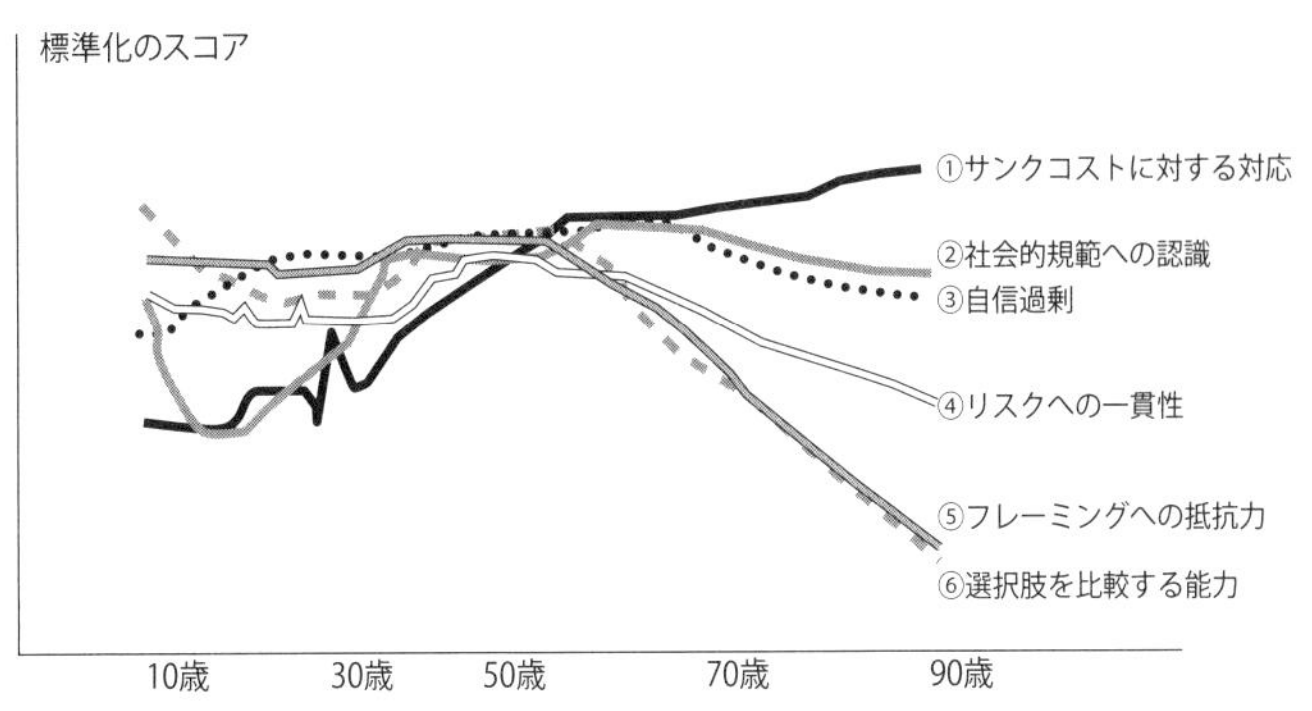

出所：Strough, J., Parker, A. M., & de Bruin, W. B. (2015). Understanding Life-Span Developmental Changes in Decision-Making Competence. : *Aging and Decision Making* (pp. 235-257). Academic Press.

高く、「自信過剰」になっているとか、気弱になり自信過小になっている──といったことがわかっているという点です。

特に加齢とともに多くの人が、自分の能力を過大に評価する「自信過剰」の傾向が強まるとされています。特殊詐欺の被害者の多くが、「自分だけは大丈夫だ」と思っています。意思決定の際は、情報の収集とその評価だけではなく、自分の判断力の揺らぎにも気をつけないといけないわけです。

加齢による意思決定の揺らぎ

では、加齢に伴って意思決定にどのような揺らぎが生じるのでしょうか。Strough, J., Parker, A. M., & de Bruin, W. B.（2015）は、**図表3-6**で示すように加齢に伴う意思決定における揺らぎがどのような形で発生するのかを分析しています。多くの意思決定コンピテンシーのスコアが年齢の変化に対して逆U字形を示しています。すなわち意思決定の質は、若いときから青年・中年期までは年齢とともに改善し、40～50歳代にピークを迎え、その後は低下する可能性があることを示しています。少し細かく見ていきましょう。

①まずサンクコストへの対応です。これは「損切り」への対応力です。おもしろそうだと思って期待して映画館に入ったが、始まってすぐにつまらない映画だとわかったとしましょう。入場料はもう戻らないので、これ以上つまらない映画を見続けて、時間を失うのはもったいないと映画館から出て行くかどうか。この入場料が「サンクコスト」です。入場料に加えて、時間も失ってしまうので、もう「サンクコスト（＝入場料）」をあきらめて映画館から出て行くことが合理的な意思決定となりますが、なかなかそう割り切れないのが人間です。しかし、意外なことに高齢者はサンクコストのあきらめは得意ということになっています。

②「社会的規範への認識」、つまり社会的ルールを守るという項目については、年齢によってそれほど落ちていません。これらに対して、③前述の「自信過剰の問題」は、他人からの客観的な評価よりも経験や知識に基づく自身の判断力を「過大評価」する傾向のことです。自信過剰は、若年者と高齢者に発生しがちです。自信過剰になっている人には、どのようなことが起きるのでしょうか。自信過剰の高齢者は財産が早く減少することが確認されています。米

国・シカゴにおける研究では、軽度認知障害や認知症でない高齢者でも、認知機能の低下により、金融詐欺に遭いやすくなることが確認されています。特に、学歴が高い、金融取引の経験がある高齢男性は投資詐欺に遭いやすいという研究があります。アメリカでは高齢女性はチャリティ詐欺に遭いやすいという研究もあります。

④「リスクへの一貫性」とは、例えば、「来年、地震が発生する確率」は「これから5年間で地震が発生する確率」よりも高くないはずですが、こうした判断が加齢とともにできなくなります。

⑤「フレーミングへの抵抗力」とは、すなわち相手の説明方法によって意思決定に変化が発生することです。例えば、値札に400円と書いてあったら買わないが、同じものが「通常価格600円が本日に限り400円」と書いてあったら買ってしまうということです。加齢に伴い表示や表現で誘導されやすくなるわけです。

⑥「選択肢を比較する能力」とは、それぞれの属性における属性値（確率、利益等）が異なる選択肢をすべて比較できる能力で、先ほど話した銀座の百貨店へのアクセスのように、それぞれの確率と利益を考慮して判断する能力です。こうした能力もまた加齢に伴い低下します。

ただし、これらの研究はまだ研究途上にあり、今後の研究成果が待たれる部分も多く残っています。

意思決定の質の変化を金融の問題で考えた研究があります。アガルワル等（Agarwal S. et al.［2009］）は、2000年～2002年にかけて、金融機関から個人の住宅ローンの実質金利（APR＝Annual Percentage Rate）とクレジットヒストリー（信用履歴クレジットヒストリー［クレジットカードの限度額使用率、支払い履歴、破産等のネガティブ情報］のスコアが低い場合、金利が高く設定される）に関する1万4800人分のデータを収集し、学歴や所得など様々な要因をコントロールした上で、年齢によって住宅ローンやクレジットローンの実質金利がどのように変化するかを分析しています。支払い遅延や焦げ付きが発生すれば、金利は高くなります。そういうことがなければ金利は低く設定されます。

その結果、**図表3-7**のように若いときは住宅ローンやクレジットローンの実質金利が高く、次第に低下し、50歳代前半あたりで最も低くなり、その後は再び上昇することが確認されています。つまり金融資産の管理運用能力は50代前半でピークになること、つまり金融資産の管理運用能力は逆U字形になっていることを明らかにしています。

このように認知症ではなく、正常な加齢の範囲においても、加齢に伴う認知機能の変化により、高齢期には次第に経済的な意思決定能力、金融資産の管理・運用能力は低下します。さらにMRIなどを使って脳の状態を見ながら、被験者に経済的な問題を解かせ、脳のどの部分が大きく反応するかといった医学や脳神経科学と経済学が連携した研究も行われるようになっています。

図表 3-7　年齢と住宅ローンやクレジットローンの実質金利の関係

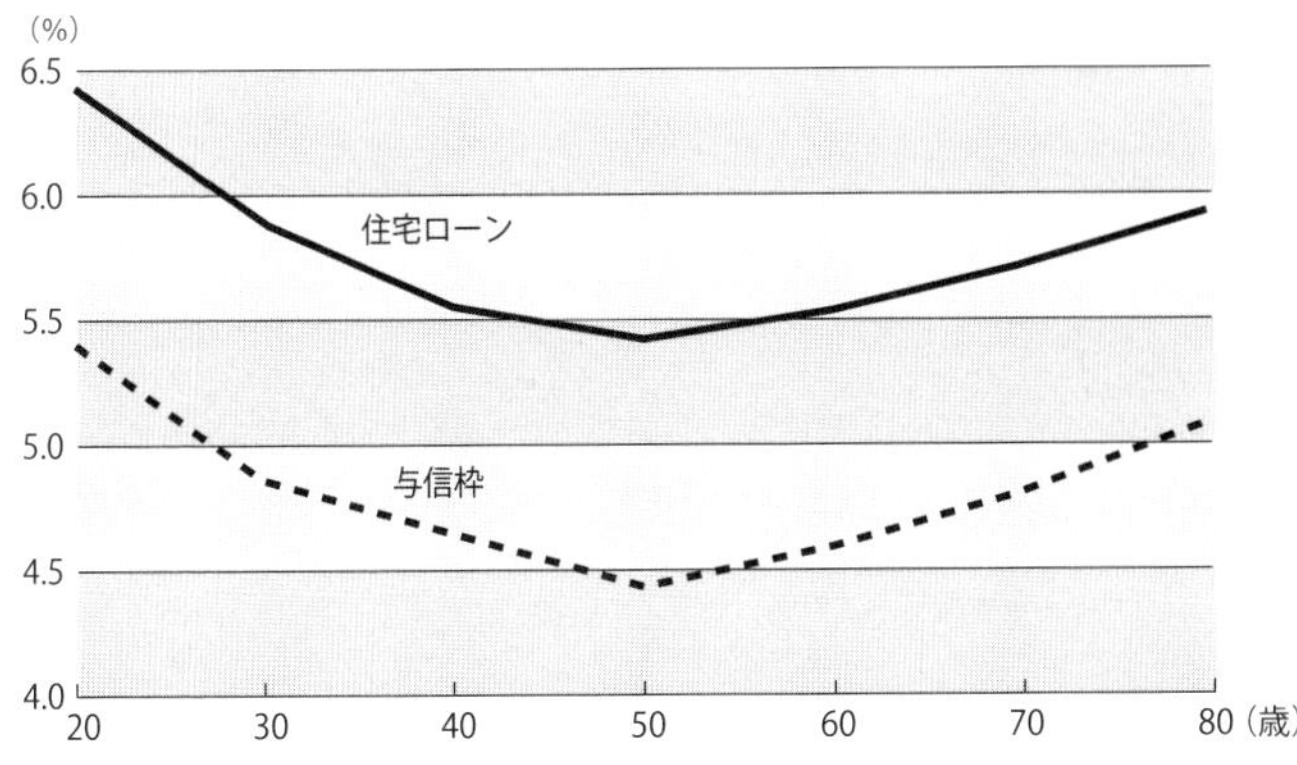

出所：Agarwal S. et al. "The Age of Reason：Financial Decisions over the Life Cycle and Implications for Regulation": *Brookings Papers on Economic Activity.*（2009）

認知症による金融資産管理能力の低下

これまでは正常な加齢による認知機能の低下が経済行動や資産運用に与える影響を見てきました。合理的な選択から多少の乖離が発生するかもしれませんが、日常の買い物や銀行での出入金などの日常の生活には深刻な影響は与えないかもしれません。しかし、正常加齢を超えて、ＭＣＩ（軽度認知障害）や認知症になった場合はどのような問題が出てくるのでしょうか。

図表3－8は、年齢別のＭＣＩや認知症になる有病率を示したものです。80歳代になるとかなりの割合でＭＣＩや認知症になるとされてい

図表 3-8　年齢別のMCIおよび認知症の有症率

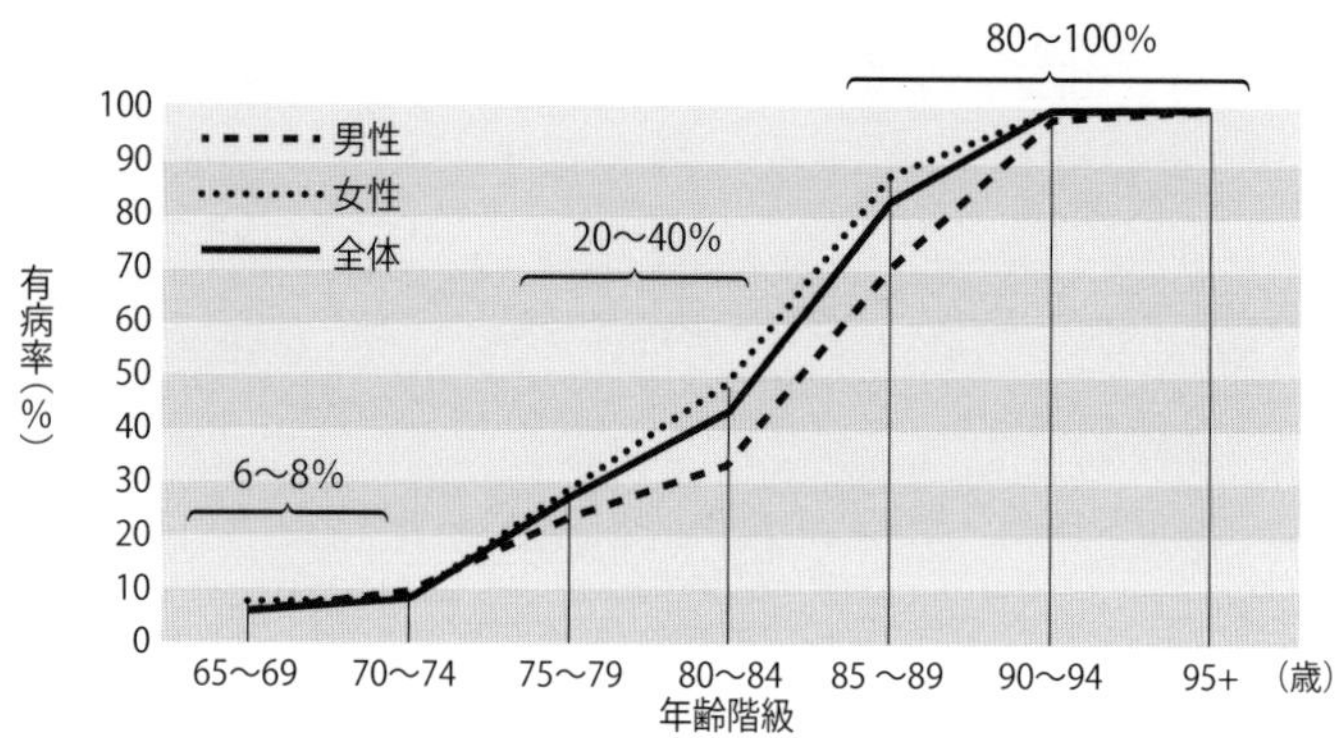

注：MCI の有病率が認知症の有病率とほぼ同等と見なして作成した
出所：東京都健康長寿医療センター　粟田主一「高齢者の認知機能の特性と認知機能低下に伴って現れる諸課題、東京都高齢者の特性を踏まえたサービス提供のあり方検討会」

ます。

ＭＣＩから認知症になっていく中で、お金の管理能力はどのようになるのでしょうか。日常の様々な行為に障害が発生するわけですが、最初に難しくなるのが金銭の管理です。おつりの計算や請求書の処理などが苦手になります。その後、手紙を書く準備をすること、処方された薬を服薬することが困難になり、最後は、自分でトイレに行くことや調味料などをきちんと選ぶことが難しくなります。

図表3‐9は、お金に関する認知機能の低下を示したものです。最初は緩やかに、途中から放物線状に急激に落ちていくことが確認されています。

このように資産の管理能力は、低下が始まると急激に下がっていきます。本人自身も気がつ

図表 3-9　年齢と低下する金融に関する認知機能

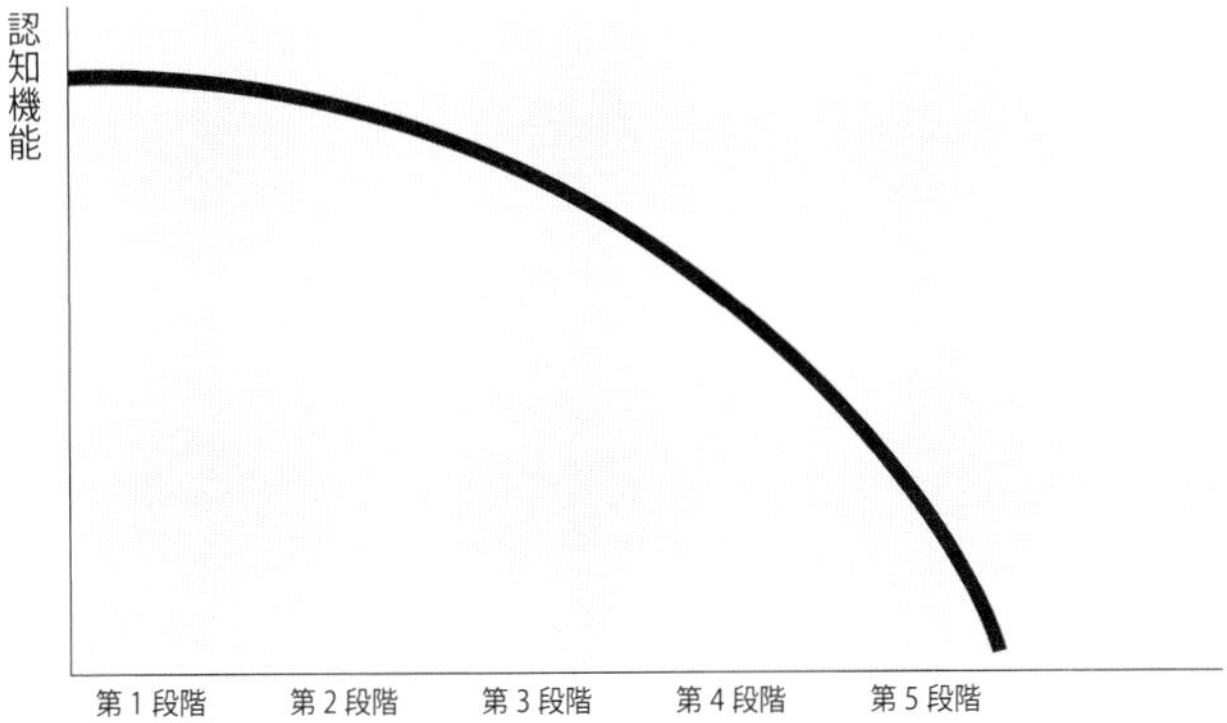

認知機能

第 1 段階　第 2 段階　第 3 段階　第 4 段階　第 5 段階

出所：駒村（2019）より引用

かないし、家族も気がつかないまま、実は急激に低下していたということもあります。認知症になっていても本人は気がつかない、あるいは本人が大丈夫なふりをしていて、家族が気がつかないということもあります。本人が大丈夫なように振る舞い、家族もわかりにくい場合は、日常付き合いの少ない他人（例えば金融機関のスタッフや買い物や売買取引相手）にとって、物忘れなどの高齢者特有の言動が見えても、通常の加齢によるものなのか、認知症の発現によるものなのか区別することは困難です。この点が社会経済の新たな問題になります。

金融商品や保険の契約が成立してから、あるいは金融に限らず何かの販売契約が成立してからしばらくたって、家族から「実はあのときすでに認知症だったから、契約無効である」と言われると、取引相手にとっては契約の安定性が著しく失われます。高齢者がそんなに不安定な契約相手ならば、もう高齢者とは取引や契約をしたくないということにもなり、高齢者が経済活動や取引から排除されることになります。また逆に、契約時点では認知症であるかどうかはわからないので、契約はあくまでも有効であると主張する事業者もいるでしょう。さらには本人が気がつかないうちに認知症になり、十分な判断能力がないまま業者などにつけ込まれて、次々と販売契約や金融商品の契約をさせられて財産を失うということも多発しています。こうしたことは大きな社会問題になっています。

早めの家族間での情報共有

以上のように、加齢とともに誰もが認知機能が低下します。MCIから認知症の初期には、請求書の処理、日常の通帳、ATMなどによるお金の引き下ろしといった日々の資産管理が次第に難しくなります。金融資産の管理は個々人の記憶頼りの部分が多いものです。ATMのパスワードを忘れる、通帳をなくすといったように、本人の「記憶力」を前提にした資産管理は非常に難しくなってくるのです。認知症でなくても、記憶の混乱は、高齢者の間ではかなりの頻度で起きていることが確認されています。アメリカ疾病予防管理センターの研究によると、在宅で特段支障なく生活している60歳以上の回答者のうち、12・77%が過去1年以内に記憶の混乱や喪失を経験したと報告しています。ましてやＭＣＩや認知症になると、記憶に基づく金融資産の管理は難しくなります。実際に銀行でも、何度も通帳を紛失すると通帳による取引が停止されますし、認知症であることがわかると口座が凍結されることもあります。

現実の金融機関の窓口では、高齢者の身体的な課題、聴力、視力の衰えに着目したサポートは行われますが、認知機能の低下に対応したサポートはまだ不十分です。超高齢社会では、高齢者の認知機能の低下、心理的な変化に着目したサービスが重要であり、多すぎる情報の提供、例えば多数の金融商品の選択肢の提供、時間を切って契約を急かすといった行動は、高齢者の判断能力、意思決定能力を下げることになります。

高齢化が進む先進国は、同じ課題に直面しています。イギリスでは認知症の方の支援をする銀行を「認知症の方に優しい銀行（Dementia friendly bank）」といい、そこではパスワードではなく生体認証でＡＴＭを利用できるようにしたり、高齢の親が通常と異なる振り込みをしようとしたら、家族にすぐ電子メールなどで通知して支払いをストップするという仕組みが導入されたり、銀行の店頭で認知症になった高齢者がゆっくりと相談できるようなコーナーを作るといった対応が進んでいます。

後見制度支援信託や民事信託

身の回りの人、特に子どもがいる人は、子どもが高齢者の資産管理を支えることも期待されます。しかし、実際には40~50歳代の子どもの半数が親の金融資産を把握していないという報告もあります。また認知症になった場合は、成年後見制度を利用し、子どもが後見人になるケースも多いものです。ところが、相続人になる可能性の高い子どもは、親と利害相反となる可能性もあります。親がお金を使わないで死亡したほうが有利であったり、親のためではなく、自分のために親のお金を使ってしまったりするケースも少なくありません。

こうした問題を防ぐためにも、金融資産を信託銀行に信託し、生活費など日常的な支出のための資金について、家庭裁判所が認めた、あらかじめ決められた一定額を定期的に子どもなどの後見人が管理する口座に振り込むといった仕組みである「後見制度支援信託」が注目されています。このほかにも、親が認知症等になる前に、生活・介護等に必要な資金の管理方針や給付を決めておいて、資産を信頼できる家族に託し、その管理・処分を任せる仕組みである「民事信託（家族信託）」という仕組みもあります。ただし、これは認知機能がしっかりしているうちに取り決めておく必要があります。

成年後見における資産管理については課題があります。成年後見対象の資産は、原則として運用してはいけないことになっている点です。運用すると運用リスクが発生すると思われるかもしれませんが、運用しなくても、物価の上昇や有料老人ホームへの支払いによりどんどん資産が減少し、いずれは枯渇するというリスクがあります。社会経済のなかで生きていれば、運用してもしなくてもリスクは存在するということは理解しておく必要があります。

アメリカでは、このように本人に運用能力がなくなっても、本人のかわりに受託者が、資産を株式などで運用することはできます。その際には、「専門知識を持った思慮深い投資家であれば、当然そうするように経済状況やリスクなど、様々な要因を考慮して、思慮深く運用を行わなければならない」というプルーデント・マン・ルール（「思慮深い投資家の原則」）にしたがうことが義務づけられます。英国も金融に精通した専門の後見人が資産を運用できます。

金融機関の新しい役割と認知症フレンドリー社会に向けて

ここまで、長寿時代における資産管理・運用について、加齢に伴う認知機能の低下の影響とMCIや認知症がもたらす資産管理上の問題点を考えてきました。

そこで重要なのは、長寿社会では、誰もが加齢に伴い認知機能が低下すること、人生の最後半ではMCIや認知症になるリスクがかなり高いこと、加齢とともに自分の判断力がどのように変化していく可能性があるのかを早くから知っておくこと、すなわち「メタ認知」が重要になります。

また本章では、主に金融に関わるテーマを中心に説明しましたが、買い物や通販などの通常の経済活動でも同じような問題が起きています。金融機関だけでは解決できない問題も多く、介護事業者などとも連携した「非金融サービス（**図表3－3参照**）」、すなわち日常生活を支えるサービスも必要になります。

高齢者の財産をどのように保護すべきなのか、いろいろな新たな規制や保護ルールも必要でしょう。しかしあまり厳しくしたり、年齢で一律に運用したりすると、今度は年齢差別になり、高齢者が経済活動から疎外されてしまうという問題も生まれます。そうならないためには、高齢化・長寿化社会にふさわしい市場経済の新しい取引ルールを確立する必要も出てくるでしょう。また、地域社会も医療や介護関係者、自治体のみならず、銀行や商店、宅配便などの多様な企業が高齢者支援を充実させて、地域全体が高齢者や認知症に優しい社会、認知症フレンドリー社会を目指す必要があると思います。

第4章

豊かな人生のためのお金の管理

――フィンテックが広げる可能性――

スマホの登場により、この10年ですっかり変わってしまった金融サービスやシステムですが、実は高齢者にとっても便利なサービスがたくさんあります。現金中心の生活からキャッシュレス社会への上手な移行など、超高齢社会をソフトランディングで乗り切るために必要な金融サービスについて、お話しいただきました。

株式会社マネーフォワード
執行役員CoPA

瀧 俊雄
（たき・としお）

1981年生まれ。慶應義塾大学経済学部を卒業後、野村證券株式会社に入社。野村資本市場研究所にて、家計行動や年金制度、金融機関ビジネスモデル等の研究業務に従事。スタンフォード大学MBAを取得後、野村ホールディングス株式会社の企画部門を経て、2012年より株式会社マネーフォワードの設立に参画。2015年に同社「Fintech 研究所」所長に就任。経済産業省「産業・金融・IT融合に関する研究会」に参加。金融庁「フィンテック・ベンチャーに関する有識者会議」メンバー。

この10年で起きた大きな変化――スマホの出現と普及

テクノロジー業界で働く者として、今日は日本の高齢化問題にフィンテックなどのテクノロジーがどのようにアプローチできるかという観点からお話ししたいと思います。

私の会社、マネーフォワードでは、クラウドを利用した「お金の見える化」アプリを提供しています。提供者として危機意識を感じるのは、世の中の平均的な人たちは自分のお金をちゃんと管理していないという点です。多くの人が、先月いくら使ったかもわかっていません。少子高齢化によって、自分たちの老後を支える公的年金は目減りしていくことは明らかなので、自分で貯めるか、高齢になっても稼いでいかなくてはならないわけです。そのような時代に、自分が毎月、生活費にどれくらい使っているのかがわからなければ、自分にとっての「2000万円問題」[※1]も理解できません。逆に言えば、75歳になったときの自身の毎月の支出額の推計ができ、貯蓄のシミュレーションができれば、老後の不安はほとんど消えるのではないかと思います。

金融業界においてフィンテックは新しい動きだといわれていますが、実は大した話ではありません。注目すべきは、スマホの出現によって、金融が身近になったという現象です（**図表4**

図表4-1　情報通信機器の世帯保有率の推移

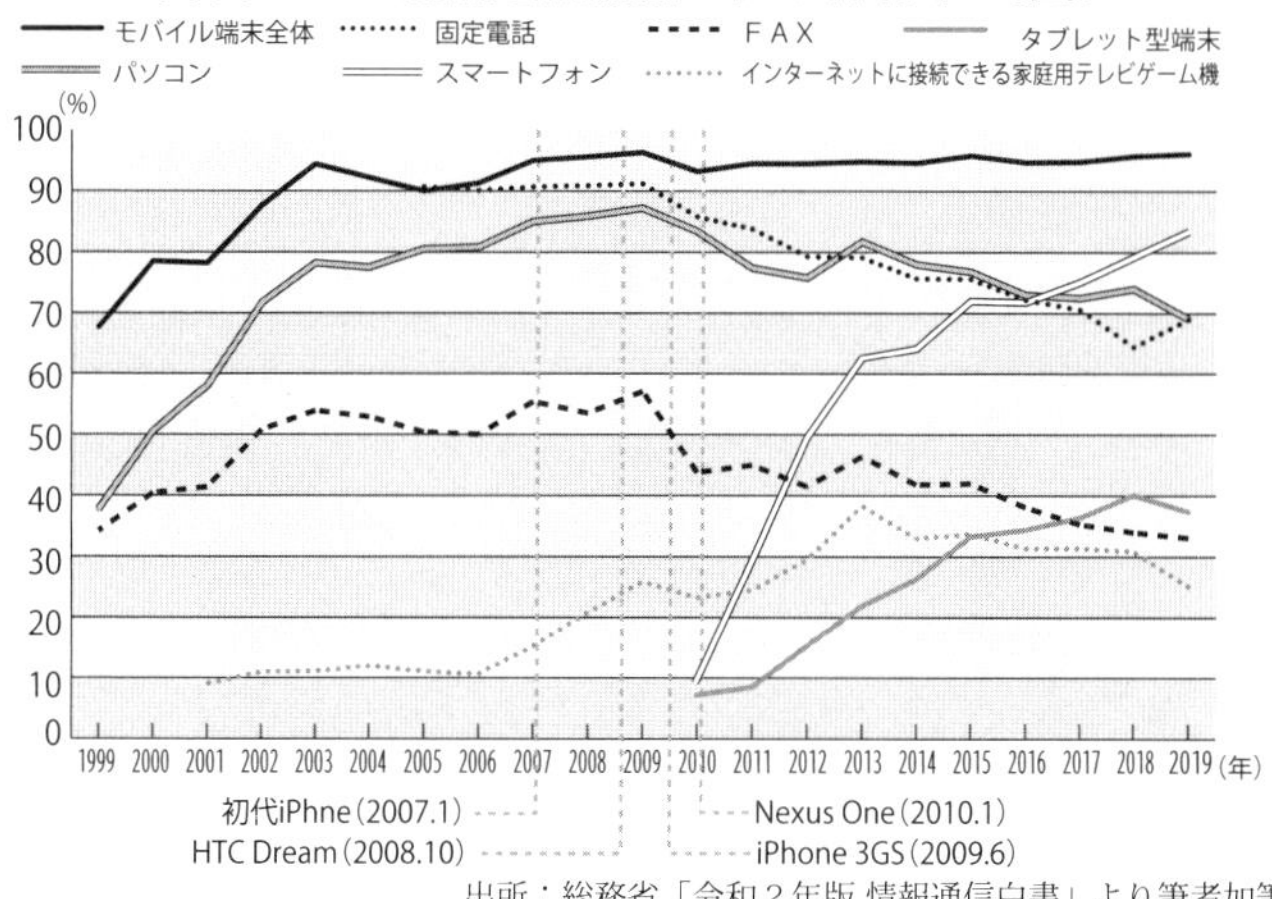

出所：総務省「令和２年版 情報通信白書」より筆者加筆

―1）。手元にインターネットへのアクセス環境が整ったため、それまで頭を使って調べたり、手作業で準備したりしていたことがブラウザーや自動化ツール（アプリ）に任せられるようになりました。いまや、手元にあるスマホは、大げさに言えば、なんでもできる神様のような存在になっています。もし、グーグルやアマゾンなどがすべての力を結集すれば、人々を良い方向にでも悪い方向にでも自在に扇動することができてしまうのではないでしょうか。

現在、スマホを持っている人の割合は約70％、若い世代だけで見れば90％以上になりますが、手元にスマホがあることで圧倒的に世界が変わってきます。例えば十数年前、私が大学生だったころは、授業の休講情報は直接、掲示板を見に行かないとわかりませんでした。飲み会もメーリングリストを作って、場所を紙にプリントアウトして、というように事前に準備が必要でした。しかし今は、待ち合わせ場所だけ決めておけば、店は集まってからグルメサイトで探すことができます。

ただ、便利になった一方、以前であれば電話で丁寧なあいさつをしていたところをＬＩＮＥで送りっ放しにするなど、人間としては雑になったところもあります。スマートフォンは人間を雑にしたり、従来のルールに照らせば失礼にさせたりするツールでもあり、こうしたマイナス面も含めて、スマホの普及は人間に変化を促しているといえます。

重要なのは、こうした変化がこの約10年で一気に起きたということです。従来、金融システムというものは、金融機関が10年以上の長期で計画を立ててきました。ところが、フィンテックはすでにそれを追い越しています。だから今、フィンテックが騒がれているのです。

※1　２０１９年の金融庁の市場ワーキング・グループの報告書は以下のように説明している。「毎月の不足額の平均は約5万円であり、まだ20～30年の人生があるとすれば、不足額の総額は単純計算で１３００万円～２０００万円になる。この金額はあくまで平均の不足額から導きだしたものであり、不足額は各々の収入・支出の状況やライフスタイル等によって大きく異なる。」

機能提供型から課題解決型サービスへのシフトチェンジ

例えばみずほ銀行では、１９９９年に統合が決まって、実際にシステムが統合完了したのは２０１９年でした。つまり20年くらいかけなければならないシステム統合作業だったわけです。ところが、完成してみると、すでに足元では大きな変化が起きていました。

10年前、スマホはまだ一般には普及していませんでした。スペックも話にならないくらい悪いという印象でした。ところが、今はスマホを使うのが当たり前になっています。大事なのは10年後、２０３０年には今のスマホとはまったく異なる端末でネットにつながっているかもしれないということです。端末のレベルが5年、10年で変わっていくような現在、10年、20年をかけて「次の新しい銀行や証券のサービスはこれだ」と計画してソフトウェアに落とし込んでいくのは意味がないわけです。

したがって、フロントエンドと呼ばれるお客様と接するサービスの部分は、素早く開発や試行錯誤を行えるソフトウェア会社が担当し、内部の重要な部分は金融機関が提供するといったオープンイノベーションを推進していかなければ、金融サービスが他の業態に対して取り残されることになります。そうならないための、現在のスピード感のある世界についていくためのキーワードが「フィンテック」なのです。

これまでは金融に強いＩＴ企業というと、システム開発を総合的に提供する野村総合研究所やＮＴＴデータなどのシステムインテグレーターが挙げられてきました。現在では、そうしたシステム会社以外にもメルカリや楽天に代表されるようなソフトウェアを提供する会社がたくさんあり、社会の新サービスを牽引する役割を果たすようになっています。

機能を提供するテクノロジーは当たり前になり、それよりもユーザーのやりたいことを実現する課題解決型プレーヤーが台頭してきているということです。今後は課題解決型サービスを展開していかないと企業価値は生まれてきません。

ソフトウェアが世界を支配する

資本主義社会において、会社のパワーは時価総額に表れます。時価総額は、将来の利益の現在価値を意味していますが、時価総額が高い企業ほど企業価値が高いといえます。

30年前、１９８９年ごろのバブルのピーク時にあっては、世界の時価総額ランキングの上位10社のうち８社は日本企業でした。１位はＮＴＴ、２位は富士銀行、３位が第一勧業銀行で、５位に日本興業銀行が入っていましたが、今は上位20社の中に日本企業は一つもありません（**図表４－２**）。

対照的に現在を見ると、世界の序列は、ソフトウェアの世界で勝ち続けていけそうな企業で

図表 4-2　時価総額ランキング

順位	会社名	時価総額（10 億ドル）	本社所在地
1	マイクロソフト	1,054	アメリカ
2	アップル	1,025	アメリカ
3	アマゾン・ドット・コム	860	アメリカ
4	アルファベット	839	アメリカ
5	フェイスブック	515	アメリカ
6	バークシャー・ハサウェイ	510	アメリカ
7	アリババグループ	443	中国
8	テンセント・ホールディングス	393	中国
9	ビザ	382	アメリカ
10	JPモルガン・チェース	366	アメリカ
11	ジョンソン・エンド・ジョンソン	352	アメリカ
12	ウォルマート	336	アメリカ
13	ネスレ	319	スイス
14	P&G	310	アメリカ
15	エクソンモービル	291	アメリカ
16	マスターカード	275	アメリカ
17	AT&T	274	アメリカ
18	中国工商銀行	267	中国
19	バンク・オブ・アメリカ	264	アメリカ
20	ホーム・デポ	250	アメリカ

※ ADR を含む。2019 年 9 月末時点の価格に基づく
出所：Google Finance等よりマネーフォワード社作成

占められています。たしかに今後、ワードやエクセルに代わるソフトウェアがマイクロソフト以外から出てくるとは思えませんし、スマホをアップルのｉＰｈｏｎｅからグーグルのＡｎｄｒｏｉｄに替えることはあっても、それ以外の選択肢は考えにくいでしょう。また、私のようにアマゾンがないと生きていけないという人も多いと思います。すでに、こういう粘着性、依存性の高いプラットフォームを持つ企業が強い世の中になっているのです。

では、なぜマイクロソフトやアマゾン、アップルなどがこんなに儲ける力を持っているのかというと、当然、今の経営のレベルが高いということはあります。しかし、そもそも「とても便利なものをずっと作ってきたから」、というのが真実だと思います。もちろん、それぞれのソフトウェアや端末にはなんらかの苦情はあると思いますが、それを受け入れてもなお、使おうと思わせる能力が非常に高いわけです。

また、「ググる」という造語があるように、グーグルでなにかを調べれば、答えにたどり着く期待値はとても高いですよね。カレンダーやメールなど、自分の情報は自分よりもグーグルのほうがわかっているという期待値もあります。自分でやるよりもはるかに便利なサービスがあるのだから、それに委ねようと思う人が増えて当然です。ですから、世界がソフトウェアに「食われている」「支配されている」という感覚を多くの人が持っています。

つまり、これまではハードウェアや石油、金融業などが世界を牛耳っていましたが、今はそれよりもソフトウェアとそれを稼働させるデータのほうが、はるかに世界を動かす力を持っているのだと思います。

金融とＩＴの融合――フィンテックがもたらす未来

フィンテックと通常のＩＴサービスの最大の違いは、認証の機能がついているかどうかです。例えば、「今、手を挙げた人に1万円あげます」と言っても誰も手を挙げませんよね。これはただのコミュニケーションであって、信用が成立していないからです。ここで「出席者全員に1万円をあげます」と印鑑証明つきの証書をつけると、先ほどの話とは異なります。そこに契約の信用力を付しているからです。

フィンテックのフィン（fin）は、ファイナライズ（finalize）など「終わらせる」「完成させる」を意味する語からきています。きちんと履行されて終わる、ということを確保することが金融の本質なのです。認証の技術が上がって、コミュニケーションも新しい可能性が広がっていくと、金融の可能性はとても大きなものになるわけです。

人間はどうしても既存のユースケース（システムの利用方法の一つ）や認証技術を使って工夫しようとしてしまいがちですが、もっと自由な発想で、コミュニケーションや認証に対してなんらかの改良ができるとき、金融におけるイノベーションが生まれるのです。

極端な例を挙げると、例えば、先の**図表4-2**の上位5社が出資して、銀行を設立したとしましょう。検索とSNSとEC（Electronic Commerce: 電子商取引）、スマホ、ビジネスツールの企業が2割ずつ出資する銀行です。この銀行は、私にとって最適と思われる人生の選択肢を示すことが可能になります。10年後にわが子に最も向いていそうな学校をリストアップして、受験や入学の費用がかさむのであれば貯金するための方法を提示し、場合によっては住む家を決めるといったことまで手配してくれるかもしれません。

また、例えばポルシェについて私が何度も検索していると、あなたの年収は低いから無理とか、1カ月以内に転職したほうがいいなどと誘導することもできます。このような話をするととても嫌なサービスにも思えますが、少なくともお金の不安は解決できるでしょう。なぜなら、収入と支出の差が貯金となるわけですが、毎月きちんと貯金して貯まっている実感がある人は、「何をすればいいかわからない」といった類の不安は覚えないからです。ポルシェを買わずに子どもに中学受験をさせる、転職して年収を上げるなど、丁寧な支出計画、正確なライフプランのシミュレーションは、従来の金融サービスではなかなか得られなかったことであり、具体的な選択肢を示すことによって、救われる人は相当にいるものと思っています。

変化の早い社会潮流にあって個人の生き方も変わる

また、仕事について私の考えを申し上げれば、これからは公務員以外で同じ職場で長く働き続けることは難しい世の中になってくるでしょう。なぜなら、私自身が会社経営をしていて実感していますが、「3年先のことはわからない」からです。わが社でも、手元で起きていることはみんな一生懸命に分析します。一流大学のMBAを取得していたり、日銀でクレジットリスク評価において著名な論文を書いていたりといった、とても優秀な人たちが一緒に働いているのですが、その英知を結集して考えても半年先の予測も難しいというのが、企業経営をしている中での感覚です。

特に、IT技術や人間の関心、ソフトウェアやハードウェアなどの変化は大変速いので、先まで見越せません。肝心なのは今後、みなさんが就職したり、起業したりする会社が、その先、ずっと安定して成長し続けると約束するのは無理だということです。どの会社も頑張って利益を上げるための努力はしますが、どこまでも運の問題がついて回ります。となると、ある会社に、自分の仕事であったり、企業年金やライフプランなどの意思決定を委ね続けたりすることには無理があるのです。つまり、就職して定年まで同じ会社にいるという、戦後の経済成長を前提とした「キャッチアップ型」の生き方は難しくなっています。

図表 4-3　経済成長のフェーズと生き方の変化

経済成長フェーズ	キャッチアップ型	フロンティア型
雇用	終身雇用	転職が前提
賃金	年功序列型のカーブ	キャリアアップに伴う賃金増
給与のピーク	50代	人によって20代も
退職後所得	十分な企業年金	自助努力による資産形成
適切な貯蓄手段	定期性預金	株式投資
不動産のあり方	保有	賃貸

出所：筆者作成

私たちが向かわなくてはならないのは、**図表4-3**に「フロンティア型」と書いていますが、数年おきくらいに変化する社会の潮流に合わせて、そのときの自分の強みを活かして転職をし続ける人生です。これは、転職するときに目立って賃金が上がるモデルであり、会社の業績やそれによる賃金増に依存するモデルではありません。きちんと仕事をして、その時々の能力をつけていけば、それを評価してくれる転職市場というものがあります。これからの私たちは、そういう世界で生きなくてはいけないんですね。

資産形成においても、会社の企業年金に依存することは難しくなっていくと思います。例えば、25年前は、金利は年5%や6%とかありました。いま、それだけの金利を元本保証で提供するという話があれば、無尽蔵にお金が世界中から集まるでしょう。それくらい、世界の安全利子率が下がってきているわけです。

私たちは株式投資など収益期待があるところで、リスクをとってお金を増やしていくしかない、そういう手段しかなくなってきています。家も賃貸がいいという社会になってきています。このように自分で様々な意思決定をしないとならない中、なんとか正しい判断を行いたい、なんとかより良い習慣を身につけたいと考えるときに、フィンテックやビッグテックと呼ばれる会社のサービスが肝になってくると思います。

加速する銀行の構造改革――デジタル化による新しい価値の創出

みなさん、銀行口座をお持ちだと思いますが、おおむね、メインバンクはメガバンクでしょう。その理由の多くは、通学路にＡＴＭがあるからではないでしょうか。ＡＴＭは、自行口座であれば手数料は無料です。あちらこちらにあるコンビニのＡＴＭから引き出すと手数料がかかるので、これが無料になるよう、ＡＴＭの近さで銀行を選んでいるというのが、多くの人の実態です。

キャッシュレスの時代には、これはさすがに変化するでしょう。地域によるとか、高齢者では難しいとか、いろいろな反応はあると思いますが、10年後、私たちは現金に触れているわけがないのです。なぜなら、現金のほうが面倒になるからです。

いまはまだ過渡期で、クレジットカードや電子マネーだと使い過ぎてしまうという不安もありますが、キャッシュレスのほうが記録に残りますし、ほかの便利なサービスにつなげることができます。また、キャッシュレスのほうが仮に強盗にあっても失うものが少なくなり、防犯という意味でも有利になります。管理ツールさえあれば、実はキャッシュレスのほうが使い過ぎについても安心なのです。親戚の子どもにお年玉をあげるというときでも、ＬＩＮＥ Ｐａｙなどのスマホの決済サービスで少額送金ができるほうが、結果的には便利であり、変なことにも使われにくくなるわけです。

近い将来、ＡＴＭで銀行を選ぶ時代ではなくなりますが、ＡＴＭにわざわざ行ってお金を引き出すという行為は、日常的にはまだ必要です。日本人の生活口座では、半分くらいのお金がＡＴＭの引き出しに使われているといわれています。しかし今後、これらの取引がキャッシュレスになって、ＡＴＭの存在感が薄い時代になったら、今とは異なる理由で銀行が選ばれるようになります。そうした世界では、例えばアマゾンや会計ソフトで便利に使える銀行や、割引サービスがある銀行などが選ばれるようになるだろうと考えています（**図表4-4**）。そのためには、デジタル化された金融サービスになることがとても重要で、今後は多くの手続きがスマホ上で完結するのが当たり前になります。口座開設もマイナンバーカードをスマホで読み込むだけで終わるはずですし、現金引き出しもＰａｙＰａｙ（ペイペイ）やＳｕｉｃａ（スイカ）といったキャッシュレスサービスへのチャージに代替されるはずです。

図表4-4　銀行とプラットフォームの価値

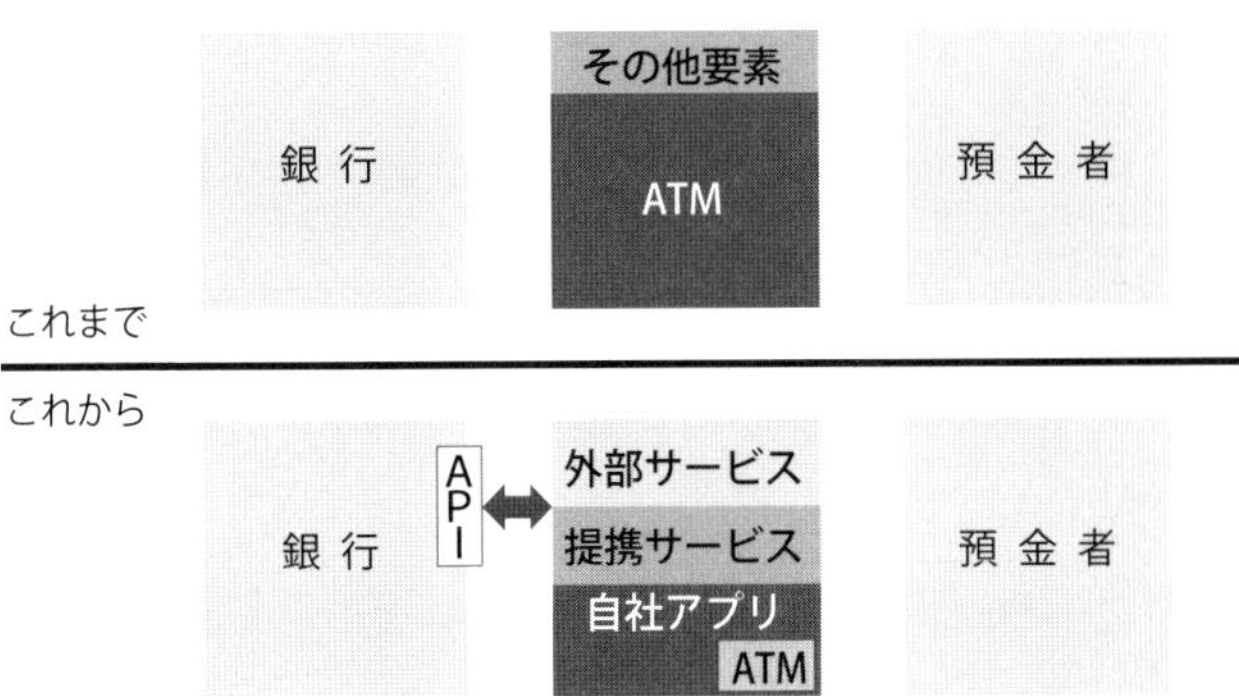

出所：筆者作成

アクセスのよいところにATMがあるのではなく、例えばアマゾンにJコインペイ（J-Coin Pay）のボタンがついているなど、便利なところに銀行が機械的な派出所を作っていくというのが、今後の金融のあるべき考え方だと思います。

数年前は、銀行もアマゾンみたいなモールを作れるようにするべきだという議論がありました。楽天は銀行を持っているのに、逆はなかったからです。ですが、モールを作るよりも金融機関の世界では、便利なものに流動性（交換のしやすさ）や信用力を付与していくほうが圧倒的におもしろいですし、便利になると思います。

それではなぜ、日本は現金の使用が多いのでしょうか。模範的な答えとしては、日本は狭いという要因があります。厳密には国土というよりは、人間が住める土地の面積が少ないので、現金配布網を整備して丁寧に維持すれば、現金を効率的に流通させることができます。また、日本はデフレが長く続く中、現金は価値保蔵資産として優れている上に、治安も良いという要因もあります。こうしたことが組み合わさっているので、逆説的には、日本は世界でも最後まで現金を使い続ける国になりかねません。アメリカや中国のみならず、アフリカや東南アジアでも決済の電子化が進んでいる中で、日本は器用さと根性で現金を守りぬいてしまう可能性があります。

ただ、現金の使用が発生している限り、例えば、シェアリングエコノミーは伸びません。なぜなら、数十円や数百円など細かい支払いがたくさん発生するときに、お釣りを伴う現金の授受などは面倒ですから、相容れません。つまり、現金にこだわる一方で、その裏側では多頻度で少額の金額を送れるシステムを求めているのです。そういう世界を早く実現しないと、ビジネスや小売りの現場がずっと20世紀のままで止まり、スピード感ある世界の経済変化に置いていかれます。

これを喫緊の課題として進めなければならないという意味では、日本でもＥＴＣや交通系電子マネーの導入時のような、社会政策が必要と考えています。

キャッシュレス化の社会的意義――15分かかる「どこでもドア」

キャッシュレス化の世界が来ると、現金での支払いがなくなり、どのカードを使うかも迷わなくなります。例えばアマゾンや楽天などで商品を買う場合、金額は気になりますが、購入を決めてしまえばワンクリック、ボタンを押すだけで商品が届きます。

従来、買い物の経験は、例えばおむつが欲しい場合、スーパーに行って商品を手にとり、会計して家に持って帰ってくる必要がありました。これまで自分ですべてやっていたことが、現在ではアレクサなどのスマートスピーカーに発注するだけで宅配業者が持ってきてくれます。ほとんどのプロセスが、自分以外のところにアウトソースできてしまいます。まるで17世紀の王様のように、便利なものが手元にすぐ届くようになっています。

最近では、商品だけでなく、ウーバーイーツのように食事まで持ってきてくれます。ウーバーイーツはいうなれば、15分かかる「どこでもドア」みたいなものです。外食に行くのは面倒だけど、「どこでもドア」で行きたいお店が目の前にあったらいいな、というものを逆方向に転置しているのがウーバーイーツなのです。こうなってくると、先にも言いましたが、だんだん人間は自堕落な存在になっていきますね。かつては、ちゃんと出かけていこう、きちんとあいさつしようといわれていた行為が、全部スマホ上で礼儀もなく済ませられるようになっていますから。

インドネシアにもＧＯ－ＪＥＫ（ゴジェック）というウーバーのようなサービスがあります。ＧＯ－ＪＥＫは、元々はバイクや車のライドシェアサービスでしたが、今はそのネットワークを利用して、例えば処方箋の写真を撮ると家に薬を届けてくれたり、買い物を代行してくれたりします。マッサージ師や家政婦などもバイクで連れてきてくれます。

こうしたサービスは、実は超高齢社会においては大きなポイントになります。高齢化に伴い、平均的に人間の足腰は弱っていきますから、そういう中で「どこでもドア」の意味は予想以上に大きいのです。同時に、精神的に社会とつながりやすくなるということも、認知症の進行防止など、他のいろいろな社会課題がある中で重要なポイントです。

移動とその裏側を支えている決済などのインフラは、最近ではパッケージとしてＭａａＳ（マース）[※2]などともいわれますが、移動に関する未来のサービスは、社会を大きく変える要素を持っているということを覚えておいてください。

※2　ＭａａＳは、Mobility as a Service の略。移動手段が持つ可動性を利用したサービス、のような意味。

課題は生産性向上と超高齢社会と労働の在り方

フィンテックを手掛ける会社として、いまの日本社会で重要課題と捉えているのは、「生産性の向上」と「超高齢社会へのソフトランディング」です。

「生産性の向上」でいえば、働いている人が単位時間あたりで稼ぐ金額に大きな改善の余地がありますし、稼げる部署にもっと人を割いていく必要もあります。

もう一つの「超高齢社会へのソフトランディング」でいえば、日本は現在、世界のどんな国も経験したことのない状態にあることです。成熟した国であるのに人口が減っており、医療費がかさんでいます。また、寿命や健康寿命は延びているけれど、年金支給の開始年齢はずいぶん昔に定められたままなど、社会的な歪みを直せずにいることです。

なぜ生産性を重要課題として見ているのかというと、それは私たちの将来の生活水準だけでなく、そもそも働き甲斐や社会のサスティナビリティにも関わる問題であるからです。経済をより高いレベルに持っていく努力を、一刻も早く実現することはとても重要です。日本経済における、GDP成長への寄与を要因別に観測すると、製造業と非製造業では大きな違いがあります。製造業は国際的な競争下にある中で、様々な改善努力の結果、単位時間あたりの効率性の改善が結果として見られています。

図表 4-5　生産性向上と労働のあり方

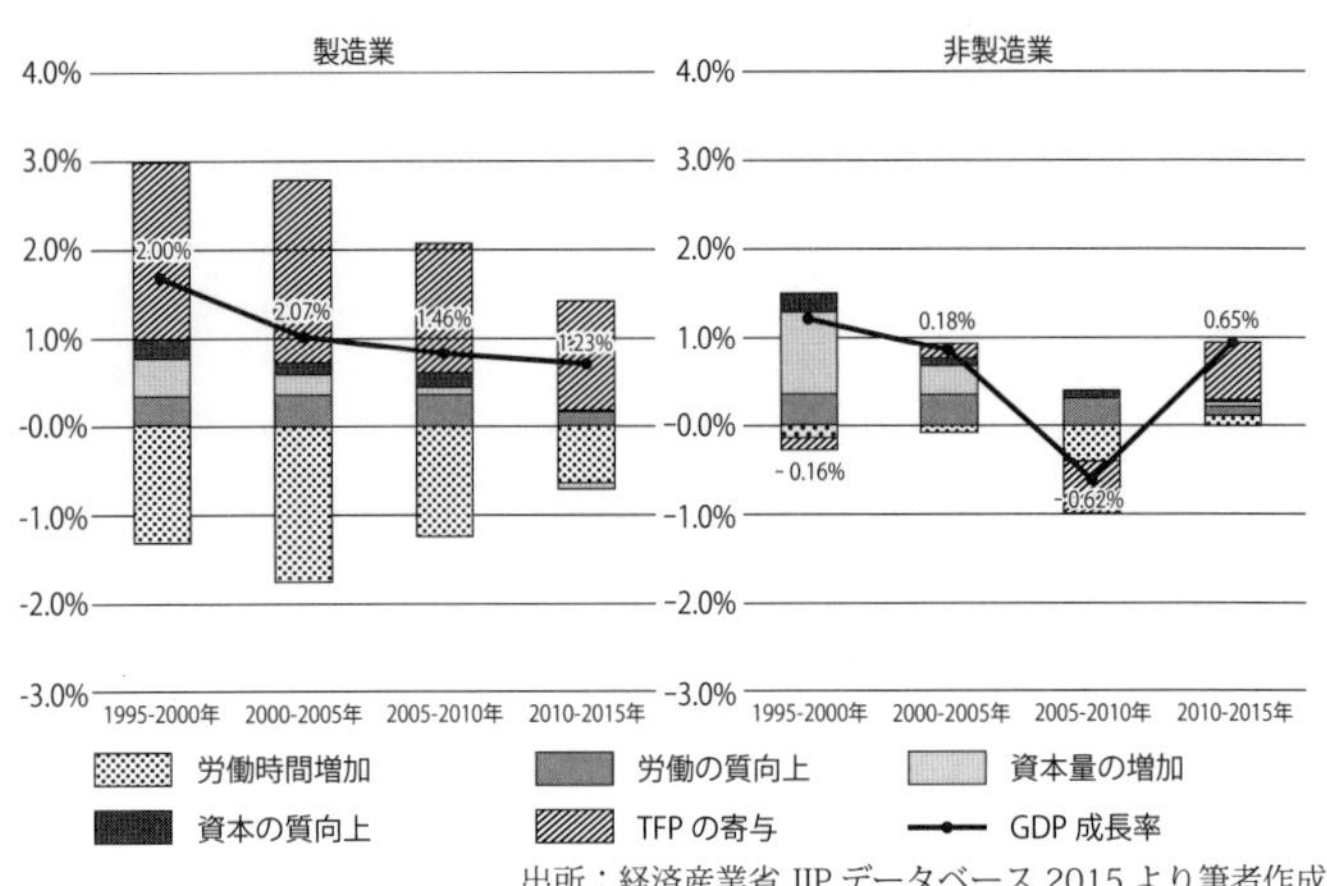

出所：経済産業省 JIP データベース 2015 より筆者作成

一方で、日本のサービス産業は、生産性がとても低いとされます。**図表4-5**は製造業と非製造業、それぞれで労働・資本等の生産性、GDPへの寄与度の変化を見たものです。労働と資本の量（労働時間）と質が生産性、そしてその他の要因（TFP：全要素生産性）に分解しています。

日本の非製造業の低い生産性がわかると思います。これに人口減少が掛け合わさると、税収や年金の持続性に影響してきます。ですから非製造業では、製造業と同じくらいのTFPの成長余地を探っていかなければなりません。具体的には、より高い利益率のとれる商品・サービスをどうやったら提供できるかとか、バックオフィスの人材を本業の側に持っていくなどの工夫が必要になるでしょう。

あえて、学生の皆さんに向けてアピールしたい要素なのですが、誤解を恐れずに言えば、今後の社会で重要なスキルは、営業力です。営業力は、ハーバード大学やスタンフォード大学のＭＢＡコースでも、綿密に教わることができません。ただ、企業や経済の生産性を上げる一番の要素は、付加価値の高い商品を開発し、それを多くの人に伝えることにあります。結果として、それが高い利益率と大きな売り上げの掛け算を生むことになります。この行為に徹する人は、どんな状況でも評価されます。営業というと、気合だ、根性だという偏見が生まれがちなのですが、売り上げというのは領域とか戦略の選択をすることで確実に上がるものですから、科学的な営業手法や頭を使う商品開発が当たり前の世の中では、きちんと一つの選択肢として考えていただきたい職種だとも思っています。

また、ＡＩの普及によって「なくなる仕事ランキング」が話題ですが、一番なくならない仕事は看護師だったりします。看護や介護の仕事は、行為そのものももちろん大事ですが、病院で入院して不安になっている人に「大丈夫だよ」と言ってあげられることが、とても価値のあることなのです。

コンピューターに代替されない仕事ランキングを見ると、仕事の種類そのものよりも、仕事の中での不安の解消や、顧客自身がわかっていないニーズを引き出せるかが大事なのだと思います。それをちゃんと追っていれば、付加価値に伴って売り上げも上がり、ＴＦＰの向上にもつながるわけです。

超高齢社会にソフトランディングするためには

次に超高齢社会において、日本経済をどのようにソフトランディングさせればいいかについて考えてみたいと思います。働き手が減り、財政や年金システムの原資も乏しくなり、社会保障の支出も増えていく中で、安心して現役世代が資産形成できる世の中を作れなければ社会が崩壊してしまう危機感を、私は２０１２年の当社の創業時から考えています。

実際に、マネーフォワードのユーザーの平均年齢は35歳です。結婚したばかり、家を買ったばかり、子どもが生まれたばかりという人がサービスを使い始めることが多いようです。結婚や住宅、出産は、将来の支払いを意味しており、会計上は負債です。負債に対しての資産は、将来にわたっての収入に対応して持つことが必要であり、**図表4-6**のようなＡＬＭ（アセット・ライアビリティ・マネジメント）[※3]を個人の単位で行っていくことが重要です。つまり、負債に対して、将来の収入が足りないのだとしたら、もっと給与水準を上げたり、より長い期間働いたりすることになります。また、老後に医療負担が増えるのであれば、負債は増えます。介護離職をすれば、将来の所得までもが減ることになります。

資産と負債の差は、会計上では資本と呼ばれますが、人間の心理から見れば、安心の総量に

図表4-6　資産と負債

超高齢化社会の最重要ピースは長く・楽しく働くこと

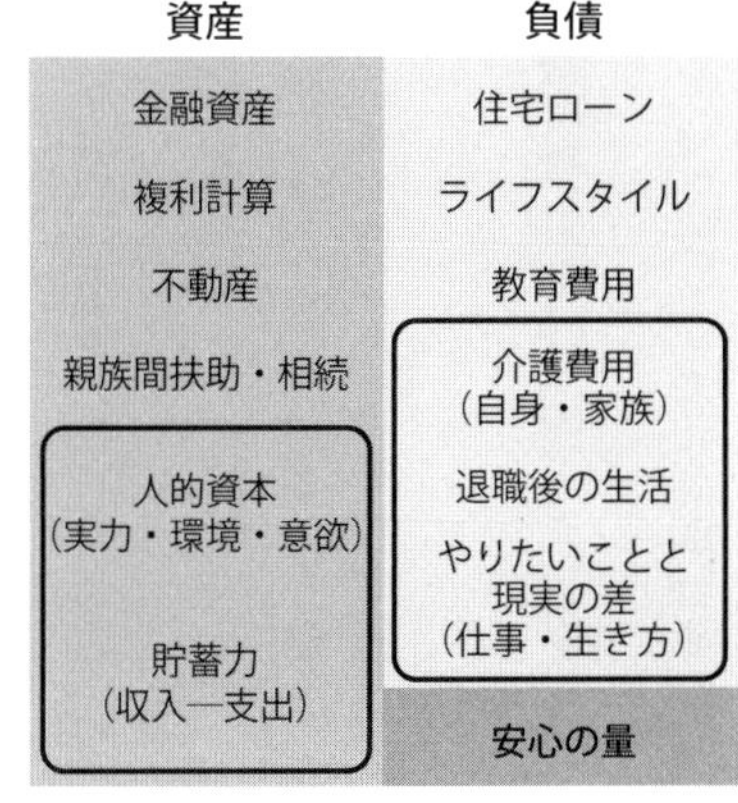

出所：筆者作成

ほかなりません。負債が増えたり、資産が減ったりすることは安心の低下につながり、総量がマイナスになれば大きな不安になります。

従来の世界では、私たちの人生は会社や様々なシステムが、資産形成や所得を得る仕組みを担保してくれていました。貯蓄がゼロでも大手企業であれば２０００万円ほどの退職金や企業年金が出たりしていたのです。最初にお話しした老後の２０００万円問題も、いままでは定年退職するまで働いてくれたら会社が面倒見ますよ、という世界があったのです。しかし、いまの私たちはそうしたところに依存できない世界を生きていかなければなりません。そのためにも、自助努力による資産形成は、従来の世代とは違うレベルで抱えなければいけない問題なのです。

そしてもう一つの資産は、所得を稼ぐ能力を意味する人的資本、ヒューマンキャピタルです。人的資本とは、将来にわたっての収入の現在価値を意味します。それを、今後の世の中ではより積極的に資産として検討していく必要があります。悪いニュースばかりではなく、例えば、いまの時代は昔よりも転職の機会や情報が豊富ですし、なにより人手不足の時代です。能力を持っていれば40代、50代でも好条件の転職が可能です。これからの職場や仕事は、そういう人材をどんどん活用できるものになっていかなければいけないとも思います。

※3　ALMはAsset Liability Managementの略。負債の特性に応じて資産を管理すること。銀行などの金融機関で活用されるリスク管理の手法を指す。

超高齢社会時代のフィンテックはどうあるべきか

最後にフィンテックと超高齢社会の接点についてお話しします。

私は、様々な個々人のお金にまつわるストーリーを聞かせていただく立場にありますが、本当に聞いていて辛く、憤った話がありますので、お話ししましょう。

丁寧に貯金をして孫のためにお金を残しておいたというおばあさんのところに、司法書士を連れた新興宗教の人が訪ねてきました。そして勝手に遺言状を書いて、すべての財産を取ってしまったのです。

これは、お金の課題解決に向けた取り組みをしている人間として捨て置けない話です。私は、若いころから節約アプリや貯蓄自動化ツールを利用して、丁寧に生きましょうという提案をしています。それなのに、丁寧に生きてきた人が最後にこんなことになってはたまったものではありません。

こういうことを防ぐ一番の方法は、しごく当たり前ですが、家族内で頻繁に会話することです。家族からめったにかかってこない電話だからこそ、異常に気づけず詐欺に引っかかるのです。家族で丁寧な会話をしましょうなんていうと、教頭先生の話みたいですが、家族間のコミュニケーションはテクノロジーの時代にあっても、最も重要なピースであると考えています。これは、とても大切なことです。

この課題に応える一つの試みとして、マネーフォワードでは高齢者の口座に異変があったとき、すぐに家族が連絡を受け取れるようなサービスが作れないかと考えています。様々な金融機関でこうしたサービスの準備は始まっているので、全体的にこれが進んでいくといいなと思っています。

当社では家計簿サービスを提供しているので、例えば10万円の引き出しがあった場合、アラートメールを飛ばすということができます。この機能を使って、イレギュラーなお金の動きを察知したら、すぐに子どもに知らせるということができれば、家族が確認の電話をかけることが可能になります。単に家計を分析するだけでなく、異常が起きたときにすぐさま反応できる状況を作ることができれば、トラブルを防止するだけでなく、未然に防ぐための会話を作る手助けができると思います。

当たり前ですが、人間は死にます。しかも、よくわからない理由でいきなり死んだりします。あるアニメの第1話で、主人公が死ぬ前に後輩に「オレのハードディスクを消去しておいてくれ」という遺言を残す場面がありましたが、世の中の多くの人は、そうした準備ができません。したがって、いざというときに備えて、遺言などの形で金融資産や保険などの契約情報を家族に伝えることも重要になります。

信託銀行に勤めていた私の父の話によると、仲の良い家族ほど遺言書を書かないことが多いそうです。仲良くやっているから大丈夫と思うようですが、実際はそのときになると、お葬式は緊張感に包まれるようです。ですから、第三者を含めた意思決定を行うことが大事になります。

海外では事前に指定された代理人が、当人の死を連絡すると、クラウド上に保管してある遺言状を渡すというサービスも出てきています。「Ｅｖｅｒｐｌａｎｓ」という米国のサービスですが、生前に遺言や生命保険、銀行口座の情報、葬式の要望などをデータとして保存しておき、いざとなったら指定する代理人にそれを送ることができます。

高齢者の自由を担保するキャッシュレス対応サービス

今後は、キャッシュレスに対応したサービスの登場も待たれます。高齢者の場合、どうしても紛失や使い過ぎの不安もあって、現金にこだわりがあるのが現状です。家に多額の現金を置いて、例えば入院時には支払いの準備で100万円くらいを持参し、病院の引き出しに入れておくケースもあるそうです。こうした高齢者にキャッシュレス化を促すには、どうしたらいいでしょうか。

一つの希望としては、すでに高齢者でも普通にICカード型の電子マネー、つまりnanacoかWAONなどは使えているということです。電子マネーは使用したら記録が全部残ります。例えば、認知症の高齢者が同じものを何回も買ってしまうケースでは、同じ金額の履歴がいっぱい計上されるわけです。このような情報をきちんと通知できることは大事ですし、下手にすべての取引を縛るのではなく、1万円など一定の額を入れておいて、その範囲で好きに使ってもらうことができます。本人にとっては重要な自由を確保してもらう、といったことが可能となります。

成年後見における考え方の一つに、「愚行権」というのがあります。例えば、ケチャップを何個も買ってしまうとか、愚かな行為をある一定のレベルまでは認めてもいいのではないかという考え方です。愚行権をまったく認めないで、行動を何もかも縛ってしまうと、高齢者の生活は苦しいものになってしまいます。

認知機能の状況にもよりますが、以前から甘党だった高齢者が、どら焼きを2個食べたいというくらいの希望は叶えてあげたいでしょう。そして、そういうことと過去の買い物の履歴を保存できる電子マネーの利用は相性がいいはずなのです。

例えば、アメリカのTrueLinkというプリペイドカードの会社では、カードコントロールと呼ばれる機能があり、特定の時間、特定の店で使える電子マネーを作ることができます。そうしたカードを高齢者に渡せば、一日1000円だけ好きに使える「愚行権カード」を作ることも可能になるでしょう。

サービスを提供する際のアドバイスのあり方についても触れておきます。

現代はスマホの時代になり、自動化により人々は昔より自分で判断する機会が減っています。そういう時代にとても重要なのが、最初に見せるものは何か、ということです。行動ファイナンスなどで「ナッジ理論」といわれるものですが、相手の意思決定に強く影響力を持っている人は、最初に述べる言葉や選択肢を丁寧に選ばなくてはなりません。最初に提示する選択肢は、持続的な行動を促し、本人の健康を慮ったものとする必要があります。

例えば、投資が初めての人であれば、積み立て投資から勧めるなどです。最初に見せるものに対する責任は、世界ではまだまだ未定義な領域です。自分たちの手足を縛るものでもありますが、ネット情報ですぐに判断しがちな人や高齢者などに対して最初に見せるべきものとして、健康でサスティナブルな選択肢を丁寧に提案する義務があるのだと思っています。

金融用語で「フィデューシャリーデューティ」（受託者の義務）というものがありますが、今はまだ、この考え方はせいぜい本人に害のない金融サービスを提供しよう、という程度の思想に立ったものとなっています。ただ、今後の社会では、もう少し踏み込んだ、自分の家族に対しても胸を張って勧められる助言になっているか、という選択肢も必要になるでしょう。このような考え方を、私たちの会社でもサービス提供を通じながら深めていく必要があるのではと思います。

意思決定を巡る複雑さと今後の課題

特に、医療や金融における意思決定は、どこまで行っても判断する要素が複雑です。例えば終末期医療の世界では、どのような最期を迎えたいかという意思決定ですら、他人に委ねていく現実があります。

厚生労働省は「人生の最終段階における医療に関する意識調査」を継続的に行っています

が、例えば、認知症が進行した中で身体の衰弱が進んだ場合に希望する治療方針では、胃ろうの利用を希望する人は6％しかいません。とはいえ、本当にそうなったときにその意思決定を尊重してもらえるかどうかは、本人が医師や周囲の人に対してどれくらい安心して判断を委ねられるかに依存しています。そのような、他人を信頼する方法論や慣れといったことも、今後の社会では重要になってくると思います。

お金の判断は、医療ほどではないかもしれませんが、生活が狂ってしまうかもしれない影響力を持つものです。ただ、翻って平均的な消費者が医療と同じレベルで金融機関の人たちのアドバイスを信頼しているかというと、まだそうでもないのではないかという実感もあります。

今後の世の中では、信頼される側の行動規範も重要ですが、一方で信頼をする側についても一定の相場観の形成や、トレーニングを実施していくことが重要なのではないかと、最近は感じています。こうしたとき、例えば自分の30年分の金融データを管理できていて、健康情報も同様に保有できるサービスがあれば、大きな支えになるものと考えています。

■講義への駒村コメント

本日の瀧さんの講義は、フィンテックが人生の選択肢を豊かにしてくれるという内容でした。フィンテックをうまく使えば、生涯にわたる消費、資産形成を計画的にできるわけです。

またフィンテックは高齢者の生活支援にとっても有効です。例えば、認知症が進んでしまうと、成年後見人が資産の管理、支出の管理を行うようになりますが、元気だったときの本人の好みや行動がわからなければ、後見人が本人の希望を汲み取ることは難しいというのが現状です。そこで、過去のデジタル通貨や電子マネーの購買歴を見て、本人の好みなどを知ることができれば、後見人も本人の希望に沿った資産の管理が可能になります。

その一方で、フィンテックにより情報が企業やプラットフォーマーなどに集まることによる、その管理や価値の帰属は気になることです。情報が価値を持つという議論は、第6章の信託でもテーマになります。「情報は誰のものか」というテーマは、今後ますます重要になってくるでしょう。将来は、自分の情報を管理し、その情報が生む価値の対価を受け取ることができる「情報権」のような新たな権利も必要になるのではないかと思いました。個人情報の保護と管理については、第8章の翁論文でも紹介されています。

■学生からの質問

家計簿アプリによって個人の無駄な消費が抑えられ、資産形成という点では効率化されていると思いますが、マクロ的な目線では個人消費の抑制は市場には悪影響があるともいえると思いますが、どうでしょうか？

瀧……無駄な出費が抑制されることで消費抑制になると、確かに合成の誤謬が起き、需要が停滞します。しかし実際には、計画性のない適当な人生を送っていると、自分の人生が不確実なものになります。その不確実性は、人生のいろいろな場面で消費を萎縮させてしまうでしょう。家計簿による見える化とは、不確実性を消すことで将来に向けた最適な消費・貯蓄行動が可能になることだと思います。一見、需要抑制というようにも見えますが、長期的には経済成長につながると思います。

質問2

現在、ＡＩに意思決定をゆだねることが多くなっています。将来的にお金の管理もＡＩに任せるようになるのではないかと思っています。何にいくら使うかという判断をすべてＡＩにゆだねる未来はあると思われますか？

瀧……そういう未来は、私は8割ぐらいまではあると思っています。

お金の支出を任せることを、私は「消費一任運用契約」と呼んでいます。介護ホームがそういうものですね。定額料金を払って高齢者の消費をすべて任せていますとかありますね。また、クルーズ旅行も定額を払えば、乗船中、食べ物やレジャーなど、すべて面倒を見てくれます。つまり、すでに消費の判断を外部に任せるというサービスはあるのです。問題は、健康に良い食事などを「ナッジ」(そっと誘導)してくれるかですね。

30年後には規制が入る領域だとは思いますが、8割はAIにゆだねるんじゃないかなという直感です。2割はお小遣い的に好きに使えるというバランスがいいと思います。

第5章

資産形成と資産活用

――超高齢社会の金融サービス――

長い景気の低迷から超低金利時代が続き、私たちの預貯金は一向に増えなくなりました。今後も高齢化が進み、年金の受給水準も低下する日本において、重要なのは「資産活用」だといいます。貯めたお金をどう活用していくのか。資産形成から資産活用へ。私たちは年を重ねていく過程で、お金との向き合い方も変化させていく必要があることを紹介していただきました。

合同会社フィンウェル研究所代表
野尻哲史
（のじり・さとし）

1959年生まれ。一橋大学商学部卒業後、国内外の証券会社に勤務。2006年より外資系大手運用会社で投資啓発活動に従事。2019年、合同会社フィンウェル研究所を設立。退職世代に向けた資産活用について の啓発活動を続けている。著書に、『IFAとは何者か―アドバイザーとプラットフォーマーのすべて』（共著、きんざい）、『定年後のお金 寿命までに資産切れにならない方法』（講談社+α新書）、『脱老後難民―「英国流」資産形成アイデアに学ぶ』（日本経済新聞出版社）など多数。

「資産形成」と「資産活用」の違い

今日は、「資産形成」と「資産活用」というテーマでお話しします。ただし、みなさんの資産づくりをどうしたらいいかという「資産形成」の話よりも、できあがった資産をどう活用するかに力点を置いてお話ししていきます。金融というジャンルには、ビジネスとしても研究対象としてもおもしろい分野が登場してきました。それが「資産活用」です。

資産形成と資産活用を比較すると、資産活用のほうがテーマがより広く、深いと思っています。しかも世界に先立って超高齢社会を迎えている日本の経験は、ビジネスモデルとしてアジアに輸出することができるでしょう。高齢化ビジネスは、日本の数十倍、数百倍の規模で海外でも活用することができるのです。

今日の話のポイントは4つです。1つめは高齢化に対する認識を改めること、2つめは資産活用とは何なのか、資産形成との対比でどう見たらいいのか。3つめは資産活用の中でも、これまで見過ごされてきた「資産の取り崩し」について、また、資産活用はどのような社会的意義を持っているのかについても少し説明します。そして4つめは、英国の金融制度についてです。英国は10年、15年かけて金融制度を変えてきましたが、これが資産形成と資産活用の両面で非常に注目されており、日本でも応用できそうです。イギリスの制度をうまく日本にも取り込むことで、超高齢社会を乗り切るための日本型の金融・社会システムを作り上げ、それをアジア全体に伝えていけると考えています。

また、資産形成と資産活用というのは、お金との向き合い方の２つの局面を示しているものです。資産形成はその目的としてお金を作り上げていくこと、資産活用は作り上げた資産をどう取り崩していくか、活用していくかに目を向けることです。英語では資産形成をアキュムレーション（＝蓄積）、資産活用をデキュムレーション（＝取り崩し）といいますが、アキュムレーションは山の登り、デキュムレーションは山の下りと覚えておけばいいと思います。

人口構成の変化は何を示唆するのか

最初に人口構成の変化を見てみましょう（**図表5－1**）。高齢化ビジネスの議論でよく使われるのが65歳以上の総人口に対する比率、いわゆる高齢化率です。今後も高齢化率は上昇し続け、４割になっていく局面を迎える中でポイントになるのは、「高齢者が増える」ことでなく、「現役層が減る」ということです。その規模を見ると、現在約７７００万人の現役層が50年後には約４５００万人程度になる見通しです。つまり、これから50年かけて、働く世代が３０００万人も減っていく時代を迎えるわけです。これは私たちへの大きなメッセージになります。

できる対策について、いろいろな面から議論が進んでいますが、移民などで働く人数を増やす

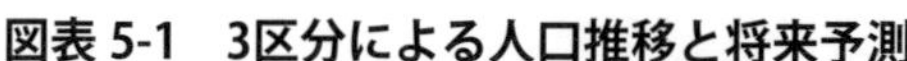

図表 5-1　3区分による人口推移と将来予測

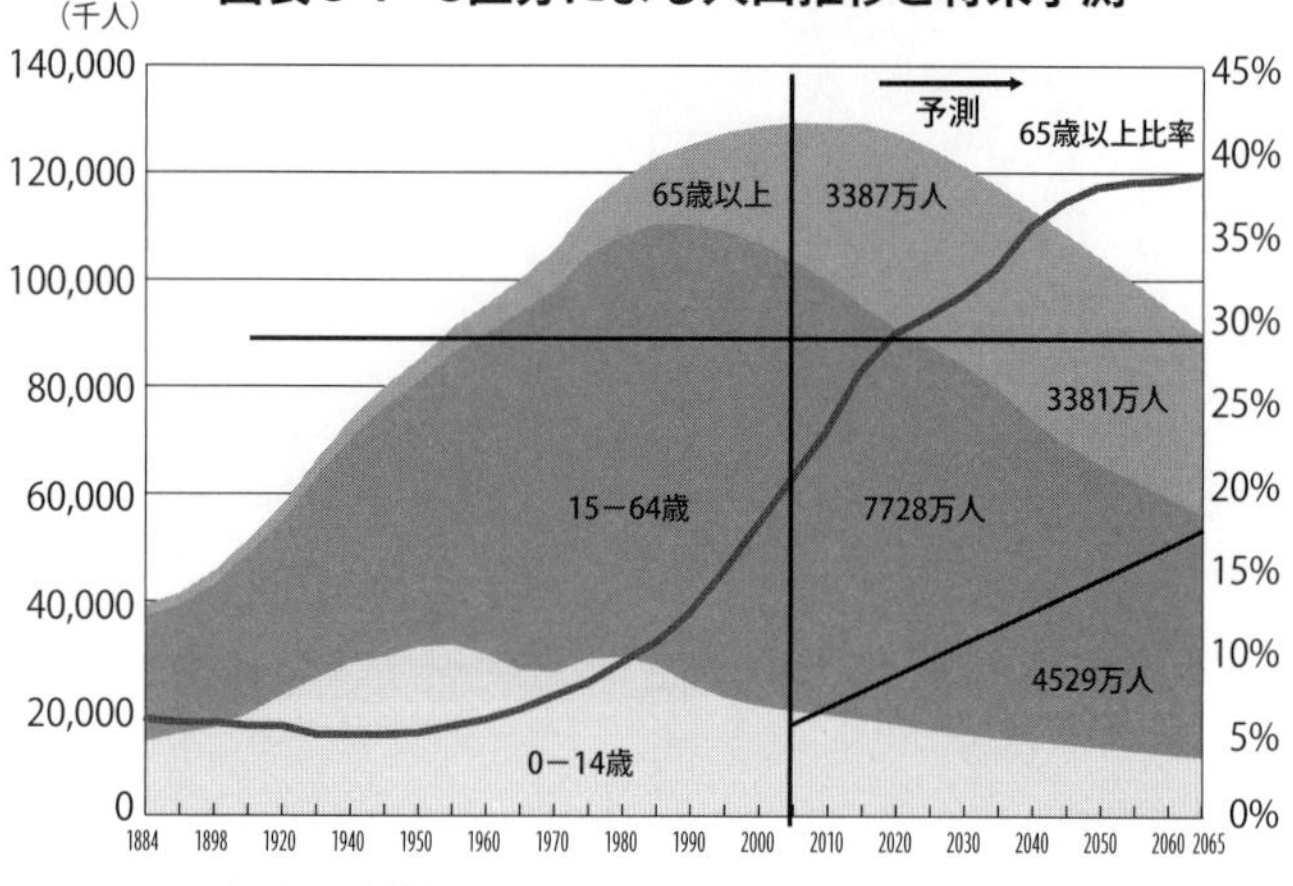

出所：国立社会保障・人口問題研究所のデータよりフィンウェル研究所作成

だけではとてもカバーできる規模ではありません。この事実をしっかりと押さえておく必要があります。

日本の人口は、2065年には2015年の1億2700万人から8800万人になると予測されていますが、この人口規模は1955年（昭和30年）ごろと同じです。このときの人口構成は子ども（15歳未満）の割合が33・4％、65歳以上の割合は5・3％でしたが、これからはこの構成比とはまったく違う時代を迎えることになります。

非常に危惧すべき事態ですが、現状で指摘できる比較的ポジティブに考えられる点は2つあります。まずは15～64歳の人口構成比ですが、1955年の61・3％から2065年の51・4％へと10％下がる予測ですが、それほど下がってはいません。子どもと高齢者を合わせた人数を現役世代が支えると考えれば、負担増はそれほど大きくないと見ることもできます。ただし、子どもの多い時代から高齢者の多い時代に変わるということは、家族としての支える力は弱くなりかねません。子どもは血縁の強さが支える力になりますが、高齢者はそもそも身内がいなかったり、子どもがいても老親の面倒を見るほど支える力は強くなかったりするように思います。

もう一つの楽観材料は、日本のGDP規模の大きさです。今の日本のGDPは540兆円ありますが、1955年のGDPは8兆円台しかありませんでした。GDP、つまり経済の力としては、いまは本当に大きくなっているので、その分、超高齢社会への対応力はあるだろうと考えられています。

日米の個人金融資産の違い

少子高齢化が進む中で、多くの人にとって資産形成を行うことは重要です。特に若い人たちこそ資産形成が大事だというのは正しい考え方です。

資産形成を進める上で、長らく「貯蓄から投資へ」という言葉が使われてきました。個人金融資産の構成比を日米で比較すると、日本は現金の比率が高く、米国は有価証券の比率が高い。[※1]ちょうど逆の構成比になっています。ですから、「日本の資産構成比も米国並みに有価証券の比率を高くすべきだ」というのが貯蓄から投資へというときの掛け声になったわけです。しかし残念ながら、この構成比は20年経っても変わっていません。

構成比に注目すると、「日本は預金に固まっている」とよくいわれます。また個人金融資産は、高齢者の所有が3分の2を占めているともいわれています。この日本の状況を踏まえて、次の2つの視点で考えてみてください。

まず、「個人金融資産の構成比を現金から有価証券に変えていく必要がある」と言われると、多くの人はなるほどと思うかもしれません。しかし、もしこれが高齢者に対して「銀行からお金を下ろして株に投資しましょう」と言い換えられたら、これは正しいメッセージとは思えませんね。

つまり、高齢者が個人金融資産の多くを保有している状況では、「貯蓄から投資へ」というメッセージは、〝正しくない〟メッセージになってしまうのです。ですから20年経っても日本では有価証券比率が高くならなかったのです。

本当に大事なことは、構成比の変化ではなく、この20年間で日本人は個人金融資産を増やすことができたのかどうかです。日本ではこの20年間、超低金利政策が行われていました。そのため、銀行に預金していただけではお金がまったく増えなくなりました。実際、同じ20年間で、日米で比較すると個人金融資産残高の伸びが全然違います。日本は1・27倍の約1800

図表 5-2　日米個人金融資産の20年の変化

		1999年12月末	2019年3月末	変化率
日本	個人金融資産残高	1,438兆円	1,835兆円	1.27倍
	現金・預金	54.00%	53.30%	−0.70%
	債務証券	5.30%	1.30%	−4.00%
	投資信託	2.30%	3.90%	1.60%
	株式等	8.10%	10.00%	1.90%
	保険・年金・定型保証	26.40%	28.60%	2.20%
	その他	3.90%	3.00%	-0.90%
米国	個人金融資産残高	35.3兆ドル	88.9兆ドル	2.52倍
	現金・預金	9.60%	12.90%	3.30%
	債務証券	9.50%	6.50%	−3.00%
	投資信託	10.90%	12.00%	1.10%
	株式等	37.30%	34.30%	−3.00%
	保険・年金・定型保証	30.50%	31.70%	1.20%
	その他	2.20%	2.70%	0.50%

出所：日銀資金循環表よりフィンウェル研究所作成

兆円になりました。これも大きい金額ですが、同じ期間に米国は2・5倍になっています（**図表5-2**）。投資の目的は個人金融資産を増やすことにある、とすれば日本はうまくいかなかったということがはっきりします。超高齢社会では、高齢者になったときに自分の身を守るために自分で金融資産を増やしておくべきなのですが、これまでの20年間ではそれができなかったということです。

※1　第1章参照。

「貯蓄から投資へ」から「貯蓄から資産形成へ」

金融資産を増やすという意味では、今

までの「貯蓄から投資へ」というスローガンは失敗でした。そこで２０１６年くらいから、金融庁はスローガンを新しい表現に変え始めました。「貯蓄から投資へ」ではなく「貯蓄から資産形成へ」です。[※2]

「貯蓄」を〝収入の中から一部を銀行預金にすること〟だと考えると、「資産形成」は〝収入の中から有価証券に投資すること〟だといえます。この言い換えにより、個人金融資産の中の構成比の問題ではなく、資産を作るために収入から資金をどこに向かわせるか、という行動目的の問題に変わったのです。

日本の全個人金融資産の3分の2を保有するのは高齢者です。そのため、これまでの「貯蓄から投資へ」という構成比の議論では、資産保有者へのメッセージ、すなわち高齢者へのメッセージになってしまっていたわけです。ところが、「貯蓄から資産形成へ」になって、収入からの資金の流れに変わったことで現役層の方へのメッセージに変わりました。

資産形成は大事だと20年前からずっと言われ続けてきたものの、これがまったく進まなかったのは、その言葉が実体を伴っていなかったからです。その後、税制優遇の形が変わり、売買益への税率優遇に代わって資産を積み上げることに対して優遇が受けられる制度が登場しました。それがＮＩＳＡ（少額投資非課税制度）や、つみたてＮＩＳＡ、ｉＤｅＣｏ（個人型確定拠出年金）といった税制優遇制度です。[※3]

※2　金融庁「平成27事務年度金融レポート」、平成28年9月に初めて金融庁は「貯蓄から資産形成へ」の文言を使って資産形成の重要性に言及。

※3　2014年に少額投資非課税制度（年間投資額100万円まで5年間の投資収益に対する非課税枠が導入された。その後年間120万円に増額）が導入。それに伴い、それまで投資収益に対する優遇税率（通常税率20%を半分の10%にする）が終了。個人型確定拠出年金はそれまで対象でなかった国民年金第3号被保険者と公務員が2017年から対象となり、それに合わせてニックネーム「iDeCo」が使われるようになった。また年間上限は40万円、非課税期間が20年の積立投資専用のつみたてNISAが2018年に導入された。

「高齢社会における資産形成・管理」の3つのポイント

2019年の金融庁金融審議会市場ワーキング・グループの報告書「高齢社会における資産形成・管理」では、老後に必要な資金のみがクローズアップされてしまいましたが、本来の報告書の意図に沿って3つのポイントを挙げましょう。

1つめは、資産形成と資産取り崩し（資産引き出し）です。これまでの金融機関のサービスには「資産取り崩し」というサービスはありませんでした。なぜなら、資産を増やすことが金融機関のビジネスモデルの前提だったからです。資産の取り崩しが金融サービスに加わったのは大きな転換です。2018年くらいからこの言葉が公的文書に入り始めました。[※4] これが一番大きな変化です。

2つめは、金融ジェロントロジーが注目され始めたことです。これは学問的に大変面白いのですが、具体的に何をするかを考えると、「高齢者の側に立ったアドバイスのできる担い手」を育成することが重要になってくるということだと思います。高齢者へのアドバイスの担い手はこれまでもいたのですが、高齢者の「側に立つ」という点でまだまだ不十分でした。金融ジェロントロジーでは高齢者の側に立つことが大事なのだと説いています。

海外では通常、バイイング・エージェント、買い手側の代理人といって、売り方ではなくて買い方のアドバイザーがいます。例えば商品を買いたいと考えるときに、売りたい側が一生懸命その効用を説明してくれても、本当にそれは自分のためになるのか納得できませんよね。それが、買いたいと思っている自分の代わりに専門知識を持ってアドバイスしてくれるのであれば安心できます。これが買い手側の代理人ということです。高齢者の側に立つ代理人とは、高齢者のニーズに基づいて高齢者の代わりに金融商品を選定する人のことです。これまでのように金融機関側に立って（金融機関の営業マンが）お客様に提案するのは、高齢者の側に立つアドバイザーではありません。

3つめは、「見える化」の話です。老後の収支の見える化、つまり老後にいくら必要なのかということを、若い人たちにも自分事として想像し、理解してもらえるような方策です。この報告書が、マスコミで「老後2000万円問題」の報告書として取りあげられ、みんな一律老後には2000万円が必要だと思われたのはとても残念でした。[※5]

※4　2018年2月に閣議決定された「高齢社会対策大綱」では、「高齢期に不安なくゆとりある生活を維持していくためには、それぞれの状況に適した資産の運用と取崩しを含めた資産の有効活用が計画的に行われる必要がある。」と言及され、過去3回の同大綱にはなかった「取崩し」の文言が入った。

※5　2019年6月3日付で金融庁金融審議会 市場ワーキング・グループ報告書「高齢社会における資産形成・管理」が取りまとめられ、金融庁のホームページに収載されている。ただ、老後の生活資金に2000万円が不足するといった誤解を招いたとして、金融審議会では採用されなかった。

「逆算の資産準備」でお金との向き合い方を考える

この3つのポイントを俯瞰しながら「生涯におけるお金との向き合い方」を見ていきます。**図表5-3**は左端が95歳で、右に行くほど若くなっています。一般のグラフとは逆の建付けになっていますが、これはお金との向き合い方を95歳から遡って考えていこうという「逆算の資産準備」の考え方です。

人生最後のステージでは、資産を「使うだけの時代」と想定して「定額での引き出し」を考えます。それによって年数と必要引き出し額の掛け算からそのステージの初期段階の必要資産

図表 5-3　逆算の資産準備

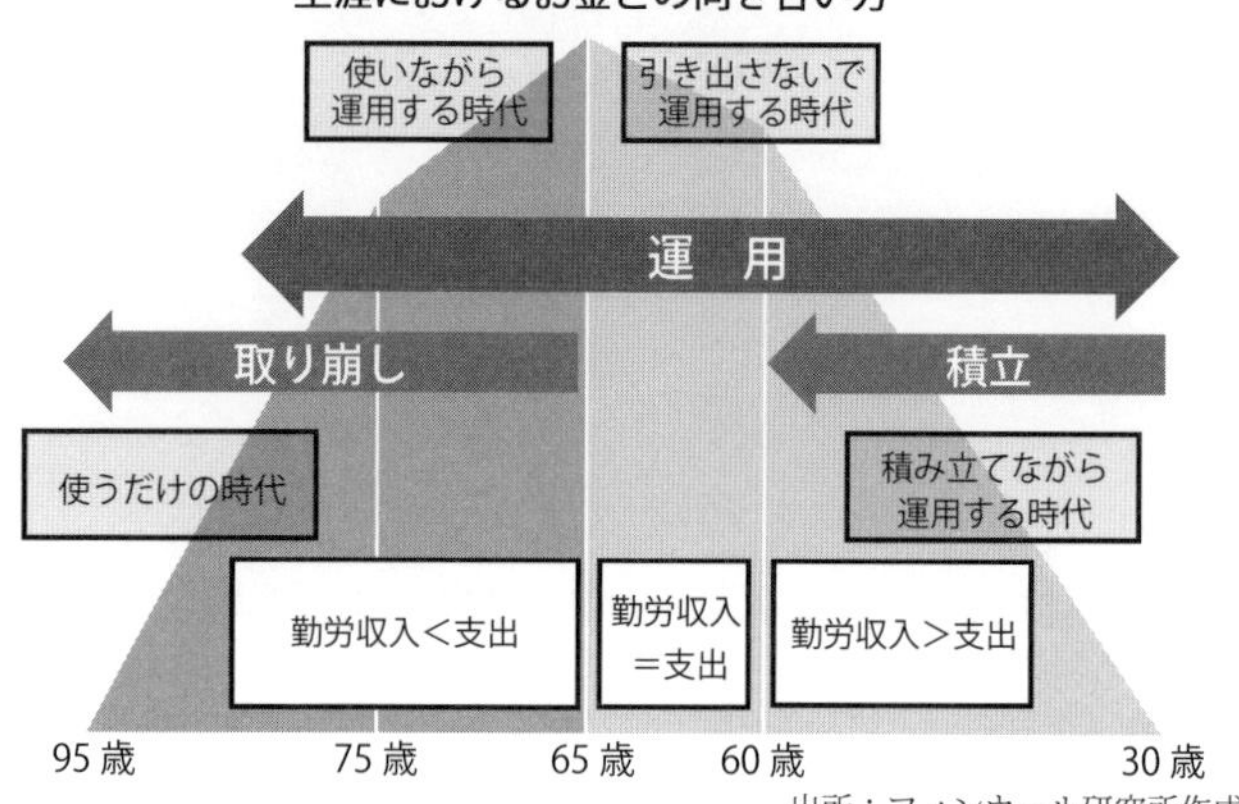

出所：フィンウェル研究所作成

額が逆算できます。

例えば、年金以外に毎月10万円が必要とすれば年間で１２０万円、95歳から遡って75歳までをその時期とすれば合計の必要金額は２４００万円となりますから、75歳でその金額を用意する、といった順番で考えていきます。

それよりも少し若い時代は、すでに退職しているもののまだ現役時代からの資産運用は継続して、一部分を引き出して生活費に充当する「使いながら運用する時代」と考えます。ここでは「定率引き出し」という考え方が重要になりますが、この方式を想定すると、「使いながら運用する時代」のスタート時点でいくら必要なのかという資産額も逆算できます。

さらに、もう少し若い時代は、勤労収入が低下して生活費をカバーするギリギリの水準になることを念頭に、「引き出さないで運用する時代」と考えます。その段階での必要な資産額も想定できますから、逆算して、現役時代の「積み立てながら運用する時代」ではその目標額を目指すというステップになります。

この図表は、向かって左側が取り崩しの時代、すなわち「資産活用」で、右側が積み立ての時代、「資産形成」を表しています。

資産形成は資産を作り上げることが目的ですから、その手段が貯蓄であっても投資であっても構いません。一方、資産活用は、そうして作り上げられた資産を、退職後の生活のためにどうやって使っていくか、どうやって取り崩していくかということが目的です。目的が違うのです。

ところが、多くの金融機関が主催するセミナーなどでは、資産運用と資産活用が混同して使われていることが多いように見受けられます。皆さんは、どうかここを混同しないでください。

運用のリスク軽減方法は資産活用には必ずしも有効ではない

一般に運用のリスク軽減方法として指摘されるのが、「長期投資」、「分散投資」、「積立投資」の3原則ですが、これは資産形成のための方法です。[※6] しかし資産活用は、資産形成とは目的がまったく違っていますから、資産形成で使われる運用のリスク軽減の方法がそのまま当てはまるわけではありません。

もちろん長期投資は念頭に置く必要がありますが、資産形成期よりは短い可能性がありますす。資産の分散も大切ですが、取り崩していくので資産が減っていくことを想定しながらの資産分散が必要になってきます。積立投資も可能ですが、資産活用の段階では運用は続けているものの資産を少しずつ取り崩していくことになりますので、意味はないでしょう。それよりも時間をかけて積立投資を行うこととはまったく逆で、時間をかけて取り崩していくといった考え方になります。資産形成の3原則は一般に知られるようになってきましたが、資産活用に関してはまだまだ十分な議論ができていません。というよりも、資産形成に関する議論があまりに強調されてきたことから、資産活用における取り崩しの議論が日本にはなかなか起こらなかったのではないでしょうか。

取り崩しに関してのノウハウや研究は、日本の学界、学術分野でも本当に少ないのです。米国や英国では、取り崩しの分野の研究は高齢化を見据えてとても進んでいます。学究分野でもあり、ビジネスでもあります。すでに日本は超高齢社会なのに、この分野が遅れているのは残念なところです。

※6　詳細は第1章を参照。

老後資金をどうカバーするか――「退職後年収」を整理する

「老後2000万円問題」は、退職後の生活費が年金だけでは不足し、その不足金額が2000万円にも及ぶということで騒がれました。本当に不足分は2000万円なのでしょうか。退職後の生活が現役世代と違う点は、支出しなければならない生活費が先にあって、これを何でカバーするかが課題になるところです。勤労収入があって、それでどう生活をやりくりするかという現役世代の視点とは逆の考え方になります。

退職後の生活費をカバーする年間の必要資金を、英語では「リタイアメントインカム」と呼びます。日本語では「退職後年収」と訳されますが、この講義のキーワードの一つになります。リタイアメントインカムは何で構成されているかというと、勤労収入、年金収入、資産収入の3つです。

この中の資産収入は、資産形成で築いた資産を取り崩して得ることになります。メディアでは、平均的な年金からの収入と平均的な支出の差が月5万円強あって、これを退職後の生活を30年と想定すると合計で不足分は2000万円近くになるという指摘を引用していました。この2000万円の赤字は資産を取り崩して補填すると書かれていますが、それは誤認です。この2000万円は赤字ではありません。

3つの収入のうち、勤労収入は退職後も働くことで期待できる収入ですが、いつまでも想定することはできませんから、最終的には年金収入と自分の努力で作り上げてきた資産からの収入に限られます。日本では老後の生活資金は年金中心に賄われ、それ以外は補完されるものという考え方が一般的ですが、それは偏っています。資産はできれば使いたくないという気持ちはわかりますが、資産収入は年金と同じくらいの重みのある収入なのです。何しろ、資産収入を確保するために現役時代に資産形成を進めてきたのですから、資産の取り崩しも、もう少し正当に扱ってもいいはずです。

資産活用の重要なポイント、「目標代替率」とは

「目標代替率」という言葉もキーワードとして海外では定着しています。「インカム・リプレイスメント・レート」、または「ターゲット・リプレイスメント・レート」といいますが、たいへん重要な言葉です。現役時代の最後の年収、例えば59歳の年収を100として、退職後はその何%ぐらいで生活するかということを考える方法、これが目標代替率です。

金融ジェロントロジー、資産活用に興味がある人はぜひ『LIFE　SHIFT』（リンダ・グラットン、アンドリュー・スコット著、池村千秋訳、東洋経済新報社　2016年）とい

図表 5-4　退職後の生活をお金の面で見ると

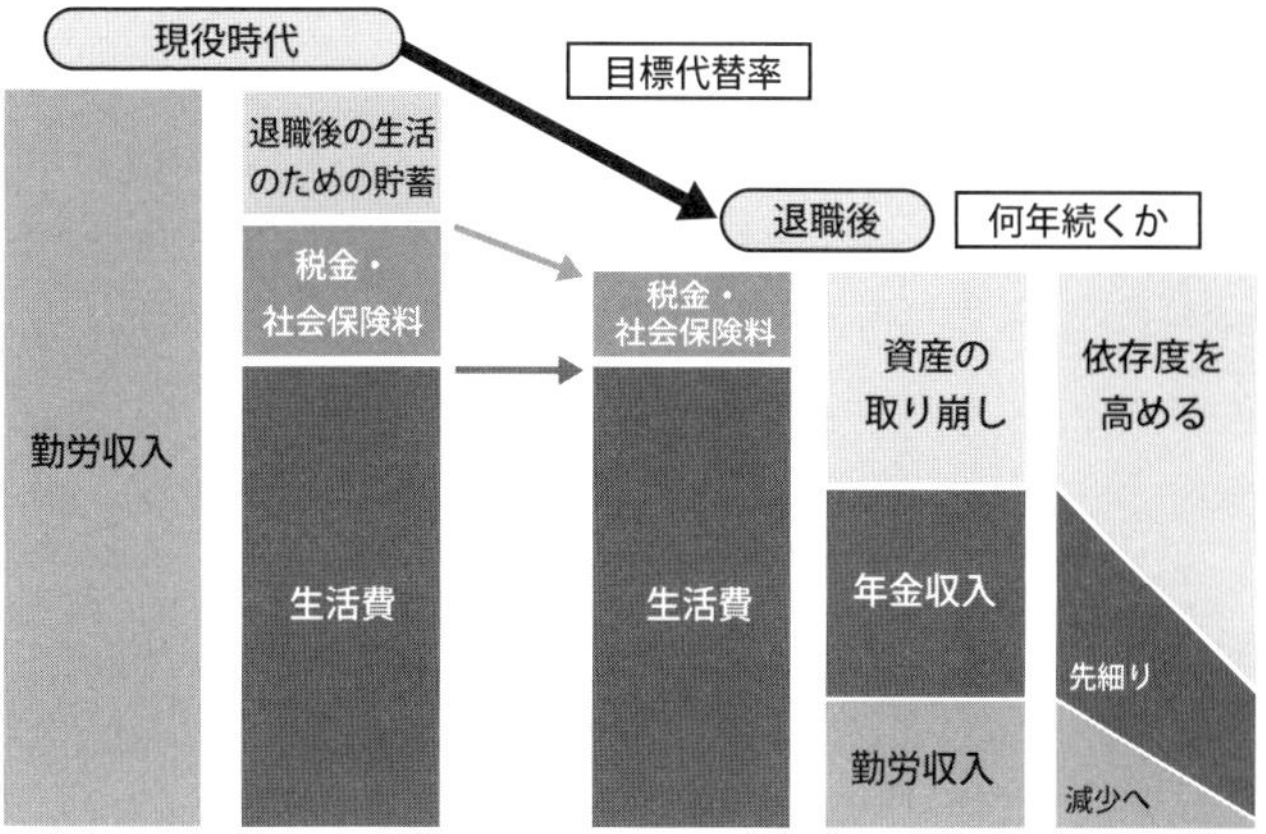

出所：フィンウェル研究所作成

う本を読んでみてください。人生１００年時代という言葉を掲げた本です。この本では、目標代替率は50%と書かれていました。現役の最後の年収の半分で生活をする。これはかなり難しく、こんなに下げることはできないでしょう。

日本では、目標代替率の議論をあまり聞いたことがありませんが、２０１６年の米国会計検査院の報告[※7]によると、米国では目標代替率に関する研究や発表が６００くらいあり、うち４００以上が具体的な数字を出しています。最も多い数字が70～85%の生活水準です。英国でも現役最後の年収の３分の２という数字が使われています[※8]。

日本ではあまりこういった研究がなされていないようで、かなり昔、企業年金の議論のときに６割というのがありましたが、何十年も前の

古い数字です。現在なら、6割では少ないでしょうが、6割から7割の水準ではないでしょうか。[※9]

この水準を保つために3つの収入が使われることになります。その中で、勤労収入は退職後、年齢が上がるに従って減っていきます。年金も今の環境ではなくなることはありませんが先細りでしょう。とすると、資産の取り崩しが年を経るごとに重要になってきます（**図表5−4**）。

すなわち、「資産活用」が今後さらに重要になってくるということです。上手に資産活用をしていくためには、目標代替率の水準をどう引き下げて、減少する勤労収入を少しでも長く維持し、そして資産の取り崩し方を考えて、少しでも長く資産収入が続くように準備することが大切になります。

※7　United States Government Accountability Office, Report to Congressional requesters, "Retirement Security: Better Information on Income Replacement Rates Needed to Help Workers Plan for Retirement", March 2016

※8　Pensions Commission, Pensions: Challenges and Choices The First Report of the Pensions Commission, 2004, pp.134-135で、80%の実質生活レベルを求めるとすれば、課税前の水準で67%が必要との分析結果。

※9　2007年3月、厚生労働省、第7回企業年金研究会に提出された資料「個別制度の課題について」では、

「企業年金基金の企業型（他の企業年金なし）の拠出限度額については、退職直前給与の6割を確保するという厚生年金基金の望ましい水準を勘案して設定されている」と記されており、厚生年金基金の創設時（昭和40年）のデータでは6割。フィデリティ退職・投資教育研究所、『フィデリティの「退職準備の指標」～退職準備の「見える化」を進めるために～』、2018年11月14日では、目標代替率を72％と推計している。

「地方移住」は目標代替率の引き下げに効果的

目標代替率を引き下げる、すなわち生活水準を引き下げるのに効率的な方法の一つは、退職後に地方都市に移住することです。

金融庁が発表した退職世代の都道府県別の純転出数を見ると、東京から地方都市に移住する人が多くいることがわかります。[※10] 若い人は東京に集まってきますが、退職したら地方に移住するといったことが定番になれば、個人の目標代替率が引き下げられるだけでなく、地方にとってもうれしいはずです。

なぜなら、退職世代は大きなお金を持っています。退職金や相続を持って地方に移住することは、地方にとってはお金を取り込めることになり、これを促進することは大きな意味があります。高齢者を呼び込むことで地方の医療費や介護の負担が増えると懸念する指摘もありますが、資産を持った高齢者の流入は地元の消費のかさ上げにつながります。超高齢社会は全国レベルで進んでいますから、どこの地域でも現役層の呼び込みに必死です。しかし、彼らの働く場所は消費需要の起きるところに生まれます。工場や企業の誘致の前に、需要を呼び込む必要があるのです。

定年後に住み替えることは米国でも多くあります。米国には、55歳にならないと入れないリタイアメント・コミュニティが2000カ所ほどあるといわれています。[※11] そこでは、幼稚園、産科はいらない、大学やゴルフ場は近くがいいなど、高齢者向けのサービスに絞り込んで提供します。その際に重視されるのが犯罪率の低さ、物価上昇率の低さ、税率の低さです。

日本では物価の安さが大事です。その視点から移住に適する地方都市を探したのが**図表5-5**です。例えば、県庁所在市でも家賃は東京の半分以下という都市が多くあります。そのほかにも人口や人口密度なども勘案して、地方都市移住先として検討に値する都市を列挙しました。特に◎印は注目している都市です。中でも四国の松山市は気になります。

ご覧のように、東京を100とした家賃指数は、ほとんどの都市で4割くらいです。東京のマンションを売却して地方にまったく同じマンションが買えたとすれば、住宅資産のうち6割が資産になって、資産運用や他のことに使うことができます。

※10　金融庁金融審議会 市場ワーキング・グループ第14回、事務局資料「退職世代等の純転出入者数（2014-

図表 5-5　生活費引き下げのための移住を考える

	人口（人）	面積（平方km）	人口密度（人／平方km）	消費者物価地域差指数（除く家賃、総合）	家賃指数
熊本市	734,105	390.3	**1,881**	**99.3**	**45.2**
岡山市	709,241	790.0	898	**99.0**	50.7
静岡市	702,395	1,411.8	498	**99.0**	54.8
鹿児島市	604,631	547.6	**1,104**	**97.5**	51.0
◎宇都宮市	522,688	416.9	**1,254**	**99.6**	**44.3**
◎松山市	513,227	429.4	**1,195**	**98.9**	**40.5**
大分市	479,097	502.4	954	**99.0**	**42.4**
金沢市	453,654	468.6	968	100.6	**48.0**
◎高松市	428,296	375.4	**1,141**	**99.3**	**47.7**
長崎市	421,799	405.9	**1,039**	100.9	65.0
富山市	417,234	1,241.8	336	100.0	**46.6**
◎岐阜市	409,900	203.6	**2,013**	**98.8**	**41.9**
宮崎市	403,238	643.7	626	**97.3**	**44.4**
長野市	378,025	834.8	453	**98.0**	**43.4**
和歌山市	368,835	208.8	**1,766**	100.4	**41.0**
◎奈良市	357,171	276.9	**1,290**	**96.9**	**48.1**
大津市	342,950	464.5	738	100.8	**46.9**
◎前橋市	337,502	311.6	**1,083**	**96.8**	**43.0**
高知市	330,167	309.0	**1,069**	100.0	**44.9**
那覇市	322,624	40.0	**8,068**	100.3	**47.6**
秋田市	309,654	906.1	342	**98.5**	**46.1**

（注）人口：30 万－ 70 万人台の都市を対象，消費者物価地域差指数は東京都区部を 100 として計算，家賃指数は小売物価統計調査（動向編）主要品目の都市別小売価格の民営家賃を使って東京都区部を 100 として算出

出所：2019年1月1日の総務省住民基本台帳に基づく人口、人口動態及び世帯数　人口密度：国土地理院全国都道府県市区町村別面積調よりフィンウェル研究所作成

2017)」、2018年10月11日。

※11　AARP（旧全米退職者協会、現在はAARPで商号を統一）のホームページより。

定額引き出しのリスクと定率引き出しのメリット

次に、退職後に重要な資産の取り崩しについて説明します。ポイントは、海外ではよく使われる「収益率配列のリスク」（シークエンス・オブ・リターンズ・リスク）という考え方です。これは、定額の引き出しを続けていると資産価格の変動によって思わぬ元本の棄損が生じてしまうリスクがあるという考え方です。

言葉で説明するとわかりにくいので、表を使って具体例で説明します（**図表5－6**）。日本人の場合、公的年金以外に月々決まった金額を引き出して使い過ぎないように生活しようという考え方が多いと思います。そこで、資産1000万円で、毎年定額40万円引き出して生活費にあてて、残りを運用するパターンを考えます。パターンAもBも資産1000万円から毎年40万引き出して運用する点は同じですが、運用する市場の毎年の収益率をAのパターンとBのパターンでは、上下を反対にしてあります。上下ひっくり返しただけなので、15年間のリスクとリターンは同じになります。そのため、引き出さないで運用を続けると仮定した場合には、15年後はAもBもまったく同じ残高になります。

図表 5-6　収益率配列のリスクと定率引き出し

パターンA

年齢	収益率	定額引き出し		定率引き出し	
		資産額	引出額	資産額	引出額
		1000万円	40万円	1000万円	4%
60	15.3	1106.9	40.0	1106.9	40.0
61	39.9	1492.6	40.0	1486.6	44.3
62	29.0	1873.8	40.0	1841.0	59.5
63	−18.7	1490.9	40.0	1436.9	73.6
64	−3.6	1398.7	40.0	1329.7	57.5
65	−26.4	1000.0	40.0	939.5	53.2
66	2.9	987.8	40.0	928.1	37.6
67	13.2	1072.9	40.0	1008.6	37.1
68	0.7	1040.2	40.0	975.0	40.3
69	−2.6	974.1	40.0	911.7	39.0
70	21.2	1132.2	40.0	1060.8	36.5
71	−9.3	990.6	40.0	923.6	42.4
72	36.8	1300.4	40.0	1213.0	36.9
73	−27.3	916.3	40.0	846.6	48.5
74	−23.5	670.4	40.0	621.7	33.9
標準偏差	22.3				
収益率	0.9				

パターンB

年齢	収益率	定額引き出し		定率引き出し	
		資産額	引出額	資産額	引出額
		1000万円	40万円	1000万円	4%
60	−23.5	734.4	40.0	734.4	40.0
61	−27.3	504.8	40.0	512.6	29.4
62	36.8	635.9	40.0	673.1	20.5
63	−9.3	540.5	40.0	586.1	26.9
64	21.3	606.6	40.0	681.9	23.4
65	−2.6	551.8	40.0	637.6	27.3
66	0.7	515.4	40.0	616.4	25.5
67	13.2	538.2	40.0	669.9	24.7
68	2.9	512.6	40.0	661.7	26.8
69	−26.4	347.9	40.0	467.6	26.5
70	-3.6	296.8	40.0	432.7	18.7
71	−18.7	208.8	40.0	337.7	17.3
72	29.0	217.7	40.0	418.2	13.5
73	39.9	248.6	40.0	561.7	16.7
74	15.3	240.5	40.0	621.7	22.5
標準偏差	22.3				
収益率	0.9				

（注）手数料、税金などを考慮せず

出所：金融審議会 市場WG資料（フィデリティ退職・投資教育研究所作成）

しかし、定額で引き出しをすると、パターンAの場合の15年後の残高は670万円、Bの場合は240万円と大きな違いが出てきます。これは、前半に下落が多くなると元本が想定以上に劣化して、後半でいくら高い上昇率となってもすでに元本が減っているために、その回復力が大きくならないことで起きる事象です。これが定額引き出しの持つ「収益率配列のリスク」と呼ばれるものです。ちなみに、2年め（61歳の時）のAの場合は、1500万円くらいの資産に増えています。Bの場合は500万円台後半になっています。Bのほうが元本の棄損が激しくなっていることがわかります。

海外では、こうしたリスクは資産活用期の取り崩しにおいて多く議論され、その対策として定率引き出しがよく紹介されています。定率引き出しとは、あらかじめ決めた残高に対する「率」（図表の例では4％）で引き出し額を決めることです。それを行うとAの場合でもBの場合でも15年後、74歳のときの残高は同じになります。

例えば、運用から撤退する年齢を75歳と想定して、それまでの15年間を平均的に3％で運用できる計画を立てたとします。ポートフォリオを組むと、ある程度そうした想定は可能になりますが、その間の毎年の収益率を想定することはできません。前述の例でいえば、Aの場合になるか、Bの場合になるかはわからないのです。そのために、高齢者が認知・判断能力が低下する前に、例えば75歳になったら運用はやめようというときに、しっかりと当初計画したターゲット（金額）を残せるような取り崩し方、すなわち定率引き出しが重要になるのです。

余命を前提にした取り崩し方法

ほかにもいろいろな取り崩しのアイディアはあります。例えば、余命を前提にした取り崩しです。これは、年齢が上がるにつれて余命が短くなり、それに合わせて引き出し率が上がっていく方法です。一般には、余命の逆数を引き出し率に想定します。

米国では、強制的に決められたＲＭＤ（Required Minimum Distribution）と呼ばれる年金引き出しに関するルールがあります。確定拠出年金と対になっている制度設計といってもいいでしょう。確定拠出年金は所得控除を使って資産形成をしますから、税金を払わないで作ってきた資産といえます。そのため引き出すときは所得に対する税金を支払わなければなりません。しかし、もし引き出さないまま相続資産になってしまうと、所得税を一度も支払わない資産を相続することになりますから、これは税制上は正しくないということになります。そのため、所得税非課税で作り上げた資産は、必ず一度は引き出すことを担保する制度がＲＭＤです。そうすれば取り崩すとき税金をかけることができます。つまり米国は、ＲＭＤの規定によって72歳になると強制的に一定金額を引き出さなければならない[※12]わけで、引き出すときに所得税をかけるというルールを持っているのです。

引き出し率は、米国国税庁が余命を計算して発表します。例えば、その年の最低引き出し額が1万ドルと計算されたにもかかわらず、1000ドルしか引き出さなかったとします。その場合、引き出さなかった9000ドルに対してペナルティタックス50%をかけるというルールです。

もし、そうした引き出しに関するルールが高齢者に理解されていなければ、72歳を超えた高齢者が、引き出さない行為で過剰なペナルティタックスを支払うことになりかねません。金融機関はこれに対する正確な情報を高齢顧客に提供し、それに見合う金融サービスを提供することが重要になります。ですから米国では、「率」を使った効果的な資産の引き出し議論が金融機関でも、また高齢者に対する教育面でも進んでいるわけです。

※12　2019年10月に発効したSetting Every Community Up for Retirement Enhancement（SECURE）Act によって、2019年7月1日以降に70歳を迎えた人はそれまで70・5歳であった適用開始年齢が、72歳に引き上げられた。

高齢者の資産活用が日本社会を変える

さて、日本の場合には高齢者が金融資産をできるだけ使わないようにすることが大切だと思

図表 5-7　個人資産の推移

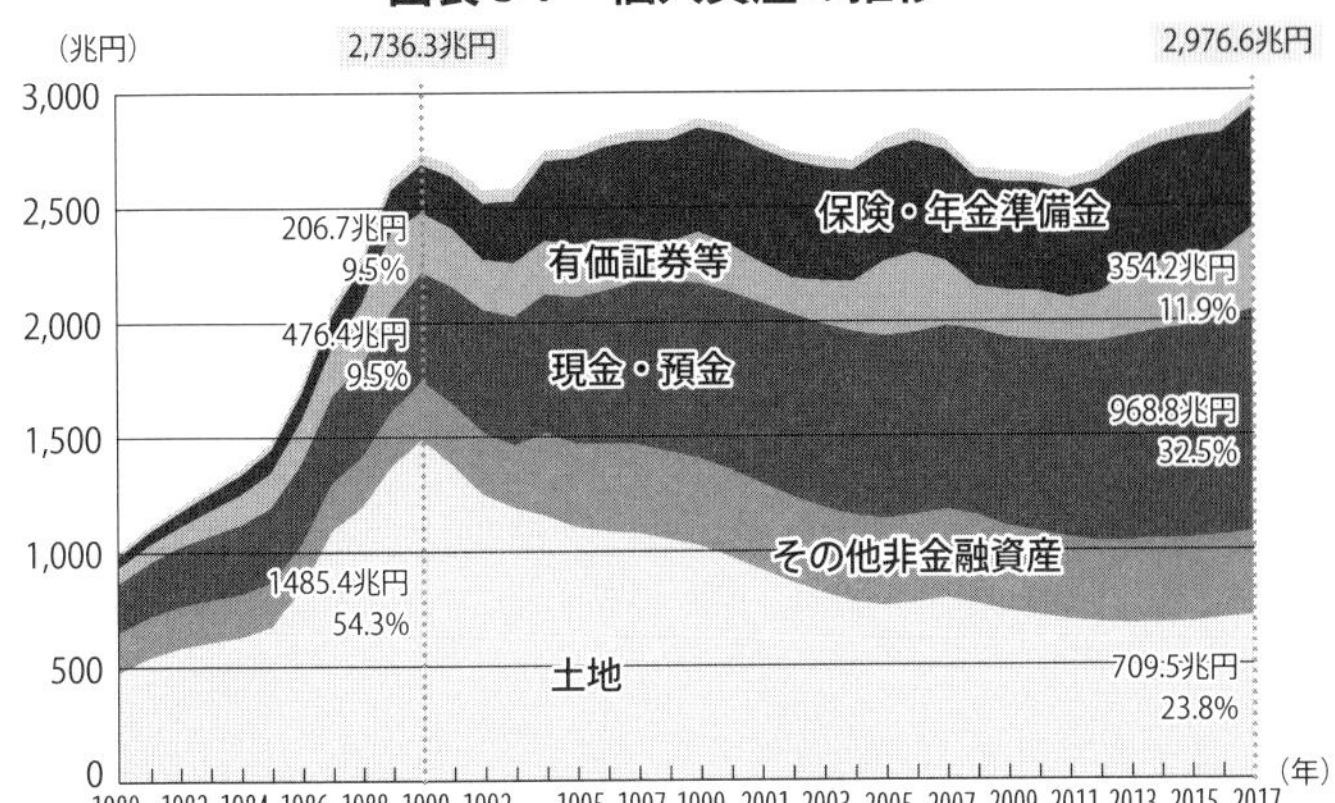

出所：国民経済計算よりフィンウェル研究所作成。1980-1993年は2000年基準のSNA、1994年以降は2011年基準のSNA

われているようです。前述の老後２０００万円問題は、「公的年金だけで生活できること」が出発点であることを前提としているように感じます。果たしてそれでいいのでしょうか。

図表5-7は、取り崩しの社会的意味を説明しています。この図表は個人資産、すなわち個人金融資産と個人が保有する非金融資産、すなわち土地とその他非金融資産を合わせたグラフです。上のほうが個人金融資産、下のほうが非金融資産です。個人資産は現在３０００兆円ほどありますが、バブルのピークと比べて総額はほとんど変わっていないことがわかります。現金がどんどん増えましたが、土地の価値が下がったので相殺されているのです。ただ、個人資産の構成比は、バブル時は土地が約６割を占め、現金預金が17％でしたが、いまは土地が当

時の半分になり、現金預金が当時の倍になっています。逆に、有価証券は9・5%が11・9%にしか増えていません。

いま、高齢者の資産をいかに活用するかは、日本経済にとって重要な課題です。それは言い換えると、この3000兆円の個人資産をどう活用するかということになります。3000兆円の個人資産のうち、3分の2の2000兆円を高齢者が持っていると推計されます。[※13]高齢者がこのお金を使っていかないと、働く世代が7000万人台から4000万人台に減る中で、消費が大きく減退するだろうと予測される日本経済は、厳しい状況に陥りかねません。いま以上に、高齢者が持つ2000兆円の資産をどう活用するかが大切になってきます。

例えば、現在、年間130万人から140万人が亡くなっています。そのうち8%くらいが相続税を支払う対象として国税庁が捕捉しており、その総額は15兆円になります。しかし、それ以外の相続税を支払わないで済んでいる金額も推計すると、相続額は年間に約50兆円になると見られています。[※14]税収を上げるのも大事ですが、こんなに残さずに消費に回せないだろうか、という視点です。

相続に伴って、大きな資金移動が発生します。例えば、地方に住んでいる人が亡くなった場合、地方から相続する子どものいる東京にお金が集まります。相続における50兆円のお金は、ほぼ地方から都会に流れていくのです。[※15]これは、地方経済にとっては大問題です。このお金を相続ではなく消費に回せないか、つまり相続が発生する前にできるだけその地域でお金を落とせないかを考える必要があります。

50兆円の1割を消費に回すことができれば、GDPを1％押し上げる経済効果につながります。前述の地方都市移住は、新しい形のリタイアメント・コミュニティを日本に作り出すかもしれません。運転をしないで移動ができる交通システム、オンラインで提供できる医療サービス、新しい物流システムなどなど、そこには高齢者が必要とするサービスが集中的に提供されることになるでしょう。どんなサービスが求められるのか、ここは学生の皆さんこそ知恵を絞ってほしいものです。少なくとも、日本経済にこんな貢献度の高い政策はなかなかありません。これを地方にもたらすことは、資産活用の方法、ひいては社会構造そのものを変えるような大きな分野の一つになるのではないかと思います。

※13　金融庁「高齢社会における金融サービスのあり方（中間的なとりまとめ）」（2018年7月3日）では、2014年の金融資産のうち60-69歳が33・6％、70歳以上が32・1％、合計で65・7％を占めていると推計値を載せている。土地はそれ以上に高齢者の保有割合が高いと想定され、個人資産でも3分の2以上を高齢者が保有すると想定できる。

※14　相続税の議論は第1章を参照。

※15　フィデリティ退職・投資教育研究所、「相続に伴う資産、世代、地域、金融機関間の資金移動―相続人50

00人アンケート」2017年1月を参照。

英国の金融制度に学ぶ

最後に「高齢者の側に立つアドバイザー」の話をします。英国で一般的になっている「独立系ファイナンシャル・アドバイザー」、いわゆるIFA（Independent Financial Adviser）は、今後、日本でもその存在が注目されることになりそうです。[※16] これまでにも英国の制度などが日本に導入されることがありました。よく知られているのはNISA（少額投資非課税制度）で、これは英国のISA（Individual Savings Account、個人貯蓄口座）をもとにして作られました。[※17] 同様に、IFAという言葉も英国で使われている独立系アドバイザーの通称で、このビジネスモデルが最近、日本でも注目を集め始めています。

そうした英国における最近の金融制度改革で、注目すべき4つを紹介します。

① RDR（Retail Distribution Review, 消費者向け金融商品の販売に関する改革 423ページ**用字用語集1**）に基づく投信・保険の手数料制撤廃（2013年導入。**図表5-8**参照）

② ISAの改革（1999年に導入され、2007年くらいから継続的に改革が進められ

図表 5-8　手数料制の撤廃（英国）

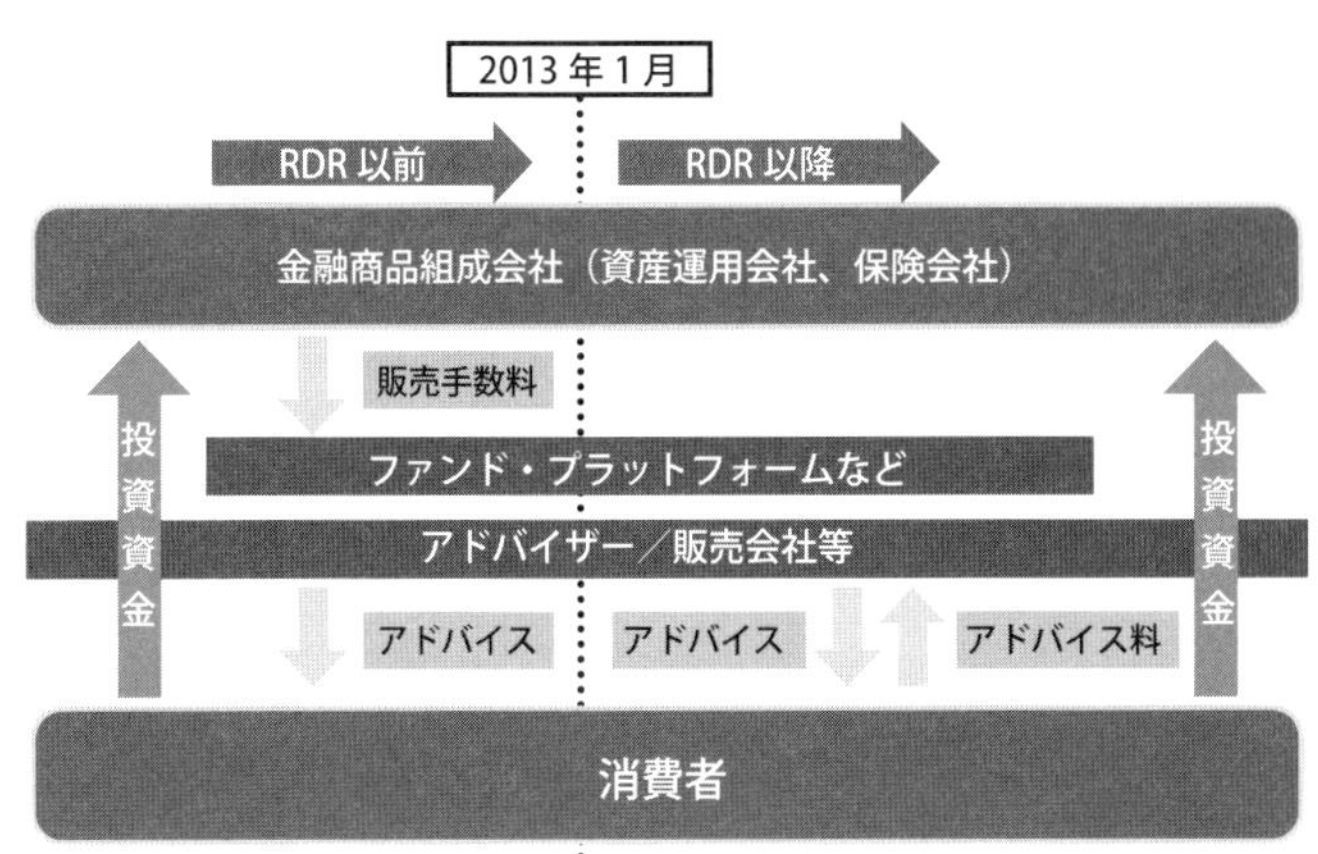

出所：フィンウェル研究所作成

ている）

③ 企業年金の導入義務づけと従業員の自動加入（2012～2018年導入）

④ 確定拠出年金の引き出し自由化とペンション・ワイズ（Pension Wise, 政府による無償の投資ガイダンスの提供）（2014年、2015年）

この4つの制度は、いろいろな形で今後、日本にも入ってくるでしょう。もちろん、制度を導入するという形だけではなく、超高齢社会において重要な示唆を持っているだけに、こうした考え方そのものが日本でも広まっていくのではないかと考えられます。

① ＲＤＲに基づく投信・保険の手数料制撤廃

英国ではＲＤＲ（消費者向け金融商品の販売に関する改革）と呼ばれる報告書の勧告によって、投資信託や保険商品の販売における手数料制度が禁止されました。２０１３年1月1日以降、金融機関やアドバイザーは、運用会社、保険会社からキックバックによる手数料をとってはいけないと決まり、その代わりにアドバイスを行った対価として、投資家から報酬をもらうことになりました。[※18]

運用会社や保険会社からキックバックを受け取る制度では、アドバイザーは受け取れる手数料が多い商品を売りがちになります。自分が儲かる商品を売りたいというバイアスが、販売するアドバイザーにかかるわけです。これは「手数料バイアス」と呼ばれるもので、金融当局は何とか禁止したいと長らく指摘してきました。

これが撤廃できたことで、アドバイザーは顧客からそのアドバイスの対価として報酬を受け取るようになり、顧客の側に立つ形が明確になりました。ただし、デメリットがないわけではありません。投資額が少ない資産形成層にとっては、アドバイザーの報酬が相対的に高くうつり、またアドバイザーにはこうした顧客は儲からない相手とうつることから、資産形成層を中心にアドバイスを受けられないという「アドバイス・ギャップ」が発生しました。[※19]また、高い手数料の商品が売れる時代から手数料の安い金融商品へ嗜好がシフトしたことで、運用会社の運用報酬も低下傾向になりました。

一方、アドバイザーが富裕層に傾斜したことから相対的にはアドバイザーの報酬率は高まることになり、結果として、投資家が支払う平均報酬はかえって上昇したとの指摘もあります。日本でも手数料の引き下げ競争という形で、この課題への対応が始まっています。金融審議会市場ワーキング・グループの議論にあった「高齢者の側に立つ」というのは、これにつながります。

※16 IFAに関するより詳細な分析は、弊著（共著）『IFAとは何者か―アドバイザーとプラットフォーマーのすべて』（きんざい、2020年12月）を参照。
※17 少額投資非課税制度は英国のISA（個人貯蓄口座）をもとに2014年に導入された。Nippon ISAの意味をもとにNISAと愛称がつけられた。
※18 野尻2017年のP251を参照。
※19 野尻2017年のP263を参照。

② ISAの改革

英国はISA（個人貯蓄口座）を1999年に導入して以来、何度も拠出上限額の引き上げや制度の改善を行い、今やその資産残高は6000億ポンドを超えています。日本のNISA

（少額投資非課税制度）のもとになった制度ですが、英国の個人金融資産の１割弱を占めるまでに成長しているのです。

具体的な改革としては、まず年間拠出上限額は当初の７０００ポンドから2万ポンドに徐々に引き上げられました。また、配偶者死亡後の高齢者に配慮した相続ＩＳＡの導入（２０１５年）、資産構成の保守化を可能にする預金型ＩＳＡと株式型ＩＳＡの実質一体化（２０１４年）、引き出しを退職後の生活と住宅取得に絞ったライフタイムＩＳＡの導入（２０１７年）などが挙げられます。ライフタイムＩＳＡは、退職するまでは引き出せませんが、政府の拠出上乗せ補助があるのが大きな特徴で、拠出時の課税はこの補助金で一部相殺し、引き出す際にはもともと非課税なので、税制面からはかなり有利な仕組みに変わっています。

一方、日本のＮＩＳＡは年間の投資額は20兆円を超える水準まで増えていますが、売却も多く、残高はまだ数兆円で個人金融資産の１％にも達していません。もし英国並みに個人金融資産の1割程度に広がるとすれば、ＮＩＳＡの残高は１８０兆円程度の規模になっても不思議ではありません。残念ながら、その点で日本のＮＩＳＡはまだ中途半端であり、これをどうやって改善するかが大きなポイントとなるでしょう。

③ 企業年金の導入義務づけと従業員の自動加入

３つめのポイントは、確定拠出年金（ＤＣ、Defined Contribution）です。英国では２００８年に年金法が成立して、２０１２年から２０１８年までの間にすべての企業で企業年金を導入することが義務づけられ、従業員は自動加入することになりました。もちろん従業員は脱会する権利（オプトアウト）を持っていますが、行動経済学の知見のとおり[※20]、脱退する人は１割以下にとどまり、この7年間で８００万～１０００万人くらいの人が新たに確定拠出年金に加入することになりました。企業年金全体の加入率は70％後半にまで上昇、成功した制度設計の一つでしょう。

日本もこれくらいのことをやっていけるといいのですが、まだまだ改革が必要です。ただ、日本にはｉＤｅＣｏ（個人型確定拠出年金）に加入している従業員に企業が上乗せで拠出できる制度、ｉＤｅＣｏプラス（イデコプラス・中小事業主掛金納付制度）があります。企業年金（企業型確定拠出年金、確定給付企業年金、厚生年金基金）を実施していない中小企業（従業員３００人以下[※21]）の事業主が、ｉＤｅＣｏに加入している従業員が拠出する加入者掛金に追加して、掛金を拠出できる制度です。これは強制的な導入義務がないことが課題ですが、実質的に中小企業にも確定拠出年金を導入することができる方法と位置づけることができます。

※20　行動経済学では、人間の合理性は限定的であるとして、その行動の癖の一つとして「現状を変えたくないと考えがちになる、現状維持バイアス」を挙げている。「オプトアウト」の考え方は、最初に加入していることを「デフォルト（現状）」として、企業年金加入者を増やす施策＝ナッジ。依田高典、岡田克彦編著『行動経済学の現在と未来』（日本評論社、2019年9月）など参照。

※21　2020年10月に、従業員要件が100人以下から300人以下に拡大された。

④ 確定拠出年金の引き出し自由化とペンション・ワイズ

2014年、英国政府は確定拠出年金の引き出し要件を簡素化[※22]し、55歳以上なら自由に引き出せることになりました。ただ、引き出しやすくなったことが退職後の生活資金を過剰消費に向かわせるのではないかとの懸念を生むことになり、2015年には確定拠出年金加入者が、資金を引き出すときに国が無料で投資ガイダンスを行うという制度がスタートしています。これがペンション・ワイズです。

現在、年間40万人以上がこのガイダンスを受けています。ただ、ガイダンスは個人の事情を考慮した形での情報提供をしないため、これでは不十分と感じる人はより詳細なアドバイスを求めるようになります。こうしたアドバイスを受けたいと考える潜在的な顧客を拡大させている施策でもあります。資産活用の時期に入るタイミングでこうしたガイダンスを受けることは、非常に有意義なことではないでしょうか。退職をして、これから資産の引き出しをしながら生活をするための考え方を知ることの大切さは、強調しても強調し過ぎることはありません。

今後、ある程度の資産があり、加齢に伴って自分でできることが少なくなっていくなかで、顧客の側に立ってアドバイスをしてくれるアドバイザーへの需要は大きくなるでしょう。ここにＩＦＡ（独立系ファイナンシャル・アドバイザー）ビジネスの成り立つ要素があります。超高齢社会は、金融ビジネスのすそ野を広げる大きな要素となり得るのです。日本こそ、こうしたアドバイザーの存在意義は大きいと思います。

最後に、繰り返しますが、学究者としても、ビジネスマンとしても、資産活用と資産取り崩しは、とても興味深い分野なのです。

※22　Pension Freedom と呼ばれ、2015年にスタート。確定拠出年金の引き出し可能年齢を55歳に設定したほか、従来の公的年金水準などの細かい引き出し要件が撤廃され、引き出し額を引き出した年の所得として課税するというシンプルなものに統一。アニュイティ（年金）にのみ認められた課税繰り延べ特権を他の引き出し型金融商品にも広げる等の改革も行われた。

■講義への駒村コメント

資産形成ばかりが注目浴びるなかで、野尻さんのお話は老後、いかにうまく資産を取り崩し、自分のために使っていくかという内容でした。重要なキーワードは目標代替率で、老後収入と生活費の問題ですが、収入は公的年金とともに資産の計画的な取り崩しで確保しつつ、生活費は地方移住などで下げていくという工夫が必要だということでした。

また英国で広まるＩＦＡのような、顧客側に立った金融サービスの充実という点も重要なお話だったと思います。

■学生からの質問

質問1　顧客に寄り添った金融サービスということで、ＩＦＡという仕事が大事になるということですが、ＩＦＡがすると良いアドバイスとは一体どういうものなのでしょうか。

野尻……ポートフォリオのアドバイスは専門化していき、集中して処理することが増えるので、それよりは、むしろお客様とコンタクトを続ける、寄り添うという点が重要です。イメージとしては「コーチング、メンタリング」に近いと考えているＩＦＡも多いようです。株式市場の変動時に顧客が狼狽売りしないようにアドバイスできる役割としても大事で、金融以外の部分の人生経験も重要になります。

質問2　英国のＩＦＡの顧客層はどの程度の資産層と想定されているのでしょうか。

野尻……英国のＩＦＡの１人当たりの収入は２５００万円程度です。手数料を顧客の投資残高の１％とすると、総額25億円の資産のアドバイスをしていることになります。ＩＦＡの平均的な顧客数は１００人程度とされるので、顧客の平均資産も２５００万円程度と考えられます。日本の場合、サラリーマンだった人の退職金などを考えると、これは決して難しい金額ではないでしょう。

一方で、このくらいの資産を保有する人を増やしていく、すなわち資産形成の強化も必要ではないでしょうか。

質問3

日本はＮＩＳＡ、ｉＤｅＣｏがあるにもかかわらず、個人資産形成の面で英国に水をあけられた理由は何でしょうか。日本の労働者の賃金体系に問題があるのでしょうか。

野尻……日本では、これまでほとんどの人が「収入のうちの一部を預金することで資産形成を行う」という発想でしたが、２０１４年のＮＩＳＡの導入で、やっと「収入から有価証券を使って資産形成をする」という発想が出てきました。始まったばかりですが、これから拡大することになるでしょう。

もちろん収入にある程度余裕がないと資産形成は難しいという声もあります。以前は年収５００万円程度を超えないと投資は難しいと見られてきましたが、最近はそうした壁がなくなって、年収の少ない人にも資産形成をする人が増えてきました。

質問4

いまのご回答に関連して、英国の動きはどのような点が参考になりますか？　英国の個人年金は、自動加入方式となっており、全員がいったん自動的に制度に加入し、制度に残りたくない対象者だけが脱退を選択（オプトアウト）することになっているわけですが、こうした工夫は参考になるのでしょうか。

野尻……参考になりますが、日本にも同様の制度を導入するというロジックで考えていても時間がかかるばかりです。英国の制度を参考に日本の制度のなかで、いま何ができるかを考えることが必要です。

相次いで、新しい制度を積極的に導入する英国の金融制度、資産形成制度のなかで、特に個人年金の加入方式や税制については、工夫がよくされていると思います。例えば、英国では資産形成に関連する新しい制度設計として、ライフタイムＩＳＡ（Lifetime ISA）が２０１７年にスタートしました。18歳から40歳までの国民が口座を開設でき、50歳まで本人の拠出が認められ、政府による上乗せ拠出も受けられます。

これは「退職まで引き出せない」という制限がついているものの、政府の拠出上乗せ補助がある新しいタイプの「ＩＳＡ（個人貯蓄口座）」といわれています。課税後の資金を使って非課税投資ができる点はＩＳＡと同じです。ただし、60歳の誕生日まで原則引き出せないという引き出し制限があり、通常のＩＳＡの機動性はなくなっています。その代わり、年間の拠出上限４０００ポンド（1ポンド＝１５０円で換算して60万円）に対して、その25％を政府が補助するというインセンティブがあります。拠出時課税ではありますが、政府からの補助金を税金の戻りと考えると、拠出時に課税されないのと同じですから、ＤＣ（確定拠出年金）と同じとみることができます。しかも引き出し時にも課税されない制度（給付時非課税）なので、機動性を諦めた代わりに税制の厚みを増した資産形成方式といえます。

これに対して日本の確定拠出年金は、拠出時非課税・給付時課税です。拠出時の課税分は実際には年末調整や確定申告で還付されるのですが、その税金の戻りは銀行口座に振り込まれるので生活費などに使われます。制度ではなく、個人のできることで考えれば、この還付で戻ってくる税金も、しっかりと資産形成に回すという意識があれば同様の効果を求めることができます。

■駒村補足説明

拠出時非課税・給付時課税とは年金などに対する課税の考え方です。

年金といえども所得である以上、課税の対象になります。問題は課税のタイミングです。課税のタイミングは拠出時・運用時・給付時の3つのタイミングがあります。

例えば拠出時課税であれば、保険料を支払うタイミングで所得に課税するということです。保険料の控除にかかわらず所得全体に課税をすることになります。しかし、保険料を支払った後の所得に課税をすると保険料分だけ所得が減少しますので、所得税の額も減少します。所得に応じて税額が累進的に増加する累進課税の場合は、拠出時非課税は有利になります。その代わり運用益も含めて給付時に課税されます。これが給付時課税です。

拠出時・運用時・給付時のそれぞれのタイミングで課税（Taxed）なのか非課税（Exempted）なのかを示す方法を略して、ＥＥＴ（拠出時非課税・運用時非課税・給付時課税を意味する）などと表記されることもあります。課税のタイミングは各国様々で、ＥＴＴ、ＴＥＥなどいろいろな組み合わせがあります。日本の公私年金はＥＥＴとされています。

第6章

人生100年時代の資産の管理・承継

―信託を活用する―

これまで「信託」は、個人にとってはあまり馴染みのあるものとはいえませんでした。しかし、長寿社会が進むにつれ、資産をどう使い、管理して次世代につないでいくかは、大きな課題になっています。信託の仕組みも時代を経ることでさまざまに進化しており、最近では利潤を増やす以外の新しいサービスも生まれています。本章では、長寿社会における信託の可能性を探ります。

東京大学名誉教授
能見善久
（のうみ・よしひさ）

1948年生まれ。東京大学法学部卒業。民法学者として東京大学や学習院大学大学院等で教鞭を執った。三菱UFJ信託銀行株式会社にて取締役や同社取締役監査等委員を務めた。主な著書に、『現代信託法』（有斐閣）、『信託法制の新時代―信託の現代的展開と将来展望』（共著、弘文堂）、『民法総則〈第9版〉』（共著、弘文堂）など。

豊かな人生のために役立つ「信託」

今回のテーマは、「信託を使って、資産をどう管理し、どう使っていくか」です。信託を使って、利殖だけでなく、どのような新しいことができるのかをお話ししたいと思います。

お金というのは、それを増やすことに最終目的があるわけではありません。それを使うことで何らかの価値を実現できる点に重要な意味があります。長い人生のなかでは、教育にせよ、仕事にせよ、資産運用にせよ、新しい環境の変化に対応して、それまでの体制を再編成ないし再生（リジェネレーション）しなければならない場面が出てきます。柔軟に対応をしながら、各人が追求したい価値や生きがいを実現するために、実は信託の仕組みを使うと様々な可能性があるということはあまり知られていません。こうした信託という仕組みのユニークさと有用性に重点を置いて話をしたいと思います。

以下、3つに分けて話を進めます。第一に、人生100年といわれる時代で、資産の管理・使用・承継にどういう新しい視点を持つ必要があるのかを考えましょう。信託が対応しなければならない環境変化の話です。第二は、信託の基本的な構造、仕組みについてお話しします。これは今回の中心テーマになります。そして、第三は、信託の応用です。信託を使って、どうやって人は価値を生み出したり追求したりできるのか。お金儲けではない信託の使い方についてお話ししたいと思います。

人生100年で資産に対する考え方はどう変わるか

信託を議論する前に、人生100年の時代といわれる現在、まずは視野を格段に広げなくてはならないと思っています。これまで、資産形成や資産管理を考える際には、自分、子ども、孫の3世代くらいを想定してきました。しかし、人生が100年になると、それでは足りません。自分、子ども、孫、ひ孫までの4世代くらいを視野に入れて考えることが必要となるでしょう（**図表6－1**）。そうしたなかで、資産形成、資産管理、資産承継などについては、より包括的なプランが必要になってきます。そして、このように視野を広げた上で、自分の人生の各ステージで異なる配慮をすることも必要となります。

まず人生の前半、現役時代は資産を効率的に増やすことを目指すでしょう。しかし、子どもが独立し、孫もでき、自分も安定した生活を送れるようになると、お金を増やすことばかりではなく、自分の形成した資産をどう有意義に使うかという点に関心が移っていきます。例えば、ＥＳＧ投資をするとか、サスティナブルな投資に関心が向くかもしれません。あるいは、誰にどのような財産を承継させるかなど、単にお金を増やすだけの話ではない、社会や次世代の生活といったものに目を向けるようになるのが、人生100年時代に重要になる新しい視点

図表 6-1　人生100年時代の4世代構想

資産形成、資産管理、資産承継などで、より包括的プランが必要

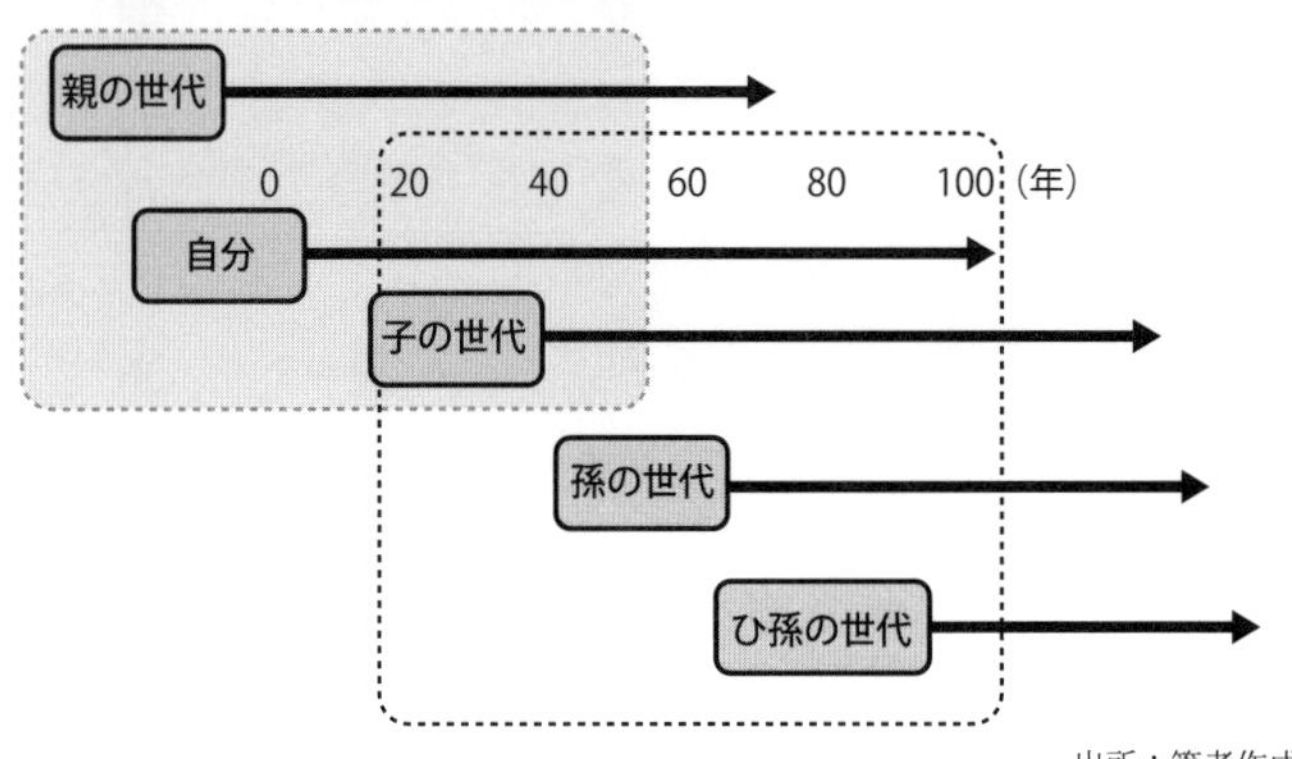

出所：筆者作成

であると思います。

そこで、**図表6-2**のように、様々なシーンでの人生のサイクルを考えてみました。図表のA、B、C、Dは人生における重要な活動を意味しています。それぞれ個別のサイクルが考えられますが、例えば「D資産」についていえば、当初はこれを形成し、増やすことを目指して運用しますが、消費も大きいかもしれません。人生の後半、仕事の収入が減るようになると、安全な運用のために資産の組み換えも発生するでしょう。その後、年金だけが収入になると、資産を取り崩して消費することになると考えられます。さらに、人生の最終段階になると、財産の承継のことも視野に入ってきます。

こうしたサイクルは一回で終わることもありますが、何度か繰り返される可能性もあります

図表 6-2　マルチステージの発想

①形成→②利用（運用）→③消費→④再チャージ→⑤承継

	① 形成過程	② 運用過程	③ 消費	④ 再チャージ 変化に対応	⑤ 承継・移転
A 知識・技術	教育・訓練	利用・生産	陳腐化	再教育・再訓練	次世代承継
B 仕事・活動	訓練	生産・生産性向上	生産性低下	再訓練・別職種で再生	同上
C 健康 （身体・精神）	体力増強	活動	活動低下	再生・若返り Regeneration	
D 資産	積み立て	運用・投資	分配・消費	資産組み替え・運用方針転換	次世代承継

出所：筆者作成

ので、マルチステージという発想も必要になります。このなかで重要になるのが、先にもお話しした「再編成」です。一戸建てを売ってマンションに移り、差額を生活資金としたり、事業を売却して得た資金を運用資産としたり、再チャージないし再編成をして、新たな環境に対応できるようにする場合です。これを具体的にどう実現するか、これが今後の大きな課題になるでしょう。

資産以外にも、「A知識・技術」の習得という意味での自己教育は特に重要で、資産に比べてもっと短いサイクルで環境に適応するための再チャージ、すなわち再教育が必要となるでしょう。30歳から40歳の間で再チャージし、60歳ごろにまた再チャージができるのが理想ではないでしょうか。

こうした人生のサイクルの再チャージで、特に資産に関して活用できるのが、これからお話しする「信託」なのです。

信託制度の仕組み

次に信託の仕組みについて説明をします。

信託は、「委託者」「受託者」「受益者」の三当事者が基本となります。実際は、委託者が同時に受益者であったり、委託者が同時に受託者であったりする場合もありますが、法律的な構造としては、この三当事者が存在するのが信託の基本型です。これを「信頼の三角形」などと呼んでいます。**図表6−3**で示すように、信託において信頼の三角形ができるきっかけは、委託者が受託者を「信頼」して財産を預けるところから始まるからです。委託者は英語でセトラー(settlor)という場合もありますが、信頼をする人、トラスター(trustor)ということも多く、受託者は信頼を受ける人、トラスティー(trustee)といいます。信託の関係をよく表していることばです。

委託者は、財産を拠出する人です。また、どういう信託にしたいかのプランを立てる人でもあります。受託者は、信託財産を預かって管理・運用・投資をする人です。受益者は、信託財産から利益を受け取る人です。このように、信託財産をめぐって、委託者、受託者、受益者の

図表 6-3　信託の基本構造―信頼の三角形（3者の関係）

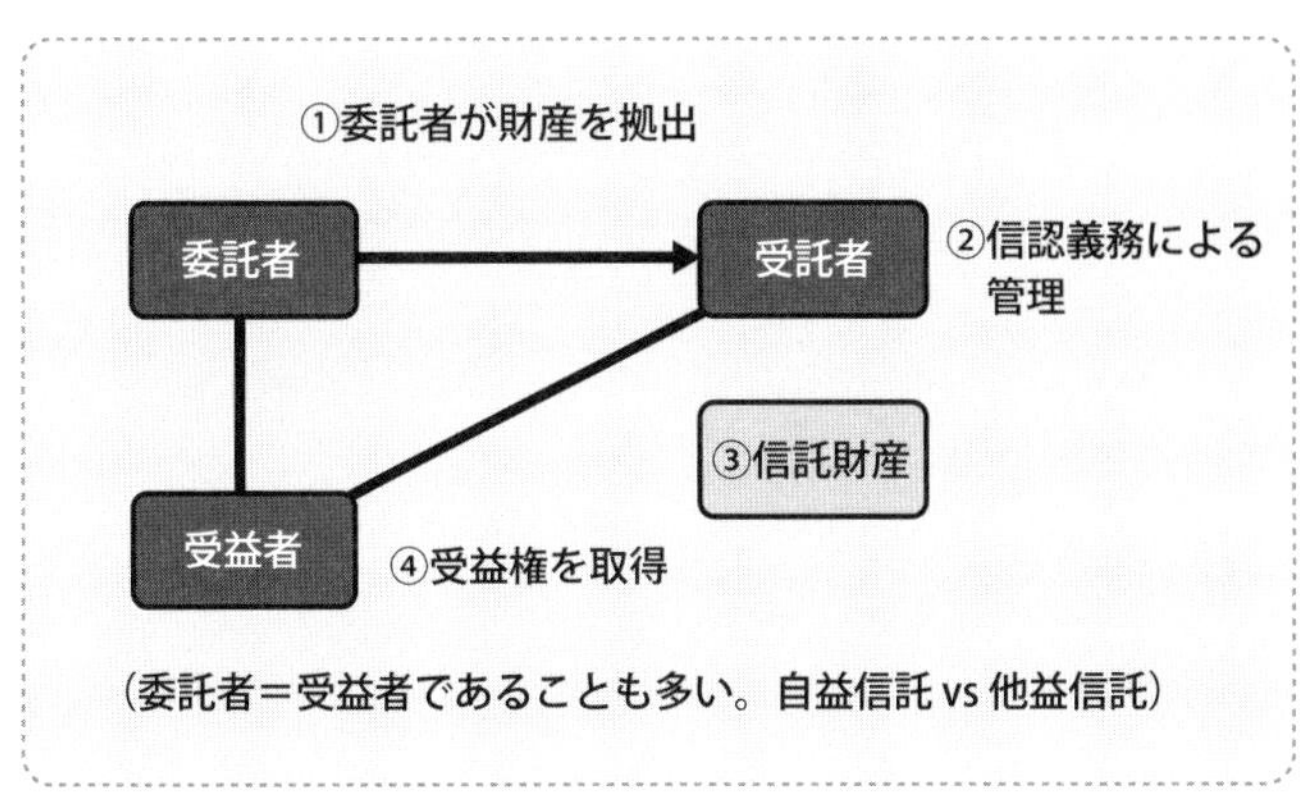

出所：筆者作成

三角形が生じます。

委託者とは――財産を拠出する者

信託の当事者について、もう少し詳しく見ていきましょう。先ほどの信託の「信頼の三角形」を思い出してください。まずは委託者ですが、その特徴は次のようになります。

・受託者と信託契約を締結し、信託目的、受託者の義務、受益者の権利を定める
・信託財産を拠出する（信託財産は受託者名義の財産、受託者所有の財産となる）
・委託者が受託者を指図する権利（指図権）を持つことがある
・委託者自身が受益者になることもできる（これを自益信託という）

・単独委託者、共同委託者（夫婦で委託者になるなど）、多数委託者などが可能

委託者は受託者と信託契約し、信託を設定します。そして、どのような目的の信託なのか、受託者はどのような義務を負うのか、誰が受益者となって信託財産からどのような利益をどれだけ受け取るのかなどを定めます。同時に、委託者は信託契約に基づいて、信託財産となるための財産を拠出し、受託者に移転します。信託を設定することで、その財産は委託者名義から受託者名義に変わります。動産・不動産・金銭などであれば、その所有権が受託者に移転します。

信託は、委託者が自分の財産を拠出して、その管理・運用・投資をしてもらうための制度ですから、どのような内容の信託にするかは、基本的に委託者の希望に従って定められます。そして、受託者がその内容で信託を引き受けることができると考えた場合に、両者の合意で信託契約が成立します。受益者は信託契約の当事者ではなく、その合意なしに信託契約は成立します。

なお、現在、実際に個人が信託銀行との間で契約する信託では、受託者である信託銀行の側で定型的な信託のひな型を用意しており、信託財産の管理・運用・投資の方法や方針がある程度決まっています。委託者としては、その中から自分に適したタイプの信託を選択します。し

かし、大口の投資家が信託を利用する場合や、個人が自分の家族を受託者として設定する民事信託などの場合には、委託者の意向が強く反映された信託が設定されることが多いと思います。

委託者に関していろいろなタイプの信託があります。1つの信託において、委託者が1人である必要はありません。それが「共同信託」で、1つの信託で委託者が複数います。例えば、夫婦が共有している土地・建物などを共同で信託するなどという場合です。現在はまだあまり多くありませんが、今後、高齢の夫婦が共同で1つの信託を設定するということも増えてくる可能性があります。

また、委託者の意向の反映と関係しますが、委託者は受託者を指図する権利、すなわち指図権を有する場合があります。例えば投資信託の場合、信託銀行が受託者となって信託財産を管理していますが、投資信託委託会社というものがあって、そこが信託銀行に対してどういう証券を買うか売るかを指図します。あるいは年金信託といわれる信託では、委託者である年金基金が指図権を投資顧問会社に委ね、投資顧問会社が受託者である信託銀行を指図しています。これが指図権というものです。

もっとも、本来、信託の財産管理・運用・投資は受託者がするものですから、指図権は委託者が当然に有する権利ではありません。しかし信託契約で特に定めることで、運用・投資の決定権を委託者に残すことができます。その場合でも受託者が信託財産の名義人であり、運用・投資は受託者の名前で行われますが、受託者は指図権者の指図に従って行動することになります。

受託者とは——信託財産を管理・運用・投資をする者

次に受託者ですが、受託者には大きな権限があるので、適切な人物を選ばなくてはなりません。信頼できる人に任せないと危険です。では、どういう者が受託者になれるかについて、信託法には行為能力が制限されている者は受託者になれないという規定（信託法7条）しかありません。しかし、信託の引き受けを営業として行う場合に関しては、信託業法という法律に信託業の免許を受けた者しか受託者になれないという規定があります。

信託の種類は、信託の目的という観点から、「商事信託」と「民事信託」に分けることができます。商事信託とは投資信託、年金信託、資産流動化のための信託など、信託の内容が投資や利益追求などを目的としたものです。これに対して、民事信託とは、家族信託と呼ばれることもありますが、判断力が低下して自分で管理できない人のために財産管理をする信託や、個人の財産を家族に承継させるための信託など、その目的は投資や利益追求ではなく、生活の支援や財産の管理・承継などです。

以上区別に対して、信託の引き受けが受託者の営業か否かという観点から、「営業信託」と「非営業信託」という分類があります。論理的に必然ではないかもしれませんが、商事信託はすべて営業信託です。民事信託も信託会社や信託銀行が引き受ける場合には、営業として引き受けますので営業信託となります。しかし、家族の一員が受託者となって民事信託を引き受けるような場合には、営業として引き受けるわけではありませんので、非営業信託です。

先ほど述べたように、信託業法は、営業信託を行う場合には、受託者になれる者を信託業の免許を持つ信託会社に限定しています。信託銀行は、信託業法の免許を得ていないのですが、別の兼営法という法律によって信託業を行うことの認可を受けているために信託業を行うことができます。これら信託会社や信託銀行は、商事信託も、民事信託も引き受けることができます。

ところで、民事信託はその内容からして弁護士や司法書士などの専門家が受託者になれるとよさそうですが、残念ながら現行法上はできません。なぜなら、これらの専門家は業務として信託を引き受けるわけですから、それは営業信託となり、信託業法の免許がないと引き受けることができないからです。そして、現行の信託業法は、一定の要件を充たした株式会社にしか信託業の免許を与えていないために、弁護士等は信託業の免許を受けることができず、営業として民事信託の受託者になることができないのです。

〈商事信託と民事信託の比較〉――受託者になれる者の違い

・商事信託（業としての信託）＝信託会社、信託銀行

・民事信託（家族信託）＝信託会社、信託銀行、個人、一般社団法人

民事信託では、前述のように、信託会社や信託銀行が受託者になれますが、個人も受託者になることができます。超高齢社会が進む日本において、民事信託の利用は増加していますが、現在特に増えているのは、家族などの個人が受託者となる民事信託ないし家族信託です。近年、信託会社のなかには民事信託を専門に引き受けるところも出てきました。また、信託銀行も民事信託を受託しようとしていますが、まだ部分的なものにとどまっています。

自分の判断力が低下した場合に、自分の財産を誰に管理してもらうか、また、死後、誰にどう承継させるか。こうした点について、民事信託は、委託者の細かで多様なニーズに対応してくれます。例えば、個人の会社オーナーが持っている株式は、通常の民法に則って共同相続されると、多数の相続人に分割帰属してしまうため、企業の経営が困難になることが考えられます。そこで、会社の経営は経営能力のある1人の子に委ねたい、しかし、会社の利益は平等に子どもたちに分け与えたい、と考えることがあるでしょう。詳細は省略しますが、各相続人の

受益権を適切に定めることで、こうした委託者の希望に対応することができるのが民事信託です。

民事信託の世界は、もちろん違法行為や脱法行為はできませんが、法律の規制があまりなく、自由に信託の機能を発揮できる世界です。それは委託者の多様なニーズに対応できることを意味します。信託の専門家は、今後、民事信託がどのように発展するかに注目しています。

この民事信託について、もう少し詳しく見ていきましょう。

民事信託 ① 委託者自身が受託者になる「自己信託」

民事信託の場合、具体的にどのような人が受託者になるのでしょうか。通常の信託では三当事者、つまり委託者、受益者、受託者がいるのが原則だという話を先ほどしました。ここでは、それとは異なるタイプの信託の話をしましょう。委託者自身が受託者になるという場合です。

例えば私が、障害のあるわが子が将来にわたって生活の不安が生じないように、一定の財産を取り分けておきたいが、いまその子に直接贈与してもその子が自分で財産を管理することも困難なので、受託者がその子のために財産管理する信託を設定したいと考えたとします。しかし、誰を受託者にしようか。何しろ、信託では信託財産の所有権を受託者に移転するのですか

図表 6-4　自己信託の仕組み

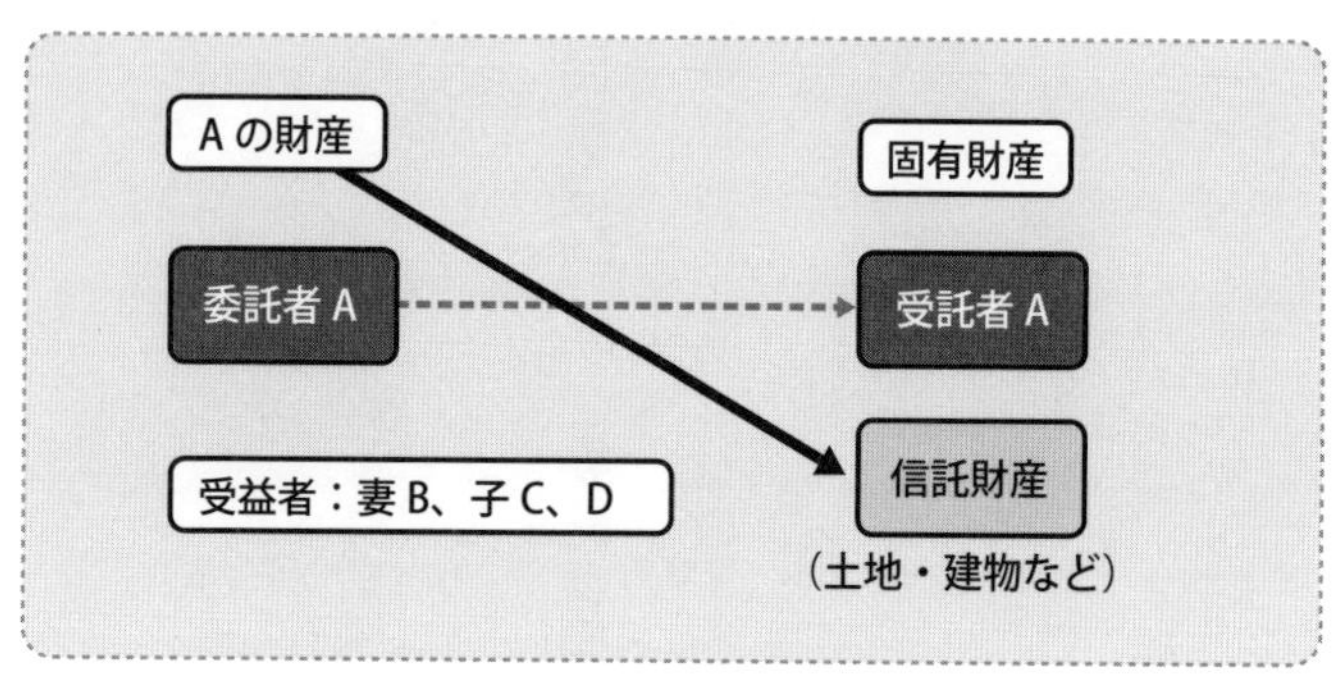

・メリット：委託者自身が受託者なので安心感あり
・デメリット：Aの債権者を害する恐れ、判断力低下時に後継受託者が必要

出所：筆者作成

ら、信頼できる受託者でないと安心できません。しかし、どうも適切な人物がすぐには見つかりません。であれば、私が元気なうちは、私自身が受託者になろう。私自身が受託者になれば、受益者である子の利益にも適切に配慮できるし、信託財産も私自身が受託者として管理するので心配がない。これが「自己信託」です（**図表6－4**）。

自分でこの財産は信託財産だと宣言するようなものなので、「信託宣言」と呼ばれることもあります。自己信託が設定されると、自分は受託者としてではありますが、信託財産をそのまま自分名義で所有することになります。不動産であれば、登記簿でそれが信託財産であることが表示されますが、動産や金銭の場合は公示の方法がないので、それが信託財産であるということが外部からはわかりません。

もっとも、信託法3条に信託の方法が書かれていますが、そこに委託者自身が受託者となる場合には、信託を設定することを公正証書に書く必要があるとされています。自己信託は、信託契約と違って契約相手としての受託者がいませんので、いわば委託者単独の意思表示で信託が成立します。そこで、信託が成立しているか否かの争いが生じないように、公正証書を要求しているのです。しかし、こうして信託が成立した以上は、信託契約による場合と同様に、信託財産は委託者名義であっても、委託者の固有財産からは区別され、委託者の債権者は、信託財産に対して強制執行などをすることができなくなります。いわゆる「倒産隔離」（説明は後述）という効果が発生します。

このような自己信託の制度を認めることについては、信託法立法時に反対もありました。委託者の債権者からすると、自己信託では委託者自身が受託者ですから、信託財産の名義が受託者に移転するといっても、外形的にはそのまま委託者がその財産を占有・管理しており、財産が受託者としての委託者に移転したことがわかりにくいからです。そこで財産隠しに使われるおそれがあるという批判がされました。しかし、自己信託が成立したか否かは公正証書ではっきりしますし、不動産については自己信託でも信託の登記がされることで公示されます。動産や金銭については問題が生じる可能性がありますが、動産や現金はもともと所有者を公示する方法がないので、債務者のもとにあっても、それが本当に債務者の所有物かどうかわかりません。それ故、自己信託の制度によって新たに問題が生じるというわけではありません。

自己信託では公正証書で信託を設定するので、債権者の差押えがあってから、委託者が本当には信託を設定していないのに、「それは自己信託で信託財産となっている」と主張して差押えを免れることはできません。その意味でも、自己信託の制度が債権者を害することは、あまりないのではないかと思います。

民事信託② 一般社団法人を受託者にする

もう一つ、民事信託における受託者の定め方として最近試みられている方法として、家族・親族等が一般社団法人を設立して、これを受託者とするというものがあります。

委託者が高齢の場合、自己信託ではあとで高齢の委託者兼受託者の判断が低下したり死亡したりした場合などに、信託事務が行えなくなります。こうした場合に備えて、はじめから信頼できる家族がいれば、その者に受託者として自分の財産を委託するということが考えられます。しかし問題なのは、家族関係が複雑だったり、子どもが複数いたりすると、彼らの間で利害対立が生まれることです。

例えば、親がほとんどの財産を長男を受託者として信託すると、たとえほかの兄弟が受益者として利益を受けることになっていても、信託財産の管理の仕方や処分の権限は受託者にのみありますから、長男は自分にとって有利な方法で財産を処分するなど、ほかの受益者である子どもたちとの間で利害が対立することがあり得ます。利害関係者の一人である受託者が受益者全員のために公平に行動するのは難しいものです（受託者もこの場合は受益者の一人です）。家族の一人を受託者にする場合には、このようなデメリットもあることに注意する必要があります。

こうした問題に対応するため、最近では一般社団法人を設立して、その法人を受託者にすることが増えています。一般社団法人は簡単に設立できますので、両親と相続する子どもたち全員、さらには中立の立場で行動できる弁護士などを加えて、これらが社員となって一般社団法人を設立し、これを受託者とするのです。したがって信託財産は、一般社団法人の財産となります。この場合でも、子どもたちの間で利害が対立することはありますが、全員が社員になっていれば、対等の立場で、話し合いで解決することが可能です。さらに中立の者が社員に加わっていれば、一層、公平な法人の運営ができるでしょう。ただし、法人運営で余分な労力やコストがかかるというデメリットもあります。

受託者の義務

次に、受託者の義務について説明します。受託者は信託財産の名義人であり、信託財産を管理・運用する権限を有する人であり、信託の要になる人です。信託法は、受託者がこれらの権限を受益者の利益のために適切に行使するように、受託者に各種の義務を負わせています。少し難しいですが、法律を見てみましょう。

〈受託者の義務〉

（a）信託事務を遂行する義務（信託法29条1項）
（b）善良な管理者としての注意義務（善管注意義務）（29条2項）
（c）忠実義務（30条）＝信認義務（Fiduciary Duty）
（d）利益相反行為の禁止（31条・32条）以下は、その具体的な類型
　自己取引（信託財産の買取など）の禁止（31条1項1号）
　受託している複数信託財産間の取引の禁止（31条1項2号）
　信託と競合・競争する行為の禁止（32条）
（e）信託財産と自己の財産との分別管理義務（34条）

〈義務違反の責任〉

受託者の原状回復または損害賠償義務（40条）

少し解説しましょう。

（a）信託事務を遂行する義務とは、信託契約で定められた信託の目的や委託者の意図に沿って信託の事務を処理する義務のことです。

（b）は、受託者は信託財産の名義人ではありますが、実質的には他人の財産を管理しているので、損害や損失を与えないように信託財産を注意して管理する義務のことです。信託契約で合意されている方針に反して危険な投資をして損失を被ることは、善管注意義務の違反となります。

（c）の忠実義務は、信託に特徴的な重要な義務です。受託者は信託財産の管理・運用にあたって、自分の利益を図ってはならない、受益者の利益のために行動しなければならないということです。受益者の利益のために忠実に行動する義務という意味で忠実義務（duty of loyalty）と呼ばれています。信認義務（fiduciary duty）と呼ばれることもあります。

例えば、土地の信託において、受託者としてはビルを建て、賃料収入を得るという運用をする場合を考えましょう。そして受託者自身が隣地を所有していて、そこにマンションを建てる計画があり、信託財産である土地にあまり高層のビルを建てると、自己の所有地のマンションの日照が遮られてマンションの価値が下がるので、信託財産である土地にはあえて低層の建物しか建てなかったという事例を考えてください。この場合に、受託者は信託財産の利益を犠牲にして、自己の利益を図っています。これは忠実義務に反する行為です。忠実義務違反にあたる行為でも、受益者の合意があればかまいませんが、合意なく勝手にやることは義務違反になります。

（d）は、利益相反行為の禁止です。その具体的な類型として3つあります。

1つめは、自己取引です。例えば、受託者が信託財産を構成している有価証券を売るときに、受託者自身がこれを買ってもいいものでしょうか。この行為は自己取引となり、信託財産の利益と受託者自身の利益が対立し、利益相反になるために禁止されています。受託者自身が時価で購入するなら問題なさそうですが、有価証券は将来値上がりの可能性があり、その時点で適切な対価で購入していたとしても、将来儲けることになるかもしれないことから、受益者の承諾がない限り、自己取引は認められません。

また、価格決定が難しい未公開株の売買だったりすると、利益相反の関係がもっとはっきりします。すなわち、買主の立場に立つ受託者自身はできるだけ安く買うことが利益であり、信託財産を管理する受託者としてはできるだけ高くするのが義務であり、信託財産と受託者自身の利害が対立するので、典型的な自己取引として禁止されます。

２つめに、信託財産間の取引も利益相反行為として禁止されます。信託銀行は、多くの顧客から信託により資産を預かっていますが、ある顧客の財産を管理する信託（甲）が資金を必要としているときに、別の信託（乙）が資金に余裕があるので、そこから信託（甲）に金銭を貸し付けることは、利益相反行為として認められません。ここでも、貸す側の信託（乙）を管理する受託者としては、できるだけ有利な条件、高い金利で貸すことがその義務になるところ、逆に信託（甲）を管理する受託者としては、できるだけ低い金利で借りることが受託者の義務になり、双方の利益が相反するなかで、受託者として適切な行動をとることが困難なため、信託財産間の取引は禁止されます。ただし、双方の信託の受益者が承諾しているときは、かまいません。

３つめが競合取引の禁止といわれるものです。信託で取引や事業などをしているときに、受託者自身が信託の事業と競合する取引や事業をしてはならないというものです。

（e）の分別管理義務も信託の受託者に課される重要な義務です。信託財産を管理する際に、受託者は自分の固有財産と信託財産を分けて管理しなさいというものです。分けて管理していると受託者による信託財産の使い込みもしにくいし、信託財産を保護することになります。

図表 6-5　自益信託と他益信託

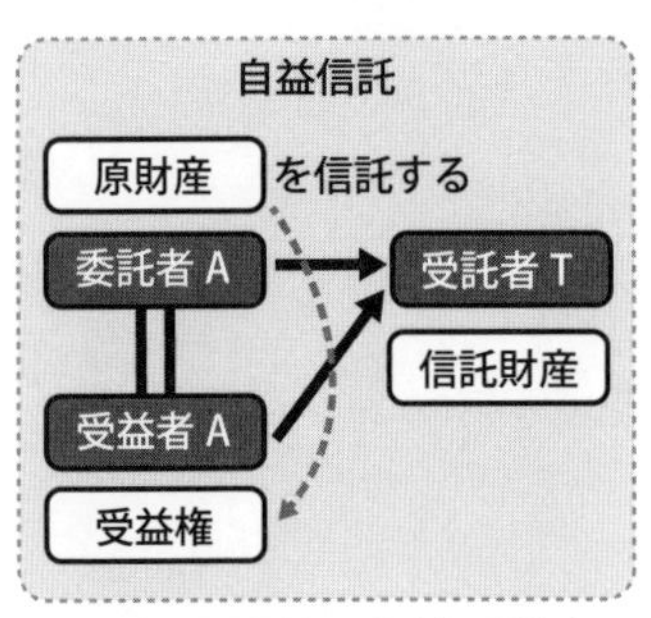

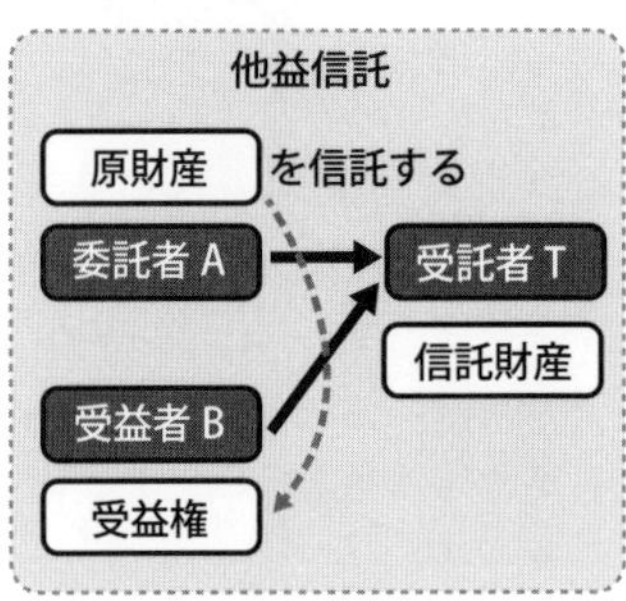

- 委託者は信託財産を受託者に譲渡するが、代わりに「受益権」を取得する
- 財産の性質が変わる（財産転換機能）
- 受益者 A の受益権取得に贈与税はかからない

- A から B に経済的利益の移転がある。贈与税または相続税がかかる
- 財産の性質が信託によって転換する点は同じ

出所：筆者作成

受益者とは――信託からの利益を享受する者

次は、受益者について簡単に説明します。受益者は、信託からの利益を享受する者です。受益者は、信託財産の配当や元本を受領したり、信託財産が不動産などの場合には、これを利用する利益を享受したりすることもあります。誰が受益者になるかは、委託者が決めます。委託者自身が同時に受益者になることもできます。委託者と受益者が同じ人の信託を「自益信託」といいます。このことを**図表6-5**左図では、Aが委託者になり、同時にAが受益者にもなっていることで表現しています。

他方、委託者と受益者が別の人である信託を「他益信託」といいます。**図表6-5**の右図で示した他益信託では、委託者Aが受託者Tに財産を信託して、受益者Bが信託財産からの利益を受け取ります。

なお、委託者の生前に他益信託を設定すると、委託者から受益者に経済的利益の移転があるため、贈与税がかかります。自益信託の場合は、経済的利益は移転しないので贈与税はかかりません。

受益者が複数いる場合についても触れておきましょう。受益者は1人とは限らず、むしろ複数人いる場合がかなりあります。投資信託などは、受益者が多数いる場合の典型です。家族信託の場合も受益者が複数ということがよくあります。例えば、委託者が家族のための信託を設定する場合に、配偶者と子どもたち全員を受益者にするのが通常です。その場合に、全員に均等の受益権を与えることもあれば、異なる内容の受益権を与えることもあります。

受益者が交替していく連続受益者の信託というものも可能です。家族信託で使われることが想定されます。もっとも、委託者自身が生きている間は、自分も信託財産から生活費などの利益を享受しなくてはならないので、家族信託では、当初の受益者は委託者自身とするのが一般的です。そして、第1の受益者である自分が死んだ場合は、次に配偶者が第2の受益者になり、配偶者が死んだら子どもたちが第3の受益者になるというような内容の信託を設定することができます。このように、あらかじめ将来に向けて連続で受益者を決めておく信託を「受益者連続型の信託」といいます。ただし、あまり先々まで決めるのは財の固定化につながるため、信託法91条で規定する30年プラスαの年数制限があります。

信託の特徴「倒産隔離」とは

信託の特徴として、「倒産隔離」というものがあります。例えば、私が倒産・破産すると、通常は私の財産はすべて債権者の弁済に使われてしまい、私の財産はなくなってしまうわけです。しかし、私が信託を設定して財産を受託者に移転すると、その財産は受託者の財産になりますので、私の債権者はもはや信託財産に対して強制執行をすることはできません。また、信託では受託者は信託財産の所有者になっていますが、実質は受益者のために財産を管理しているものですから、受託者自身の財産とは同視されず、受託者自身が破産しても信託財産は受託者の債権者への弁済にはあてられません。このように、信託を設定すると、信託財産に対しては、委託者の債権者も、受託者自身の債権者も手を出すことができず、その倒産や破産の影響を受けません。これを倒産隔離といいます。

つまり、信託財産は委託者の財産でもないし、受託者自身の財産でもないという扱いを受けますので、信託財産は「誰の財産でもない」、「ノーバディズ・プロパティ（Nobody's Property）」ということになります。こういう仕組みを作るのが信託の制度です。この仕組みについて、もう少し詳しく説明しましょう。

まず、委託者の債権者が信託財産に手をつけることができない点です。これは委託者の倒産からの隔離です。信託が設定されると、委託者の財産が信託財産として受託者に移転します。それによって受託者名義の財産になる、受託者の財産になる、ということです。信託財産は、もはや委託者の財産ではないので、委託者の債権者は信託財産に手を出すことができなくなります。

もっとも、委託者が同時に受益者である自益信託では、信託の設定によって委託者は受益権を取得しますので、委託者の債権者はこの受益権を差し押さえたりすることはできます。例えば、委託者が投資信託においてお金を受託者に信託すると、投資信託の受益権を取得します。委託者の債権者は、受託者の交付された金銭に対しては強制執行などできませんが、委託者が取得した投資信託受益権に対しては強制執行をすることができるわけです。

次に、受託者自身の債権者が信託財産に手をつけられないという点です。これは受託者自身の倒産からの隔離です。受託者がかなりの借金をしていて自分の借金を弁済できない場合はどうなるでしょうか。受託者の債権者は受託者所有の財産に対して強制執行や破産の申し立てをするので、本来なら受託者名義の財産は全部、差し押さえられます。しかし、信託財産は受託者の名義ではありますが、受益者のために管理している財産であり、受託者は信託財産から利

図表 6-6　倒産隔離

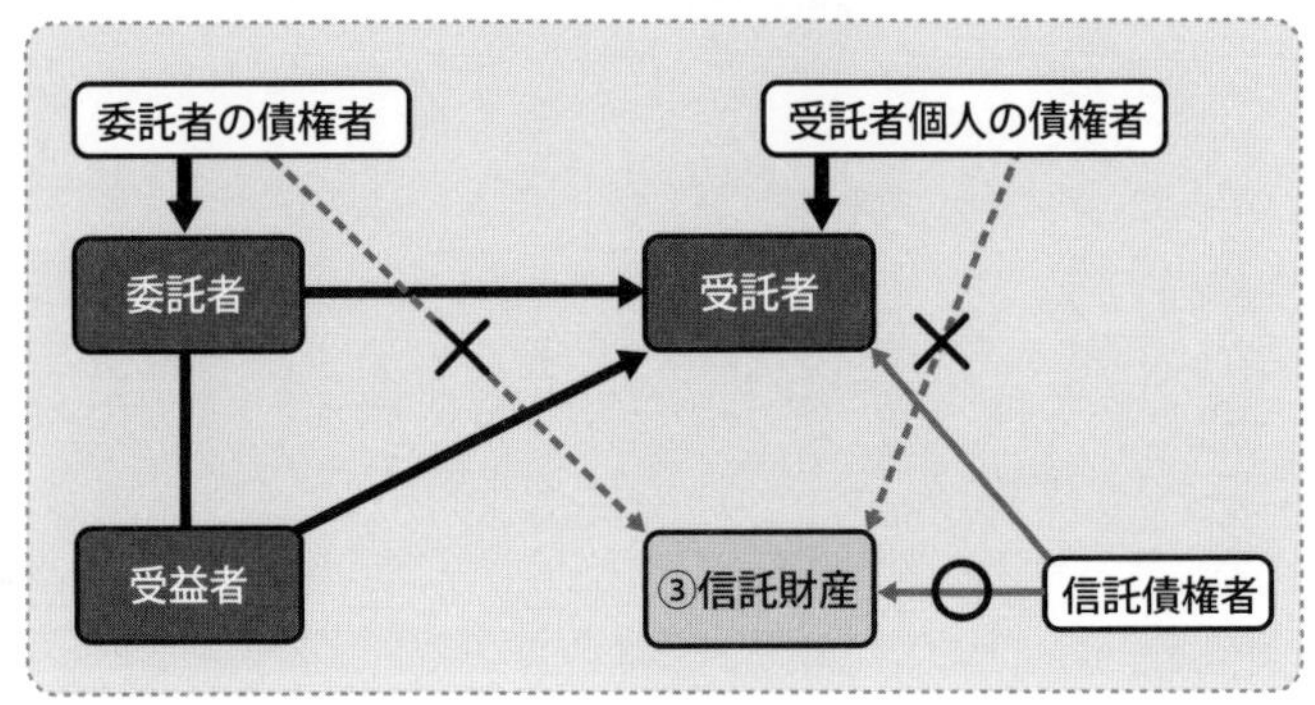

信託財産には、委託者の債権者も受託者の債権者も手を出すことができない。これは不当な制度か、巧妙な制度か？

出所：筆者作成

益を享受することができないことになっています。そこで、法律はこの信託財産を保護して、受託者自身の固有財産から区別し、受託者自身の債権者はこれに手をつけることができないようにしています。

このように、信託が設定されると、委託者との関係でも、受託者との関係でも倒産隔離の効果が発生し、委託者と受託者のどちらの債権者も信託財産には手出しができなくなります。**図表6-6**は、このことを表しています。

もっとも、この図に出てくるように、「信託債権者」は、信託財産に対して強制執行をする権利があります。信託債権者とは、受託者が信託財産の管理者として、信託のために第三者と取引をし、そのことで第三者に対して債務を負ったような場合に、そのような第三者（債権者）のことをいいます。例えば投資信託において、受託者が投資信託の信託財産（ファンド）のために、第三者から有価証券を購入した場合に、その有価証券の売主は受託者に対して売買代金の債権を持つことになりますが、この売主（信託債権者）は、売買代金の弁済がなければ、信託財産に対して強制執行をすることができます。

このように信託には倒産隔離の機能があることから、信託は安全な財産管理方法だといわれています。しかし、安全なのは、あくまで委託者や受託者の債権者が手を出せないという点に関してであり、受託者が投資に失敗して、信託財産の価値が減少するということはありえますので、誤解しないようにしましょう。

信託と保険は何が違うのか

ここで信託という制度の特徴をよりよく理解してもらうために保険と比較して説明しましょう。なぜならば、長い人生に対応するために資産を運用する、そして将来、分配を受けることは、信託も保険も同じだからです。

では、保険と信託の違いは何でしょうか。保険は、大量の人を対象にした制度です。病気や死亡に対応する生命保険にせよ、事故などのリスクに対応する保険にせよ、本来は一人ひとりにその人の固有のリスクやニーズがありますが、一人ひとりのリスクにオーダーメードで対応するのは難しいので、たくさんの人に共通するリスクをまとめて扱います。保険は大量の処理を前提とする世界です。

信託も、現在、信託銀行が扱っているのは、基本的には多くの顧客から集めた資金をまとめてファンドとして運用するタイプの信託なので、多数の人を相手にしているという点では保険と同じですが、信託の本来の姿は違います。

本来、信託は、民事信託（家族信託）において見られるように、委託者あるいは受益者の個別のニーズに対応するためのものです。ただ、日本ではこれまでもっぱら大量処理を前提とする投資信託のような商事信託が実務では行われてきました。そこで、信託と保険はあまり違いがなかったのです。**図表6-2**（207ページ）の「D資産」で違いを見てみると、①形成、②運用では信託でも保険でも、ほぼ同じ対応ができ、両制度の共通性が高いです。しかし④再チャージと⑤承継のところでは、各人に個別性・多様性が強く出てきます。この個別性・多様性に対応できるのが、信託の本来の姿なのです。

資産の⑤承継のステージに関しては、多様な内容の民事信託（家族信託）が登場していることからも明らかなように、極めて個別性の強い信託が使われています。環境の変化に応じて、④再チャージや資産の再編成をする場合にも、例えば、高齢者の老後の生活パターンやニーズは極めて多様で、それに対応できる資産管理が必要となります。この場面でも、個別的対応に向いた民事信託（家族信託）が有用です。また、この段階では、多くの人が金銭給付ではなく、生活支援や介護などのサービスを求めるようになります。保険もこれに対応できますが、信託はその作り方次第で簡単にこうした要求に対応ができます。その例については、新しいタイプの信託として後述します。

このように保険と信託は似ているけれど、違うところも多いのです。それぞれの特徴をまとめましたので、どのような違いがあるかを確認してください。

保険制度の特徴＝「多数人の共通リスク」を扱うから、基本的に、多様性よりも、共通性・大量性が特徴。多様な財産承継方法への対応には向いていない

信託制度の特徴＝本来は、委託者の個別的ニーズに対応する制度。多様な財産承継方法が可能

保険との違いを明確するために、信託にできる財産の中身についても簡単に触れておきます。保険では当初財産は保険料で金銭ですが、運用段階ではいろいろな財産になります。信託では当初から、金銭、債権、証券、動産、不動産、著作権など様々なものを信託財産にすることができます。最近注目されているものに「情報」や「データ」があります。これについて

は、後ほど詳しく説明します。

〈信託財産となりうる財産〉

（a）金銭　◎

（b）物（不動産・動産）、物についての権利（担保権など）◎

（c）債権、有価証券、株式（譲渡禁止株式はできない）△

（d）知的財産権（特許権、著作権など）◎

（e）その他の「財産」（情報、ビットコインなど）△

人生100年時代に対応する新しいタイプの信託

最後に、人生100年の時代に対応する信託とは何かについて触れておきましょう。これから考えられる信託の新しい形としては、資産の運用・増加を目的とするのではなく、信託を用いて価値を創造する、価値を追求するということが重要になってくるのではないかと思います。その具体例を3つ紹介します。

図表 6-7　サービス提供型の信託

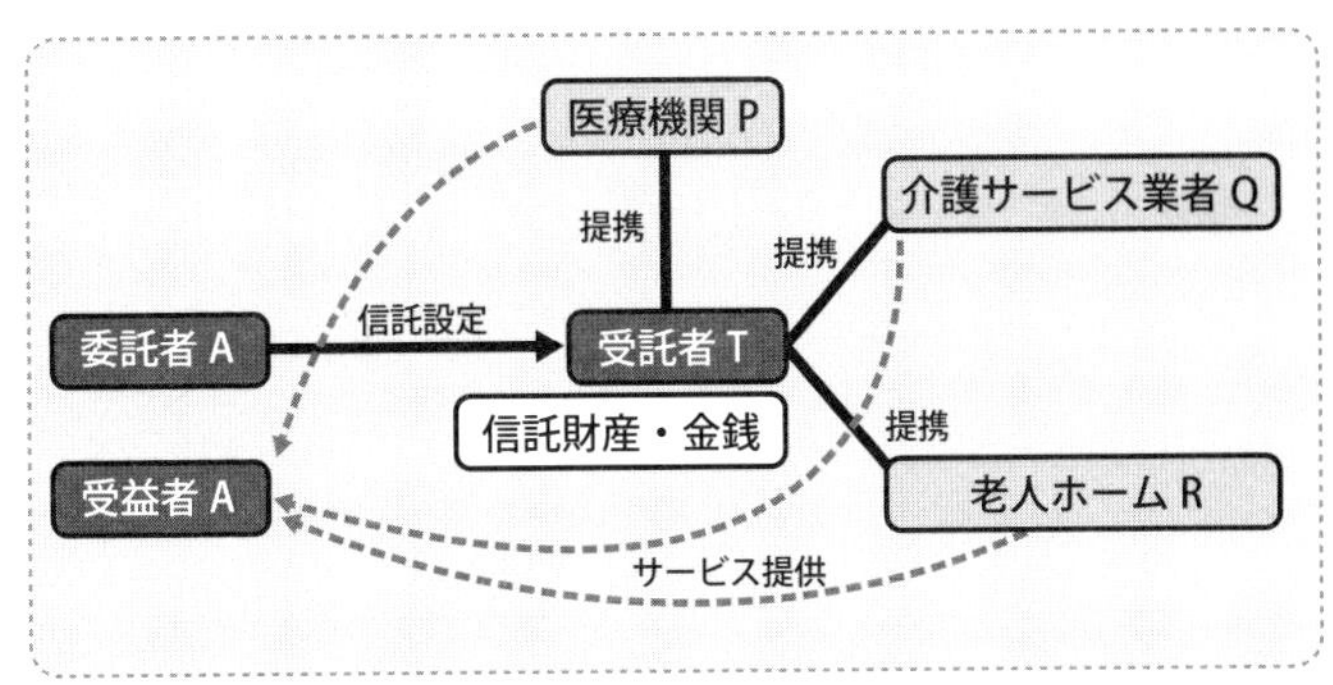

• 受託者は、各種の外部機関と提携して、受益者のためのサービスを提供してもらい、その費用などを信託財産から支払う。受託者は、全体のシステム管理、サービス提供のハブとして機能

出所：筆者作成

① サービス提供型の信託

1つめはサービス提供型の信託です（図表6-7）。このような信託は、すでに始まっています。この信託では、委託者兼受益者が一定の金銭を受託者に信託し、管理・運用してもらいますが、主な狙いは利殖ではなく、様々なサービスを受けることにあります。

委託者兼受益者は、例えば医療や介護など多様なサービスを受けることができて、それに必要な対価は、受託者が信託財産から払うという仕組みの信託です。受託者の役割は、必要となる資金を管理すること、そして、適切な医療機関などと契約して、受益者がサービスを受けられる仕組みを構築することです。受託者自身はサービス提供をできませんが、様々なサービス提供業者と契約し、そこからサービスの提供を受けるという意味で、サービス提供システムのハブになるわけです。

信託を利用しなくてもこうしたサービスを提供している会社はあるでしょうが、信託を使うと、資産の健全な管理・運用と多様なサービスの提供の両方をうまく結びつけることができます。また、受託者は各種の義務を負わされているので、普通の会社が顧客のお金を預かってサービスを提供するよりも、財産管理面での安全性が高く、受託者に義務違反があれば容易にその責任を追及できるというメリットもあります。

② 新しい価値を作り出し、生活を豊かにする信託

次に、「情報」の信託について考えてみましょう。

そもそも「情報」を財産といってもいいのかどうかという議論はありますが、個人で持っている情報、例えば毎日どのルートでどこに行くか、何を食べるか、何を買うかという情報やデータは蓄積すると価値を持ってきます。できれば、こうした情報を信託にして利用・運用したいというニーズがあります。

もっとも、どういう健康状態にあるか、血液型は何かなどといった個人の機微情報は、他人に譲渡できるものではありません。例えば、私のこうした個人情報は私に一身専属的に帰属しているのであって、これを他人に譲渡するということはできないとされています。ただし、譲

渡はできませんが、「情報を利用する権利」を他人に与えることはできます。この場合も、個人情報はあくまで私に帰属しているので、他人が利用することを一度許容したとしても、あとでそれを撤回したいときは、いつでも自由に他人による利用を否定することができます。

個人情報は、こうした難しい性質を持っているので、はたしてこれを信託できるのか問題になりますが、いま述べたように、受託者に個人情報の利用を許可するという形で、情報の信託は可能だと考えられ、信託では「情報」がこれからの大きなテーマになっています。

では、情報を信託財産として有効利用して、新しい価値を生み出すとはどういうことか、例を挙げて説明しましょう。委託者（兼受益者）であるA、B、Cの各人が受託者との信託契約に基づいて、自分の健康情報を利用する権限を受託者に与えるとしましょう。信託財産は、これら健康情報の利用権です。受託者は、信託契約に従ってこれらの「情報」ないしその利用権を管理・運用します。

例えば、**図表6-8**のように、研究機関が医療情報、病気、遺伝子情報などを使いたい場合、受託者に情報を利用させてほしいと依頼します。受託者は、それが適切だと考えた場合に、情報をその研究機関に利用することを許可します。その見返りとして、金銭の支払いを要求することもあるでしょうが、ここで想定している新しいタイプの信託は利殖が目的ではなく、委託者（兼受益者）の健康生活を豊かにすることを目的としていますので、情報利用の研究成果を

図表 6-8　情報の信託

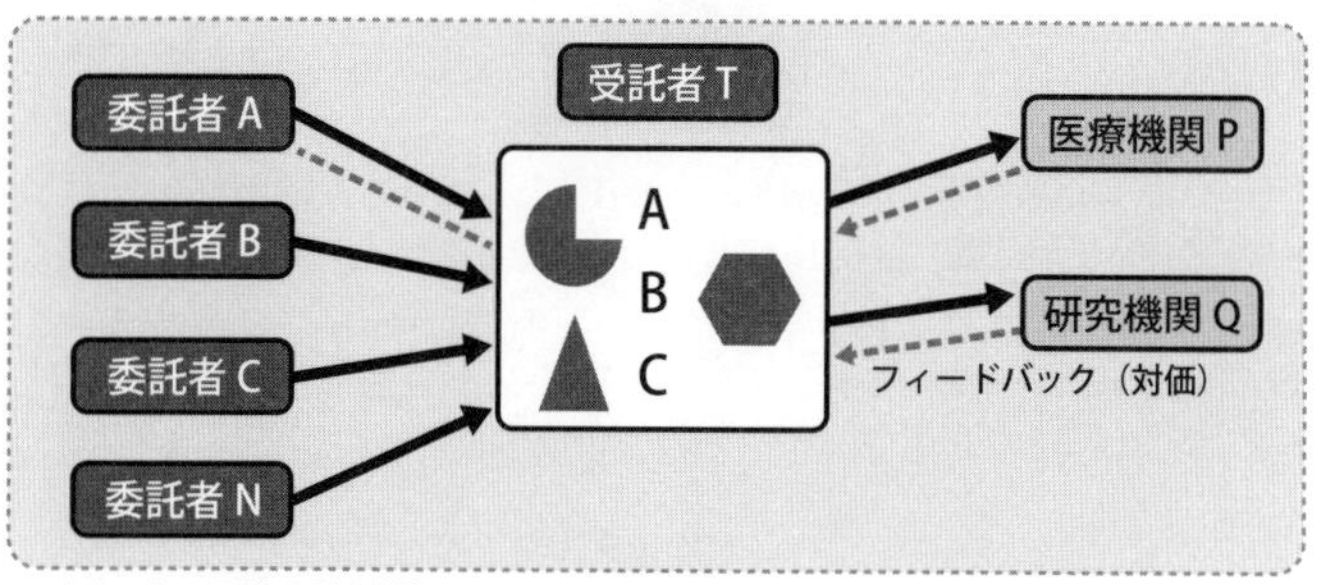

• メリット：目的は財産増加ではなく、価値の創出。信託財産の中身に特徴
• デメリット：どのように個人情報を集めるかが課題（各人からの同意が必要）
個人の医療情報などは、センシティブ情報であり、扱い方を間違えると責任発生（リスク大）
個人情報の一身専属的権利は、受託者Tに移転できない。利用許諾権を取得するだけ

出所：筆者作成

見返りに提供してもらうことを求めます。例えば、研究機関が新しい発見をすれば、それを受託者にフィードバックしてもらいます。これを受託者は受益者に還元します。こうして、委託者（兼受益者）が信託財産として拠出した健康情報は、受託者に管理され、有効利用され、付加価値が受益者のところに戻ってきます。ここで信託は、情報という信託財産を有効利用し、医療情報・研究成果といった新しい価値のある財産を生み出していることになります。

こういう信託が実現すると、社会的にも有意義だと思いますが、問題点もあります。それは、病気や遺伝子などの個人の慎重を要する情報が受託者から漏れるというリスクです。こうした情報流出の対応策としては、研究機関・医療機関への情報の移動の一つひとつをブロック

図表 6-9　ESG投資

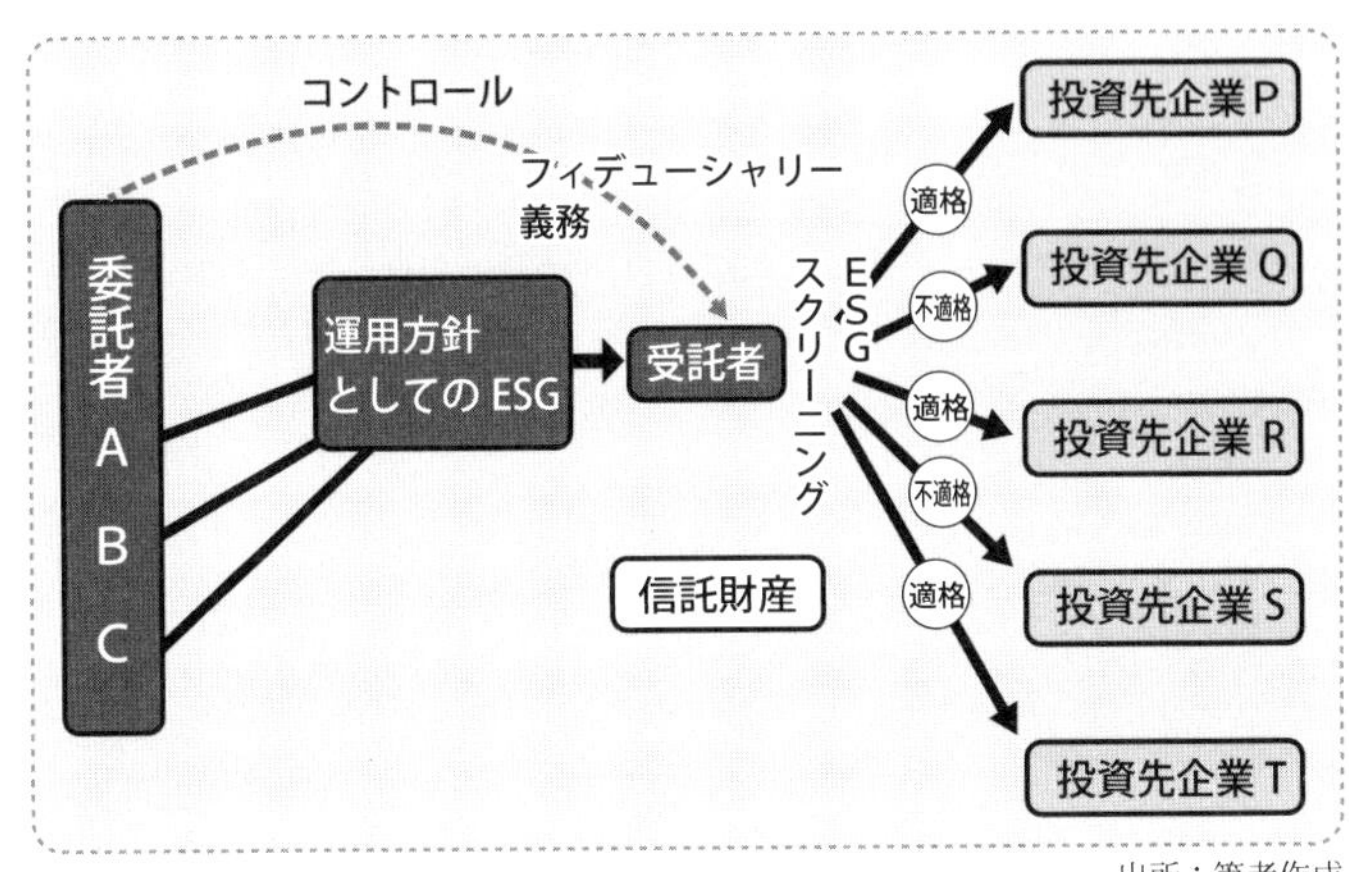

出所：筆者作成

チェーンの技術を使って記録し、情報が誰から誰にどう移動したかをたどれるようにするなどが考えられるかもしれません。このようなシステムの構想としては、信託を使ったものではありませんが、Iryo Network（https://iryo.network/iryo_whitepaper.pdf　詳細は後述）というものがあります。

③「利益」と「価値」を同時に追求する信託（ESG投資）

３つめは、伝統的な信託を使いながら利益と価値を同時に追求する信託について見ていきましょう。例えば、**図表6-9**のようなESGの推進をテーマにした、いわゆるESG投資を運用方針として掲げる信託です。すなわち、ファンドを管理・運用する受託者は、環境への貢献

（E：Environment）、男女平等など社会問題への貢献（S：Social）、高度な企業ガバナンス（G：Government）、などの一定の基準を満たしている企業にのみ投資をします。

投資家である委託者（兼受益者）は、ESG投資の運用方針に賛同して自分のお金を信託する、すなわち投資するわけです。この場合、委託者は利殖も考えていますが、それだけでなく、ESG投資による社会貢献もしたいと考えています。すなわち、「利益」と「価値」の同時追求です。

受託者は、運用方針に従い、具体的な基準を設定して、ESGの投資基準から見てふさわしい企業には投資をし、ふさわしくない企業は投資対象から外すなどということをします。これを「スクリーニング」（選択）と呼んでいます。信託を使ったESG投資ファンドは、ヨーロッパではかなり盛んです。[※1]

さらに、このようなESG投資の発展型としては、運用投資の利益の一定％は直接、環境保護のために使うなども考えられるでしょう。現在、ESG投資といわれているものは、一定の基準で投資対象を選択しますが、その利益はすべて投資家に配当として回します。しかし個人的には、利益の一部は配当として還元せず、環境保護活動であるとか、野生動物保護などのために使うというタイプの投資信託があってもよいのではないかと考えています。これこそ本当の意味で利益と価値の同時追求といえるのではないでしょうか。信託という観点から言えば、利益追求の私益信託と社会貢献の公益信託を組み合わせたような信託ということになります。

　このように、信託は発展・進化しています。利殖を目的とする伝統的な信託から、金銭以外のサービスや付加価値のついた情報の利用ができるというような信託、個人の特に老後の多様なニーズにきめ細かく対応できる信託、そして、自分の信じる価値を追求できる信託、というように、様々な方向への展開を見せています。このことは、人生100年時代において、皆さんが人生のいろいろな段階で、異なる生活スタイルを過ごすであろうときに、信託がその希望の実現の手助けになることを意味しているのです。

※1　ESG投資については、第7章を参照。

■講義への駒村コメント

　市場メカニズムが機能する前提として、財産権があります。財産権は、所有権、債権など権利を束ねたものですが、信託はその権利の束を分解し、財産の所有という法形式と使用・収益・処分から出る経済価値の2つを切り分ける仕組みです。

　能見先生のお話は、信託により資産運用・活用の幅が広がるというものでした。ここで、私が注目している信託の仕組みを紹介します。

それは、自分が亡くなったあと、残された遺族に対し不安がある場合に利用できる「後継ぎ遺贈型受益者連続信託」という方法です。これは、親戚や司法書士などを受託者に定め、現受益者の有する信託財産から「給付を受ける権利（信託受益権）」を、当該受益者が死亡した場合に、あらかじめ指定された者に順次承継されることを定める信託です。

例えば、自分が病気で長くないということがわかったとし、病気がちな妻と障がいのある子どもが残されるとしましょう。自分の死後、妻が遺産を使って、医療費の支払いや子どもの生活費をやりくりできるか心配です。そこで遺産を長期にわたり安定的に管理し、必要な費用を給付することができる「後継ぎ遺贈型受益者連続信託」を使うのです。これにより、民法では無効とされている数次相続における財産承継（後継ぎ遺贈）が実質的に可能になります。ただ信託期間には制限があります。講義でも触れたように、信託がされたときから30年経過後に新たに受益権を取得した受益者が死亡するまで、又は当該受益権が消滅するまでとされています。

また、能見先生が触れた「Iryo Network（イリオネットワーク）」は、分散型アプリケーション開発のインフラとなる仮想通貨、ＥＯＳ（イオス）ブロックチェーンを利用して、個人・患者から提供された健康・医療データを記録・管理し、本人が希望すれば匿名で研究者に研究目的のデータ利用を提供する仕組みです。その報酬として個人・患者にトークンが支払われ、それを使って治療費を支払うことができるというプラットフォームで、フィンテックを使うことで、健康・医療データの活用が格段に広まります。

■学生からの質問

質問1　信託という考えはもともと日本にある考え方なのでしょうか。

能見……日本にも昔から信託の源泉のような仕組みがあったようです。例えば貴族がお金を出し合って、困窮者のための施設を作るというものがありました。あるいはお金を出し合う観音講という仕組みです。ただこれらは現在の私益信託というよりは公益信託に近いと思います。

特定人が受益者として利益を享受する私益信託のような考えは日本にはなく、英米に起源するものです。特に英国のコモンロー上の不動産権については、封建制度のもとで譲渡制限や遺言による処分の制限など多かったのですが、これらの規制を回避するための工夫のなかで信託という仕組みが生まれたと言われています。信託によって権利そのものを移転しないで、受益する利益だけ渡すという方法です。

もう少し詳しく信託の歴史を紹介しておきましょう。イギリスの信託は14世紀ころから始まり、17世紀、18世紀には急速に発展しますが、基本的には利益をあげるための商事信託ではなく、家の財産の分配・承継に関するものでした。それでも信託受託者の責任は重いのですが、無報酬が原則でした。そんな信託を誰が引き受けるのかというと、委託者の親族・友人やある程度地位と財産がある名望家（ジェントルマン階級）が引き受け、その結果として受託者は「信頼と名誉」を得るという構造になっていました（"honor is the backbone of English culture"はディズニーのアニメ映画『ポカホンタスⅡ／イングランドへの旅立ち』に出てくるセリフ）。しかし、19世紀からは、報酬を受けて信託を受けることも増え、特に、アメリカでは信託会社が作られて、信託を営業とすることが広く行われるようになりました。

日本は、このような英米の信託の歴史的発展を調査・研究して、大正11年（1922年）に（旧）信託法を制定しました。今後日本では商事信託が中心になると考えて、商事信託を念頭に信託法を制定したのです。同時に、商事信託を規制するために（旧）信託業法が制定されました。そこでは、信託会社（当時はまだ信託銀行はなかった）が信託報酬を得て信託を引き受けることが想定されていました。現実には、金銭信託といって、顧客から金銭の信託を受け、それを運用して、配当するということが行われていました。当時の金銭信託は、1口500円（現在の貨幣価値だとその2500倍くらいになる）でした。かなり裕福な人たちが信託会社の顧客だったと思います。なおイギリス、アメリカの信託法の発展の歴史については、姜雪蓮の

『信託における忠実義務の展開と機能』（信山社、2014［学習院大学大学院法学研究科の博士論文］）という本があります。

質問2　**今日の講義を聞いて、信託という仕組みを成り立たせるためには受託者の責任は重いという印象を受けましたが、受託者はそれだけの責任を負うメリット、報酬はあるのでしょうか。**

能見……信託の引き受けを業とする受託者（信託銀行、信託会社）は、信託報酬で利益を受けています。それが責任の重さとバランスが取れているかという質問かと思います。

信託銀行等は信託引き受けの対価として信託報酬をとるのですが、これはその責任に見合って高額というわけではありません。報酬は、基本的に受託者としてしなければならない「信託事務の負担」に見合ったものをとるというのが基本的考え方です。「信託事務の負担」のなかには、受託者としての義務・責任の大きさも入ってくるでしょうから、その意味では「受託者の責任の重さ」も信託報酬に反映されています。一般的に言えば、①受託者は信託法の重い義務・責任を負い、行政的な規制もある、②それ故、信託業の免許のある受託者（信託銀行、信託会社）は信頼できる、③受託者が信頼できるから、顧客はいろいろな信託を受託者に頼む、

④多種・多様の信託を多く引き受けることで信託報酬も増える、という構造が考えられます。

しかし、現実には、業としての信託は、銀行の一種である信託銀行が受託者になっていることが多く、これら信託銀行は金銭信託を中心に営業しています。金銭信託は、投資家から金銭を信託として引き受け、これを運用・投資して増やすことを目的とする信託です（どういうものに投資するか、証券、債権、不動産、国内、海外などは、あらかじめ投資家と契約で決めておきます）。結局は、投資信託と同じようなものです。信託報酬の決め方は、受託した財産額の一定割合と決めるのが日本では一般的です（例えば、アクティブ運用で１～２％など。実際の相場は、信託銀行の人に聞いてください）。

海外では、成功報酬方式、すなわち、増えた資産に対して一定率（例えば、15％など）を掛ける形の報酬も多いようです。いずれにせよ、こうした金銭信託のような信託では、金融の世界の他の商品における金融機関の報酬とバランスがとれるように報酬を決定しています。

以上のような金銭信託中心の信託業界は、信託の機能を十分に生かしていないし、信託の機能を十分に生かした信託を信託銀行がもっと引き受けるようになると、その信託における受託者の信託事務の負担・複雑さに応じた、より高額の報酬がとれるようになるのですが、まだその方向を模索しているのが信託業界の現状だと思います。

第2部　善い社会のための金融

第2部は、「善い」社会を作るために、いかに金融を活用するのかということを扱います。社会経済が豊かではなく、不安に満ちてしまえば、私たち個々人の生活が立ち行かなくなります。2020年の春から世界に蔓延した新型コロナウイルス感染症は、1929年の世界大恐慌以来の規模で世界中の経済に深刻な打撃を与えました。その結果、多くの人々の生活が立ち行かなくなっています。世界はつながっており、自分と自分の家族だけが豊かに暮らせる社会などないことが改めて認識されたわけです。

個々人の金融資産が増えるのも社会経済全体が豊かになった結果、もたらされるものです。これから地球規模で大きな影響を与えるのが、地球環境問題です。加えて日本などの先進国に共通する問題として、少子高齢化とその対応も重要です。いずれも現役世代と次世代の利害が衝突する問題であり、金融はこうした地球規模あるいは世代間の問題に対応し、社会経済を豊かにする力を持っています。

まずお金の流れは、企業行動、そして消費者、労働者の行動に影響を与え、社会全体の資源配分に影響を変えます。短期的な利益の追求から長期的な利益へ、一企業、一個人の利益重視から社会、地球全体の利益重視に変化させることができます。最近は、ＳＤＧｓの推進のために「サスティナブルファイナンス」、具体的には環境・社会・企業ガバナンスの公正さを重視したＥＳＧ投資、兵器産業や化石エネルギー企業からの投資を引き上げる「ダイベストメント」などが注目されています。また企業が株主のみの利益から、より社会全体のことを考えるようにコーポレートガバナンス改革をするなど、金融を通じて、社会の可能性を広げていくことを議論していきます。それでは、各章の内容を簡単に紹介しましょう。

第7章「社会の持続可能な発展に貢献する金融」（駒村康平・石崎浩二）は、最近のサスティナブルファイナンスやコーポレートガバナンス改革を解説しています。地球温暖化に伴う気候変動リスクは、社会経済にとって、コストもリスクも最大の不確実要因となってきています。そこで、経済と金融システムの基本的な関係を説明した上で、持続可能な開発、誰もが取り残されない社会を掲げたＳＤＧｓを達成するための、サスティナブルファイナンスの可能性について紹介します。

急激に進歩するフィンテックは、金融の様々な可能性を広げています。第4章でフィンテックが個人の資産管理運用の利便性を高めることを紹介しましたが、第8章「フィンテックが変える未来の金融」（翁百合）は、フィンテックが金融と情報産業を一体化させ、新しい産業、経済システムを生み出すことを解説します。なお、フィンテックなどに関連する用語はあまり馴染みのない方も多いと思います。もし、用語がよくわからない場合は、巻末の用字用語集を参考にしてください。

さて、日本社会に目を向けると、社会全体では少子高齢化が進んでいます。少子高齢化で深刻になるのが、社会保障制度やその財政を巡る世代間の対立です。

第9章「シルバー民主主義と社会保障・消費税」（大林尚）では、少子高齢化・長寿時代における自助と公助・共助の見直しを主張しています。21世紀は世界全体が高齢化しますが、日本はその最先端にいます。高齢化社会では社会保障制度はとても重要になり、豊かな老後を送るためにも社会保障リテラシーが必要になるでしょう。他方で、大きくなる社会保障の費用を負担するのは主に若い世代です。個人年金の充実などを通じて、老後生活の公私の役割を見直し、若い世代に過度な負担がかからない持続可能な社会保障制度を確立することが大事です。

そして、第10章「人生100年時代の働き方：生涯現役社会への道——2040年問題に備える——」（清家篤）では、長寿社会のなかで大きく変わる人生の時間配分について紹介し、人々が生涯にわたって活躍できる社会を築くための条件を提示します。20代前半までが勉強、そして60代前半までが就労、残り20年ぐらいは引退して余生を過ごすという人生80年モデルは昔の話です。生涯現役で過ごすために個人、社会の行うべき対応、準備を考える必要があります。（駒村康平）

第7章
社会の持続可能な発展に貢献する金融

株主は企業のオーナーとして企業行動に大きな影響を持ちます。特に機関投資家の影響力は強いのですが、機関投資家は資金の真の所有者ではありません。真の所有者は預貯金をしている人、保険や企業年金に加入している人、そして公的年金加入者である皆さんです。皆さんの資産が企業行動を大きく左右するのです。

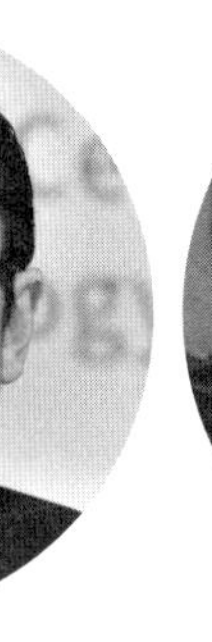

慶應義塾大学経済学部教授
ファイナンシャル・ジェロントロジー研究センター長
駒村康平
（こまむら・こうへい）
プロフィールは25ページを参照。

＋

三菱ＵＦＪ信託銀行 執行役員
フロンティア戦略企画部長
石崎浩二
（いしざき・こうじ）
１９６３年生まれ。慶應義塾大学経済学部卒業。１９８８年に三菱信託銀行株式会社に入社。年金信託部副部長、証券代行部部長、執行役員、法人統括部役員付部長を経て現職。株主総会、年金、相続、不動産などの信託事業に幅広く従事し、金融ジェロントロジー研究、少子高齢者事業、再生可能エネルギー、地方創生等の新規事業の統括責任者を務める。

金融を活用して持続可能な社会を実現

新型コロナウイルスのパンデミックによる経済停滞は、1929年の大恐慌以来の世界的な大不況を引き起こしました。今回のパンデミックでは、多くの人が「世界がつながっていること」や「相互依存関係にあること」を改めて認識したはずです。自分と自分の家族だけが幸せになることも、自国民だけが豊かになることもできないということです。

国連は、途上国等の急速な開発や地球温暖化が未知のウイルスと人間の遭遇頻度を高めたり、あるいはウイルスを活性化させたり、そのほか、感染症の発症リスクを高めると指摘しています。具体的には、①違法あるいは規制の弱い野生動物の売買、②気候変動、③農業や牧畜の急速な拡大、④抗生物質の多用による耐性菌の発生、⑤森林伐採など開拓地の拡大、などが挙げられています。現在の新型コロナウイルス感染症蔓延のきっかけはまだ不明ですが、①の可能性が高いとされています。また、これ以外にも温暖化でシベリアなどの永久凍土が溶け、未知のウイルスが地上に放出されるという指摘もあります。このまま地球温暖化が進めば、今後もパンデミックが頻発する危険性があります。

パンデミックとともに人類の存続を左右する巨大リスクとして、地球温暖化、気候変動リスクがあります。こうしたグローバルなリスクを制御し、様々な変動に対してレジリエンス（復元力）を持ち、持続可能な社会経済を確立するため、金融システムを役立てることは可能です。そのためには、金融システムがどのように機能し、変化しているのかを理解しなければなりません。

世界経済フォーラムによると、地球全体の社会経済にとって、地球温暖化に伴う気候変動は損害、発生率ともに最大のリスク要因とされます。深刻な気候変動が現実のものになれば、これまでのような暮らしや生産活動ができなくなります。読者の皆さんも、２０１９年の台風19号により、長野県にあるＪＲ東日本の車両基地で多くの新幹線が水没したのを覚えていると思います。これまで将来にわたって使えると考えられてきた企業の設備、住宅、土地が、気候変動によって無価値になるリスクが高まっているのです。

これまでの金融システムは、まだ経験したことがない巨大リスクを組み入れて将来の利益変動を評価することが苦手でした。しかし、地球温暖化、気候変動が次第に現実のものになってくると、金融の仕組みを使って地球温暖化や気候変動リスクを引き下げることは、経済全体にとっても極めて大きなメリットがあることに多くの金融機関は気づき始めました。その動きを決定的にしたのが、新型コロナという、現在の資本主義経済が初めて経験する巨大リスクの発生です。

現在、地球温暖化を回避するような大きな資金シフトが始まっており、この動きを「サスティナブルファイナンス」[※1]といいます。またこれは、ＳＤＧｓを現実化するための金融の動きと評価できます。つまり、持続可能な社会を実現させてＳＤＧｓに貢献するために、サスティナブルファイナンスが拡大しているのです。またそれと共鳴するように、金融市場でもコーポレートガバナンス改革など、様々な改革が行われています。本章では、こうした動向を紹介します。

※1　「サスティナブルファイナンス」には厳格な定義はなく、ＥＳＧ投資などのような社会を持続可能な形に転換する資金活用を意味する。

資本主義の歴史――産業革命そして資本主義の勃興と戦争

日々の経済活動では、市場を通じて様々な財・サービス、労働、資本が取引されています。私たちの経済は市場メカニズムによって制御されており、その需要と供給は、財・サービス市場は価格で、労働市場は賃金で、資本市場は金利で調整されます。

その中でも資本の取引、すなわち資本市場で取引される金額は極めて大きく、経済に強い影響を持ちます。そこで、現在の経済システムは「資本主義経済」と呼ばれます。資本主義経済は、これまで人類を豊かにしてきましたが、次第に格差拡大や地球環境の悪化など、弊害も目立つようになってきました。資本主義はなぜこのような状況になったのでしょうか。少し振り返って考えてみましょう。

14世紀の欧州における貨幣の普及は、労働と報酬の価値の交換により、農奴解放の一因となりました。そして14世紀半ばのペスト蔓延により、欧州では人口の3割に相当する膨大な死者が出たことから、労働力不足が発生し、実質賃金が上昇しました。ペストは人類の歴史を大きく変えたパンデミックの一つでした。

労働者や農民はより有利な働き場所を求めて移動を始めましたが、これを抑圧しようとする領主との間で紛争が多発しました。最終的には、労働者や農民の力が強くなり、荘園制、封建制度が崩壊しました。他方、労働者不足は、印刷機などの労働節約的な技術革新につながりました。また労働力不足に対応するために、領主は農業の経営形態を変更し、人手を節約できる牧羊を進め、農地を囲い込み、農民を追い出しました。この結果、農民や労働者が都市に集まり、ロンドンのような近代都市が生まれたのです。

さらに、ペストになすすべもなかった教会への失望は「宗教革命」につながり、人々は信仰より科学へ期待を向けていきます。科学への関心は「ルネサンス」につながりました。そして社会の権威は、教会から王権に移り、国民国家が勃興するようになります。

その後、国民国家のもとで力をつけた商人や貴族が王権を制限するようになり、市民革命を起こして絶対王制を倒し、近代国家の樹立につながりました。また、貿易を活発にするために、商人たちは組織の規模を拡大、資本を集めて株式会社を作り、次第に資本家が成長していきます。

近代国家は、貿易と植民地政策で商圏を広げていきました。そして、貿易競争に勝つために、価格競争が生まれました。特に、労働コストを節約するために、様々な新技術が実用化されました。こうした技術を活用して、資本家は近代的な工場を建設しました。このようにして19世紀前半に産業革命が起き、初期資本主義経済が成立します。産業革命については、第10章の清家論文でも触れることになります。

産業革命の初期には、熟練工に代わり、新しい機械を使って工場で働くようになった女性や児童の劣悪な労働条件や、貧富の格差が大きな社会問題となりました。こうした初期資本主義経済の問題を克服するために、労働時間を規制する工場法などが導入されるなど、様々な社会政策によって初期資本主義経済の矛盾は修正されていきました。また、資本主義を克服するという経済思想や共産主義思想も多くの支持を集め、のちのソ連や中華人民共和国建国の理論的支柱になりました。

この一方で、産業革命や資本主義によってもたらされた新しい技術は、生活水準の向上、生活環境の改善に貢献しました。例えば、19世紀半ばより、子どもの死亡率は急激に改善し、人類の寿命は急速に延びました。産業革命以降、1840年から2000年の160年間で、先進国の平均寿命は40代半ばから80代半ばへと約40年も延びました。なんと4年で1歳の寿命が延びたわけです。それ以前では、人類の寿命は3世紀から1500年近く、ほとんど延びなかったことを考えると、産業革命と資本主義が人類の生活の質をいかに高めたかを示しています。また「食料生産の不足により人類の数は増えることができない」という「マルサスの罠[※2]」を産業革命という技術進歩が打ち破り、人類の数は急速に増えました。

しかし、資本主義経済は、富の偏在、所得格差を拡大させ、何度も大不況を引き起こし、人々の生活を不安定にしました。富・所得の偏在は国内需要を抑制したので、列強は植民地進出を進め、ブロック経済を形成していきました。その国際的な対立が2度の世界大戦を引き起こすことになります。

第二次世界大戦後は、所得や富の偏在が戦争につながったことを反省し、累進課税、再分配で格差を縮小し、社会保障を整備する「福祉国家」、「大きな政府」が先進国に定着しました。戦後復興の好景気もあり、中間層が拡大し、社会経済、政治は安定するようになりました。また、資本主義の暴走が大戦の遠因になったことを反省し、独占企業や金融への規制を強化し、所得格差の拡大を抑制しました。

しかし、1973年以後の2度のオイルショックを契機に、インフレと失業の同時進行という「スタグフレーション」が発生し、先進国の成長率が低下すると、「大きな政府」の弊害が指摘されるようになりました。1970年後半から福祉国家、累進課税の見直しが進められ、規制緩和が急激に進められた結果、「小さな政府」が先進国に広がりました。

※2　18世紀の経済学者マルサスは食料不足が人口の増加を抑制すると主張した。

資本主義の限界と見直し

1980年代に入ると、徹底した規制緩和を進めた先進国は、グローバル化や情報技術の活用により、安定した経済成長を確保しました。他方で、資本主義経済の競争相手であった社会主義経済は、情報化に対応できず、加えて計画経済の弊害により経済状況は沈滞しました。90年代に入ると、社会主義をリードしてきたソ連の崩壊に加え、共産主義の中国も実質的な市場経済を導入し、世界の経済は資本主義が支配するようになりました。このとき、複数の政治・経済思想が競争する時代は終わったかのように見えました。つまり、民主主義・自由経済が勝ち残り、社会主義・共産主義は政治経済体制の選択肢ではなくなったのです。しかし、ソ連の崩壊とほぼ時を同じくして、多くの先進国はバブル崩壊を経験し、その後の金融システム改革、財政再建を余儀なくされました。

その後、グローバル化が進み、先進国は労働力の安い新興国に生産拠点を移転し、大量生産・大量消費を通じて経済成長は世界に広まりました。それまではＯＤＡ（政府開発援助）に依存していた新興国は、外国資本の流入により、製造業の工場や観光・商業施設の建設などで近代化が進みました。特に、ＢＲＩＣｓ（ブラジル・ロシア・インド・中国）が世界の工場として急成長しました。豊かになった新興国は、生産者と消費者の役割を同時に果たすようになっていきました。グローバル化は、途上国の経済成長を高め、世界の極貧者数を減少させたという点では、人類の進歩につながりました。

しかし、規制緩和、情報化、グローバル化とともに、投資家が目先の短期利益を追求する「株主資本主義」が勢いを得たことにより、制御を失った資本主義の弊害が目立つようになります。デリバティブ取引に見られる時間差や、インターネット空間を利用して利益をあげるといった金融資本が、国境をまたいで実体経済の何倍ものお金を動かし、マネー資本主義を加速させるようになりました。

金融資本の暴走は、ついには２００８年にリーマンショックという世界金融危機を引き起こしました。その後も、規制緩和、グローバル化、技術革新は、中間層を衰退させ、富の集中と所得格差を拡大させました。その状況は第一次世界大戦時と同じ水準までに達するようになっています。格差の拡大は、社会の不満を引き起こし、政治的に不安定な要素になっています。さらに前述したように、地球温暖化が危機的な水準になりつつあります。

企業活動に影響を与える金融――サスティナブルファイナンス

乳幼児死亡率の低下に加えて中高年の寿命の伸長などで、世界の人口は過去50年間で76億人へ倍増しました。この急激な人口増加による消費爆発は、資源・エネルギー消費、環境破壊、地球温暖化につながりました。資本主義経済では、GDPによって測定される経済成長が最重視されます。市場取引のみが評価されるGDPには、格差の拡大や地球温暖化による弊害は考慮されません。他方で、地球環境は様々な部分で限界を迎えつつあることは、多くの科学者から「地球の限界」として指摘されるようになり、持続可能な発展、SDGsの推進が強く意識されるようになりました。

こうした中で、2020年、世界経済は新型コロナの影響で大恐慌以来の大きなダメージを受けました。過去のパンデミックに対する経験を省みると、パンデミックを克服するためには、強力な公衆衛生政策が必要です。そして、公衆衛生政策には強い政府が不可欠です。同様に温暖化対策を強力に推進するためには、各国政府の連携した取り組みが重要になります。21世紀、世界は再び大きな政府の時代に向かう可能性もあります。

図表7-1　コーポレートガバナンス・コードとスチュワードシップ・コード（2020年改訂版）

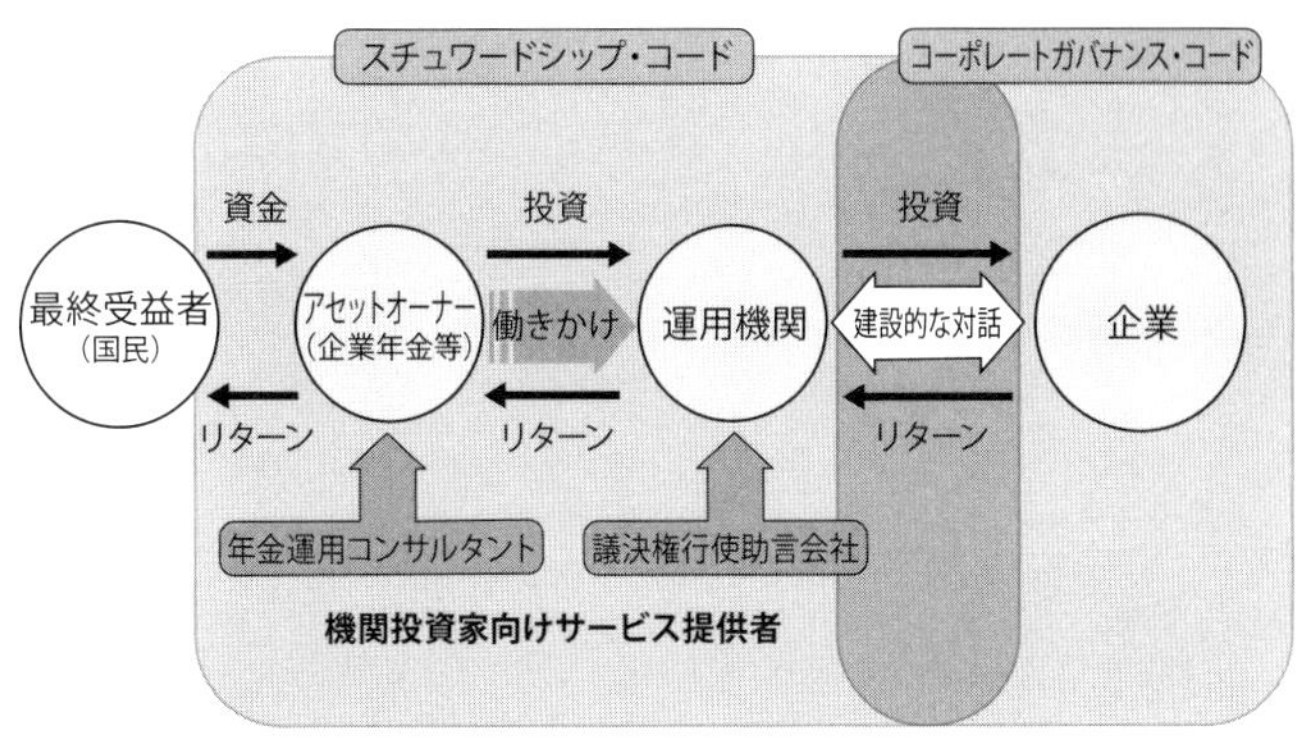

出所：金融庁広報誌FSA201号（2020年5月）より筆者作成
（https://www.fsa.go.jp/access/31/201.pdf）

資本主義経済では、金融が大きな役割を果たします。なぜなら、金融システムが企業の行動を大きく変えるからです。金融システムを使えば、企業が地球環境を重視するように行動を変え、持続可能性の発展に貢献するように誘導することができるのです。

金融システムで重要な役割を果たす、資金の出し手の機関を「アセットオーナー」と呼びます（**図表7−1**）。通常、アセットオーナーとは資産の保有者となる組織を指し、受託者責任に基づいて、インハウス運用（アセットオーナー自身で運用する）あるいは運用者に運用を委託する役割を果たします。例えば、資産運用を業務として行う年金基金、生命保険会社、損害保険会社、公的年金基金といった機関投資家がアセットオーナーとして挙げられます。

アセットオーナーの資産は、運用機関（投資信託会社、投資顧問会社、信託銀行などの機関投資家）を介して企業に届き、企業はそのお金で設備投資などをします。その結果、利益があがって再びアセットオーナーに資産が戻っていくことを「インベストメントチェーン」といいます。

ただし、アセットオーナーはあくまでも資産「保有」者であり、資産「所有」者ではありません。アセットオーナーへの資金提供者として、**図表7-1**で見るように「最終受益者」がいるのです。その「最終受益者」とは、保険を購入したり、企業年金や公的年金に加入したりしている「国民」すなわち皆さんです。したがって、公的年金加入者も企業年金加入者も、皆さん「真の資産所有者」（オーナーシップ）であり、最終受益者として自分たちの預けたお金、保険料がどのような企業に投資されているかを知っておく必要があるのです。

機関投資家などが株主として企業行動に影響を与えるルートは、次のようになります。まず株主になるということは、企業の所有者になることを意味します。企業の所有者である株主は、最高意思決定機関である株主総会における議決権行使や株主提案を通じて、経営方針を決めます。議決権個数は所有株式数に比例するので、機関投資家や大株主の事業会社が企業経営に強い影響力を持っています。

ただし、現実には多くの会社の実質的な事業の執行と監査は、取締役会と監査等委員会などが行っています。[※3] 日々経営を担っている経営陣が、株主より多くの情報を持っているのは当然です。株主と経営陣の間にも、経営に関する「情報の非対称性」があるわけです。また、取締役会や監査等委員会などの役割は国によって異なりますが、米英では取締役の大半が社外取締役であり、ドイツでは監査役会に株主代表が参加するなど中立性が確保されています。一方、日本では社外取締役は形式的な人数合わせに留まっている企業も多く、経営者に有利な体制になりがちです。

こうした経営者に有利な状況を変えようという動きがあります。積極的に影響を与えようとする投資家はアクティビスト、かつてはいわゆるハゲタカファンドと呼ばれることもありました。２０００年代に話題となった村上ファンドなどは、内部留保の多い企業への増配・自社株消却による株主還元や非効率事業の売却提案を迫るハゲタカ型で、経営者と敵対的な関係にありました。２０１５年以降のアクティビストは、水面下で経営者と改革中心の合意形成を図る対話型も増え、ガバナンス面では企業価値の向上にプラスの面もあります。ただし、対話による交渉が決裂すると株主提案などの強硬策に出る場合も多く、経営陣の交渉力が試されます。なお、アクティビストの提案が受け入れられる成功率は、世界平均36％に対して日本は18％と低く、建設的な対話が行われているとは言いがたい状況です。[※4]

日本では、伝統的に株主と企業の関係は安定しているケースが多いですが、機関投資家は経営陣である取締役会との間の「対話」（エンゲージメント）を通じて、企業経営に影響を与えることができます。機関投資家や運用担当者は株主総会以外の日常の場でも、経営者との面談を通じて、事業戦略や社内体制等について、建設的な目的を持った意見交換を行います。経営者にとっても機関投資家の運用方針やグローバルなトレンドを知ることができるので、双方にメリットがあります。

公的年金の積立金を管理・運用するＧＰＩＦ（年金積立金管理運用独立行政法人）は運用の多くを外部運用機関へ委託しており、近年では委託先の選定にあたっても企業との「対話」を判断基準に入れています。

また、機関投資家は不採算事業からの撤退要求だけでなく、株式や社債の売却を通じて、企業行動に影響を与えます。後述するように、近年はＳＤＧｓ、地球環境に対する意識の高まりから、化石燃料を使用する企業の株式売却や、あるいは投資撤退（ダイベストメント）も増えています。世界では１１００団体が化石燃料使用企業からの投資撤退（運用資産１３００兆円）を表明しており、例えばノルウェー等の年金基金は、石炭火力の依存度が高い電力会社への投資を止めています。

一方、日本は東日本大震災後の原子力発電所の稼働停止の影響から、石炭火力発電所の新設が増え、ＣＯＰ25（国連気候変動枠組条約第25回締約国会議）では不名誉な化石賞を受賞しました。しかし機関投資家からの圧力もあり、日本のメガバンクも２０２０年に石炭火力発電所の新設事業からの融資撤退を表明しています。

※3　会社が設置する機関ごとに異なる。監査役設置会社は監査役会が、監査等委員会設置会社は監査等委員会が、指名委員会等設置会社は監査委員会が監査を行っている。

※4　日本シェアホルダーサービス（２０２０）「Activist Insight」より。

急速に進むコーポレートガバナンス改革

企業経営を管理監督する仕組みを「コーポレート（企業）ガバナンス」といいます。現在、運用者（機関）が企業と対話し、企業に透明・公正かつ迅速・果敢な意思決定を行い、中長期的な成長と価値の向上を促すための企業ガバナンスの改革が進められています（**図表7－1**）。その改革は、企業の「コーポレートガバナンス・コード改革」と、アセットオーナーと機関投資家の間の関係を見直す「スチュワードシップ・コード改革」が両輪になっています。スチュワードシップ・コード（以下、ＳＣ）とコーポレートガバナンス・コード（以下、ＣＧＣ）を合わせて「Ｗコード」と呼ばれます。コードとは「ガイドライン（解釈指針）」です。

まず、CGC改革を見てみましょう。CGCとは、上場企業の経営規範である企業統治指針を指します。日本では、2015年に金融庁と東京証券取引所によって制定されました。日本版CGCは、5つの基本原則（株主の権利・平等性の確保、ステークホルダーとの適切な協働、適切な情報開示と透明性の確保、取締役会の責務、株主との対話）をベースに全78原則で構成されています。CGCは「ハードロー」といわれる法規制ではなく、企業がCGCを実施するかどうか、自由に判断することになっており、「原則を実施するか、しない場合には理由を説明せよ」という「ソフトロー」の手法が取り入れられています。

2018年には実効性を高めるため、資本コストの把握と事業の選択と集中、経営陣の後継者指名の客観性、役員報酬の業績連動、独立社外取締役の活用、政策保有株式の方針、アセットオーナーとの対話など、具体的な項目がCGCに追加されました。2019年にはこれらを実施している上場企業は90％以上となり、CGCは着実に日本にも浸透してきています。[※5]

なお、CGCは2021年に改訂が予定されており、事業ポートフォリオ戦略、グループガバナンスの強化、監査の信頼性、社外取締役の質の向上が論点となっています。

次に、SC改革を見てみましょう。SCとは、「他人から預かった資産を、責任を持って管理運用する受託者責任」を意味します。受託者責任は「アセットオーナーと運用機関」、「最終受益者とアセットオーナー」、「運用機関と最終受益者」の間で発生します。

SCは金融庁の自主規制で、英国を手本に2014年に導入されました。SCは機関投資家が投資先企業との建設的な対話を通じて中長期的な成長を促し、顧客・受益者の長期的リターンの責任を果たすための諸原則です。

2017年の改訂では、アセットオーナーによる実効性の高いチェック、運用機関との利益相反防止、議決権行使結果の個別公表、議決権行使助言会社のガバナンス体制強化などが明記されました。

2020年の改訂では、気候変動を含むESG（環境・社会・ガバナンス要素に着目した投資）を考慮する項目が追加され、株主だけでなく企業を取り巻くステークホルダーも重視するようになりました。

図表7－1（259ページ）で見るようにCGCとSCからなる「Wコード」は、企業価値の向上と投資リターンを通じた国民の資産形成を目指したものです。大株主である機関投資家は投資リターンを求め、最終受益者（年金加入者、投資信託の保有者、保険契約者等）の利益を確保する必要があります。受託者は委託者だけでなく、受益者の利益に反する取引を行わず、受益者のためだけに職務を追求する忠実義務と、専門家としての能力に見合った善良な管理者の注意義務を果たさなくてはなりません。こうした「他者の信認に応えるべく、一定の任務を遂行する者が負うべき幅広い役割・責任」を総称して、受託者責任（フィデューシャリ

ー・デューティ、以下ＦＤ）といい、金融機関に強く求められています。

このように金融市場では、最終受益者の役割、意向が最も優先されるように改革が進んでいるのです。

※5 東京証券取引所（２０１９）「改訂コーポレートガバナンス・コードへの対応状況」より。

ステークホルダー資本主義への動きと日本のガバナンスのガラパゴス化

サスティナブルファイナンスの動きは資本主義の変化を示したものといえますが、資本主義を改革するもう一つの方法として、株主資本主義の修正があります。２００６年に経営学者のマイケル・ポーターが、ＣＳＶ（Creating Shared Value：共創価値）によるビジネスとして、社会課題の解決の重要性を提唱しました。これは、ミルトン・フリードマン[※6]が提唱していた「企業の社会的責任とは、株主のために本業で利益を提供することであり、それ以外の活動で責任を引き受けることは自由社会の基盤を崩す」という、経済界にそれまで支配的だった見解を根底から転じさせる影響を持つものとなりました。

そして２００８年に発生したリーマンショックは、金融システムに大きな教訓を残しました。滅多に起こらないリスク、すなわち「ブラックスワン[※7]」や社会的信頼の回復を、経営者が強く意識したことも持続可能な経営への転機となりました。

加えてＳＤＧｓへの動き、サスティナブルファイナンスの動きを受けて、欧米企業は短期利益重視の株主資本主義の方向を転換し、消費者、労働者、社会など多方面のステークホルダーも重視するようになり、企業の社会的責任、持続可能な社会にも貢献するステークホルダー資本主義に舵を切りつつあります。

英国では、ＣＧＣが改正され、従業員の声を経営に取り入れること、役員報酬の透明性の向上などが求められることになりました。米国でも、大企業のＣＥＯらが所属する団体「ビジネス・ラウンドテーブル」で、「株主至上主義」を見直し、幅広いステークホルダーを重視する方針を表明しています。

フランスでは２０１９年の法改正により「使命を果たす会社（Entreprise a Mission）」という新しい会社形態が認められ、利益以外の社会や環境改善の目標達成に企業が責任を負うことが可能になりました。これにより、社会貢献を目標にする企業が法律的にも認められました。フランスの「使命を果たす会社」は、米国のベネフィット・コーポレーションやイタリアのソシエタベネフィットを参考にしたものとされます。米国のベネフィット・コーポレーションは、２０１０年にメリーランド州で法制化されて以来、米国の各州に制度が拡大しています。今では、経済的利益だけではなく、公益、価値の創造、社会と環境・幅広いステークホルダーへの配慮が求められ、これを達成しない場合は、株主が経営陣を訴えることが可能になりました。こうした社会に貢献する企業を後押しする経営学、会計学の研究も進みつつあります。[※8]

日本も伝統的には企業、顧客、社会への貢献を目指す経営哲学である経営「三方良し」などの精神があり、また多様なステークホルダーへ配慮をした日本型経営モデルが評価された時代もありました。

ところが、バブル崩壊の中で、こうした従来型の日本型経営モデルが時代遅れと批判されたことから、日本では次第に短期志向な株主至上主義を追求するという、世界の動向に逆走する皮肉な現象が起こりました。つまり、世界的にはステークホルダー資本主義に向かいつつあるのに、日本は周回遅れで株主資本主義に向かっている状況になっています。

２００６年の四半期決算義務化以降、企業は短期的な利益を追求する傾向が強くなりました。この動きを加速させたのが、２０１４年の日本再興戦略における「伊藤レポート」でした。このレポートは日本企業のＲＯＥ（自己資本利益率）の低さを指摘しました。このレポートそのものは、日本の企業は最終損益額ばかりに注目し、また経営陣が株主利益を軽視していることを指摘したもので、経営陣と株主との対話・エンゲージメントを提案しています。しかし、このレポートが指摘したＲＯＥの改善部分ばかりが注目された結果、本業の営業利益を伸ばす経営戦略が必要なのに、短期的にＲＯＥを改善できる経費削減と自社株買いに依存する、短期志向の株主至上主義に向かうことになってしまいました。機関投資家や議決権行使助言会社も議決権行使ガイドライン上の取締役選任の業績基準にＲＯＥを採用するケースが多く、基準が満たせないと反対票が投じられるので、企業経営者もＲＯＥを重視しないわけにはいかなかったのです。

そもそも最近の日本のＧＤＰ成長率がたかだか1％なので、ＲＯＥ８％を達成するためには、利益率を上げるための構造改革が必要です。しかしながら、設備投資やイノベーションを起こす研究開発の中長期目線の前向き施策を導入する企業は少なかったのです。

その後、２０１７年に伊藤レポート２・０（「持続的成長に向けた長期投資［ＥＳＧ・無形資産投資］研究会」報告書）が公表され、ＥＳＧ無形資産に対する戦略投資の重要性、企業と投資家間での長期リスク要因のコンセンサスの確認、低いＰＢＲ（株価純資産倍率）が指摘されました。ＰＢＲが低いということは、日本の企業は多くの資産を持っているにもかかわらず、投資家がそれを有効活用できていないということを意味します。このため研究会では、企業と投資家が対話するための「ガイダンス」（価値協創ガイダンス）を提案しました。

※6　１９７６年にノーベル経済学賞を受賞し、「小さな政府」を主導した。
※7　確率論や常識からは予測できない極端な衝撃の大きい事象が起こること。

※8　オックスフォード大学、カリフォルニア大学バークレー校などでは、人類と地球のニーズを最も重視する組織を作るための目的主導型イニシアティブ（EPI：Enacting Purpose Initiative）を進めている（https://www.enactingpurpose.org/）。またハーバード大学のレベッカ・ヘンダーソンの目的主導型企業（purpose-driven firms）というアイディアもこれに近い考え方であろう。
　ハーバード大学ビジネススクールでは、資本主義を再考し、より包括的で持続可能な資本主義を目指し、環境問題、所得と富の格差の拡大などを評価し、新しい価値の創造と分配システムの問題を把握するために、インパクト会計プロジェクト（Impact-Weighted Accounts Project）が進められている。企業が社会に与える様々なインパクトを定量化し透明性のある形で財務諸表に落とし込むことで、投資家等の意思決定に役立ててもらうものである（https://www.hbs.edu/impact-weighted-accounts/Pages/default.aspx）。

本格化するサステイナブルファイナンス――高まるＳＤＧｓの重要性

２０００年に国連サミットで採択されたＭＤＧｓ（Millennium Development Goals：ミレニアム開発目標）は、新興国の問題を中心に２０１５年までに達成する8目標21のターゲットについて、国連の専門家中心に策定されました。世界の極度の貧困者（1日1・25ドル以下で生活する人）は１９９０年には47%を占めていましたが、２０１５年に14%まで減少、初等教育の就学率は２０００年の83%から２０１５年には91%まで向上しました。感染症も減少するなど一定の効果をあげました。[※9]

ＭＤＧｓの後継として、２０１５年に国連は「誰ひとり取り残さない」という共通理念を掲げたＳＤＧｓ（Sustainable Development Goals「我々が世界を変革する：持続的な開発のための２０３０アジェンダ」）を採択しました。ＳＤＧｓは２０３０年までに達成する17目標１６９ターゲットを掲げています。

ＳＤＧｓの17の目標は人間（People）、繁栄（Prosperity）、平和（Peace）、地球（Planet）、パートナーシップ（Partnership）の５つのＰで分類されます。

人間（People）は、①貧困をなくそう、②飢餓をゼロに、③すべての人に健康と福祉を、④質の高い教育をみんなに、⑤ジェンダー平等を実現しよう、⑥安全な水とトイレを世界中に、繁栄（Prosperity）は、⑦エネルギーをみんなにそしてクリーンに、⑧働きがいも経済成長も、⑨産業と技術革新の基盤をつくろう、⑩人や国の不平等をなくそう、⑪住み続けられるまちづくりを、平和（Peace）は、⑯平和と公正をすべての人に、地球（Planet）は、⑫つくる責任、つかう責任、⑬気候変動に具体的な対策を、⑭海の豊かさを守ろう、⑮陸の豊かさも守ろう、パートナーシップ（Partnership）は⑰パートナーシップで目標を達成しよう、となっています。

地球環境の面からもＳＤＧｓが重要であるということは、科学者から示されています。「地球の限界（プラネタリー・バウンダリー）」と呼ばれる議論です。「地球の限界」とは、安定し

図表 7-2　SDGsのウェディングケーキモデル

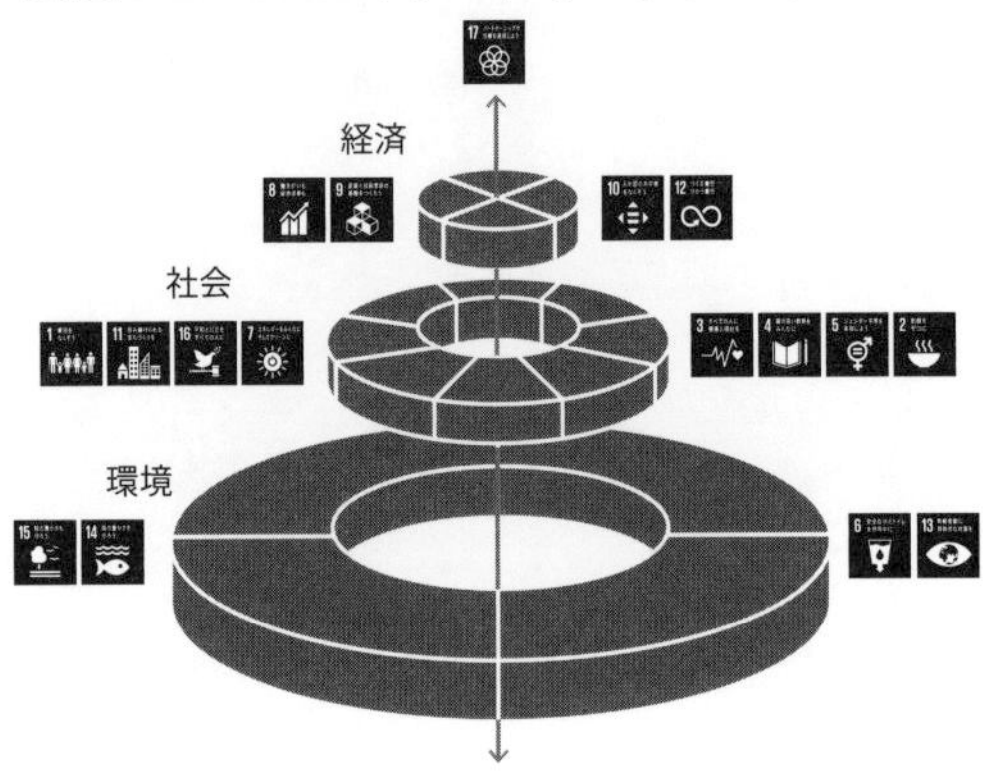

出所：Stockholm Resilience Centreより一部改変
（https://www.stockholmresilience.org/research/research-news/2016-06-14-how-food-connects-all-the-sdgs.html）

た地球で人類が安全に活動できる範囲を科学的に定義し、定量化したもので、9項目のプラネタリー・バウンダリーを提唱し、特に、地球資源の過剰開発に対する回復不可能な変化のうち、生物種の絶滅、リン・窒素の排出量、気候変動、土地開発は高リスク領域であり、早期のゴール達成が求められています。

ストックホルム・レジリエンス・センターのヨハン・ロックストローム所長は「地球の限界」の概念をもとにSDGsを推進すべきと主張しています。「地球の限界」を踏まえるとSDGsの17目標は3層からなるウェディングケーキモデル（**図表7‐2**）に表現されます。3層目の土台は環境（水、気候、海洋、森林の4個）、2層目の社会（貧困、飢餓、健康・福祉、教育、ジェンダー平等、クリーンエネルギー、都市・居住、平和の8個）、1層目の経済（雇用、インフラ、格差、生産消費、グローバルパートナーシップの5個）で構成され、各目標は密接に関連しています。一つの目標を達成するためには、他の関連する目標にも取り組む必要があり、局所でなく全体に対処する東洋医学的なアプローチが必要となります。

国連が2018年に発表したSDGsの進捗状況は、17目標にバラツキはあるものの、着実に進展しています。元々の目標設定が「誰ひとり取り残さない」という高い理念なので、難易度は極めて高いにもかかわらず、1日1・9ドル未満で家族と暮らす労働者の割合は、2000年の27％から2017年には9％と激減し、電力使用者も同78％から87％へ増加[※10]しているように、新興国の貧困とインフラ整備は改善しています。

SDGsが注目を浴び、成果をあげているのは、経済効果が極めて大きいからです。エネルギー関連（260兆円）、IT活用型新交通整備（210兆円）、遠隔・バイオ新医療（190兆円）をはじめ、低価格住宅、循環型工場、ヘルシーライフ、食品ロス、農業、森林、都市インフラなど合計1300兆円の経済効果が試算されています。[※11]特筆すべきは3・8億人分の雇用創出が試算されていることです。食料・農林漁業、都市開発、エネルギー素材、健康・福祉等の裾野の広いビジネス機会があり、企業が本業として取り組む価値があります。まさに企業の本業と社会貢献が両立する目標設定の合理的なシステムといえるでしょう。

※9　独立行政法人国際協力機構（２０１５）「ＭＤＧｓ報告２０１５概要」より。
※10　Steffen, W. et al.（2015）「Planetary Boundaries」
※11　持続可能な開発ソリューション・ネットワーク（２０２０）「Sustainable Development Report 2020」より。

パリ協定を巡って

このようにＳＤＧｓは一見順調に進んできたようにも見えますが、地球温暖化や気候変動への対策は決して順調ではありません。特に国民を貧困から脱却させたいという希望を持つ新興国はより高い経済成長を求めているため、先進国中心の温暖化対策には不満を持っています。新興国の生産力と消費力の増強により、原油、天然ガス、鉄鉱石、銅、レアメタルの発掘は急ピッチで進み、資源価格も高騰しました。この結果、陸海の発掘競争は加速しました。さらに人口の多い新興国の大量消費により、産業廃棄物の投棄問題も深刻化しています。

また、２０００年代前半は地球温暖化に対する懐疑派も多く、米国は２００１年に温暖化防止の国際協定である京都議定書を脱退、さらに経済成長著しい新興国の賛同も得られず、温暖化対策は停滞したのです。

状況が大きく変わったのは、２０１５年にパリで開催されたＣＯＰ21において、京都議定書の後継にあたる「パリ協定」が採択されたことです。「産業革命以前と比較して気温上昇を2℃未満に抑えること、できれば1・5℃未満」が合意されました。これ以上の気温上昇が進むと地球環境は制御不能になるという危機感が示され、カーボンバジェット（炭素予算）といった温室効果ガス排出量の限界が注目されました。

しかし、先進国内でも足並みは揃いませんでした。2016年の米国大統領選挙では、化石燃料産業の労働者が多い州の支持を受けたトランプ氏が大統領に選出され、米国はパリ協定から脱退しました。化石燃料産業に勤める人々から見ると、地球温暖化対策は雇用を奪う可能性があるように見えたからです。なお、2021年1月には温暖化対策を重視するバイデン氏が大統領に選出され、パリ協定に復帰することを表明しました。

SDGs推進の手段としてのESG投資

SDGsの目標を達成するためには、円滑な資金調達・循環が必要であり、機関投資家の役割は重要です。2006年にできたPRI（Principals for Responsible Investment：国連責任投資原則）は、ESG投資の基本となる環境・社会・ガバナンスの投資判断、議決権行使方針、企業との対話など6つの原則からなります。[※12] PRIに署名した機関は当初50機関からスタートしましたが、2020年には3000機関が署名するまで浸透してきました。

２０１８年の機関投資家の運用資産に対するＥＳＧ投資の占める割合は、豪州63％、ＥＵ49％、米国26％、日本18％と年々増加しており、世界全体の投資額は３２００兆円となっています。[※13]

また、日本のＧＰＩＦ（年金積立金管理運用独立行政法人）もＥＳＧインデックスを採用して２０１９年には５・７兆円の投資をするとともに、公募した運用会社を通じて企業との対話を進めています。このように、ＥＳＧ投資はＳＤＧｓという目的を達成する上で、不可欠なものとなっています。以下、ＥＳＧの各領域の動向を見てみましょう。

※12　ESG投資については第6章も参照。
※13　GSIA（2019）「Global Sustainable Investment Review」より。

①　環境（Environment）

金融システムを見てみましょう。再生可能エネルギー（以下、再エネ）や森林再生などに使途を限定した債券のグリーンボンドは、発行総額が世界累計１００兆円、ＣＯ2削減を約束しないとお金を貸さない融資であるＳＬＬ（Sustainability Link Loan：サスティナビリティ・リンク・ローン）も融資総額が世界累計11兆円と伸びています。[※14]２００５年にスタートした排出権取引市場は、リーマンショック後に低迷はしたものの、欧州では着実に運営されています。また、エネルギー、通信、空港、港湾、鉄道、道路、水道などの公共性の高いインフラへはファンドを経由した投資も実施され、世界で55兆円と急成長しており、日本でも太陽光発電への投資が伸びています。

産業面では、２０１３年には英国のエレン・マッカーサー財団が設立したＣＥ１００（Circular Economy 100%）がスタートしました。これは、生産から消費・廃棄までのサーキュラーエコノミー（循環型経済）を推進するプラットフォームで、２０１９年には世界の大企業１１２社が参加しています。[※15]

２０１４年には国際環境ＮＧＯのクライメイト・グループが創設したＲＥ１００（Renewable Energy 100%）プロジェクトがスタートしました。これは、事業の使用電力を１００％再エネで調達することを目指す環境イニシアティブであり、２０２０年には世界の大企業２６３社が参加[※16]するなど、多国籍企業にとっては環境への取り組みは必要不可欠なものになっています。

※14　グリーンボンド発行促進プラットフォーム（２０２０）「グリーンボンド発行実績」より。
※15　エレン・マッカーサー財団（２０１９）「ＣＥ１００参加企業」より。
※16　環境省（２０２０）「ＲＥ１００について」より。

② 社会（Social）

社会テーマは、ＥＳＧ投資の中でも環境やガバナンスと比べて利益につながるイメージを持ちにくいため、芸術や音楽等の限られた分野への投資に限定されていました。しかしながら、ＳＤＧｓブームにより、貧困に対するマイクロファイナンス債、飢餓に対するアフリカ債、平等に対するジェンダー債などの世界規模のソーシャルボンドも登場しています。

企業経営でも社会は大事なテーマになっています。例えば、近年注目されているのは、従業員を大切にする経営です。「雇用満足：ＥＳ（Employee Satisfaction）なくして顧客満足：ＣＳ（Customer Satisfaction）なし」といわれるように、従業員の心身の安定は企業業績とリンクします。

少子高齢化が進む先進国では労働力不足もあり、経営資源の人材を大切にする経営が求められるようになりました。人を使い捨ての労働力から経営資源として捉え直し、採用・教育・適材適所の配置を効果的に行う経営戦略が注目されており、これをＨＲＭ（Human Resource Management）と呼んでいます。

ヘルスケア大手のジョンソン・エンド・ジョンソンのクレド（ラテン語で「信条」「志」「約束」）には、「社員と家族の幸福を尊重する」と明記され、社員の健康への投資リターンは３倍（１ドル投資に対して約３ドルのリターン）になるとの試算が出ています。日立製作所でも幸福度を測定するアプリ「ハピネスプラネット」を導入して、従業員の幸福度が上がると生産性が10％向上することを確認しています。このような健康経営は、企業の負担する医療費の軽減だけでなく、本業への効果も大きく注目されています。

最近は、新型コロナへの対応も重要になっています。新型コロナは経済社会へ打撃を与えたものの、プラス面ではスマートフォン、人工知能、ＩｏＴなどの普及が、人間の生活を良い方向へ変えるという概念である「デジタルトランスフォーメーション」（以下ＤＸ）を加速させました。それにより在宅勤務による働き方、遠隔医療などの社会変革に伴うビジネス機会を創出しました。

ＥＳＧの観点からも従業員やサプライヤーの安全・保護を最優先する動きも出てきました。１９９５年に英米の機関投資家が集まって設立された団体ＩＣＧＮ（International Corporate Governance Network）が作った、機関投資家の投資指針となるＩＣＧＮグローバル・ガバナンス原則には、非正規社員と女性の保護の考え方を取り入れました。また、医療体制の整備や運転資金確保を目的として、コロナ債が世界で35兆円発行されました。[※17]

※17　日経ＥＳＧ（２０２０）「急拡大するソーシャルボンド市場―コロナ債続々、生保が後押し」より。

③ ガバナンス（Governance）

企業が法令を守った上で利益をあげることは当然ですが、加えて、顧客、債権者、社会、株主といったステークホルダーとの良好な関係のもとに経営が執行されなくてはなりません。そして、経営の執行状況が公正な目で評価されるためには、ガバナンスの透明性が極めて重要です。馴れ合いにならないように、監視する人たちには社外取締役や社外監査役は不可欠です。また公表される財務指標だけでなく、経営理念、環境社会への取り組み姿勢、従業員への配慮など、非財務項目も重視されるようになりました。近年では、経営戦略、経営執行、監査のガバナンスが優れた企業は、株価パフォーマンスも良いので投資先として選定されやすくなっています。

このように、ESG投資は、サステイナブルファイナンスの軸として普及しつつあり、実際に投資収益も非ESG投資と比較してもすぐれたものであることが確認されつつあります。

欧州各国の中には、中央銀行がサステイナブルファイナンス推進の役割を果たす国も出てきました。実際に2019年11月にスウェーデン中央銀行は、オーストラリアの気候変動対策が不十分だと評価し、西オーストラリア（WA）州政府とクイーンズランド（QLD）州政府の地方債を売却しました。従来、中央銀行の役割は物価の安定、「物価の番人」でしたが、SDGs推進も役割の一つと考えるようになってきているのです。[※18]

また前述したように、スウェーデンやノルウェーの公的年金基金は化石燃料関連の企業からの投資引き上げ（ダイベストメント）など、より強力にＥＳＧ投資を進めています。このように中央銀行や公的年金基金のＥＳＧ投資、サスティナブルファイナンス推進の行動は、民間金融機関にも強いメッセージとなりました。最近では、世界最大の運用機関であるブラックロックも地球温暖化対策に力を入れることを表明し、化石燃料企業を選別する新しい投資商品を開発しました。

このようにサスティナブルファイナンス、ＥＳＧ投資は広がりつつありますが、課題もあります。それはＥＳＧ投資の評価を様々な機関が行っており、その評価機関ごとでバラツキがある点です。このことにより資産選択が大きく歪められ、非効率な投資につながるという専門家の指摘があります。今後はＥＳＧ投資の評価の質の向上が急がれます。

※18　中央銀行は、市場による資源配分に介入しないというのが従来の考え方であった。しかし、地球温暖化を市場メカニズムの失敗すなわち資本主義の失敗と捉えると、これを修正するために中央銀行が介入すべきであるという考えも出てきた。また格差拡大が、金融システム、金融政策の機能を歪めるという見方も強まり、中央銀行が金融緩和などといった金融政策を使って、失業率を下げ、所得再分配を強化するという考えもアメリカでは出てきている。このように中央銀行が積極的にＥＳＧに関わるというのが新しい考え方である。

SDGsを巡る日本の状況と課題

① 日本のSDGsの達成度

2020年のSDGs達成度ランキング[※19]によると、上位の欧州でも未達ゴールは散見されます。特に、気候変動、海・陸の資源保護については、世界各国の協力が不可欠な課題です。日本は教育、産業の基盤、平和と公正の3項目を達成し、総合力17位と健闘していますが、ジェンダー平等、気候変動、グローバルパートナーシップ、海洋の持続可能性、陸上の持続可能性の5項目が未達でした。

ジェンダー平等については、女性政治家、経営者、管理職が極端に少なく、2020年のグローバル・ジェンダー・ギャップ指数でも153カ国中121位でした[※20]。少子高齢化による労働力の不足はすでに顕在化しており、専業主婦の職場復帰を含めた女性の雇用拡大は不可欠であり、女性管理職・リーダー層の育成が重要です。そのためには、保育所等の拡充による待機児童の解消、男性の育児休暇の取得率の向上、非正規雇用の処遇面の改善など、課題は多く残されています。

気候変動については、再エネ比率が2019年時点で16・9%[※21]と低いことが課題となっています。国内資源が少なく加工貿易型の高度成長をしてきた日本は、大気汚染などの公害問題には早くから着手し、改善できていますが、その一方でプラスチックゴミ、使い捨てグッズや食料廃棄物の削減が課題となっています。

海洋・陸上の持続可能性については、水産資源の乱獲、輸入に伴う地上・淡水の生物多様性への脅威が具体的な課題として指摘されています。対応として、水産物を購入する際、ＭＳＣ認証・ＡＳＣ認証（持続可能な漁業・養殖で獲られた水産物）のラベルがあるサステイナブル・シーフードを選択するなど、身近な取り組みが考えられます。

※19　持続可能な開発ソリューション・ネットワーク（２０２０）「Sustainable Development Report 2020」より。

※20　世界経済フォーラム（２０２０）「ジェンダー・ギャップ指数２０２０」より。

※21　経済産業省（２０２０）「令和元年度（２０１９年度）エネルギー需給実績」より。

② ＳＤＧｓとサステイナブルファイナンスへの取り組み姿勢

若い世代の間では地球環境問題を「我が事」と思う人が増えています。例えば、２０１７年の世界経済フォーラム（ＷＥＦ）が行った世界１８６カ国のミレニアル世代、約３万１０００人に対する意識調査（Global Shapers Survey 2017）では、「世界に大きな影響を及ぼす深刻な問題」として最も多かった回答が「気候変動」で48・８％でした。特に若い世代にとって大きな問題と理解されています。

しかし、日本ではＣＳＲ（企業の社会的責任[※22]）とＳＤＧｓあるいはＥＳＧ投資への取り組みの違いを理解していない企業、経営者がまだまだ存在します。企業の社会的責任であるＣＳＲと持続可能な社会への貢献を通じて企業価値を高めるＥＳＧ投資との区別ができていない人も多くいます。

スウェーデンの環境活動家のグレタ・トゥーンベリさんは、持続可能な社会への取り組みに本気を出さない企業や大人に対して、「自分たちの家が燃えているのに何をしているの」と厳しく批判しましたが、そのとおりです。自分の家の火を消すことを「社会的責任」と思う人はいないでしょう。21世紀の長寿の時代を生きる若い世代は、ＳＤＧｓを「我が事」と思っており、企業や社会のＳＤＧｓの取り組みには厳しい目を持っています。

他方で、中高年世代や当面の企業収益、価値に関心がある経営者の中にはＳＤＧｓに真剣に取り組んでいないケースが見られます。「ＳＤＧｓはＣＳＲの新形態だろう」、「ＥＳＧは我が社の商品開発や販売部門には関係ない、財務部門の話だろう」という経営者もまだ多くいます。

そこには日本企業の独自の問題もあります。ＣＳＲについても、利益を生まない寄付の要素が多い活動と捉えている経営者がまだ多数です。１９９０年に経団連が行った利益の１％を社会貢献活動に寄付する1％クラブも、本業と社会貢献は別物との発想でした。自然保護団体や芸術財団への寄付や社員派遣も社会貢献の義務感、「やらされ感」「お付き合い感」が強く、人権や環境保護と利益は相反するものという硬直的な思考に陥りがちです。

他方、欧米ではCSRでもESGでも、本業の延長線上の発想で取り組んでいます。ESG活動に関する統合報告書でも、ステークホルダーとの良好な関係を通じた長期の価値創造という説明がなされています。一方、日本企業の統合報告書[※23]は、将来の企業価値に結びつく非財務情報が少なく、抽象的かつ総花的なものがほとんどです。

世代や立場（政治家、投資家、経営者）による時間的な視野の違いから出る危機感のギャップを、イングランド銀行元総裁のマーク・カーニー氏は「ホライズン（時間的視野）の悲劇」と表現しています。日本では、高齢化が進んでいるため、「ホライズンの悲劇」がより深刻になる可能性もあります。2019年時点で世界全体の人口に占める40歳未満の割合は63％です。これに対し、日本は少子化が進んでおり、団塊世代や団塊ジュニア世代が人口に占める割合が高く、40歳未満が人口に占める割合は2019年時点で38％に過ぎません。つまり40歳未満の声のインパクトが世界と日本では大きく異なるわけです。世界中で若い世代の声に推されてSDGsが進んでいき、それが金融や産業に反映されていくという動きに、日本はついて行けなくなる可能性もあります。

※22　CSRとともに企業に対する投資においては、反社会的な企業を排除したSRI（社会的責任投資）ファンドも注目された。しかしながら、SRIファンドは平均的なインデックスよりも利回りが必ずしも良くなく、投資家の人気は出なかったのである。そのため、年金基金からはリターン以外の社会的便益も目的とするのは、受益者のためにならないという意見もあった。

※23　企業の知的資産（定性的データ）と財務データ（定量的データ）など企業の経営ビジョンをまとめた報告書。

日本経済の課題

今後、SDGsの動きを加速するために解決しなければいけない2つの課題を示したいと思います。

①　経済の生態系の再構築

日本は技術開発に優れていますが、業態を超えた産官学の連携は苦手です。過去にも、世界シェアトップだったカーナビ、液晶パネル、リチウム電池などは国内消耗戦を繰り返した結果、韓国・台湾に抜かれ高シェアを失ってしまいました。国内消耗戦を回避して、国際競争に勝てるよう官民一体となった連携をしている韓国やフランスとは対照的です。

企業内でも事業部制の縦割り、学界や行政も縦割りという「サイロ化（視野狭窄・セクショナリズム）」が、ＤＸやダイバーシティの進展を妨げています。

古き業界慣習を捨て、異業種や産官学が一体となった連携を進め、基盤を共通化するオープン戦略と自社の競争優位性を確保するクローズ戦略の使い分けが求められるでしょう。経済の生態系の再構築が必要なのです。

② 迷走するエネルギー政策

地球温暖化対応への日本のアキレス腱は、エネルギーの安定確保にあります。ＣＯ２を排出しない原子力発電所（以下、原発）は、福島の事故以降、国民感情からも新設は困難になっています。２０１２年の原子炉等規制法改正により、原発の運転期間は最大60年と制限されたため、新設がないと２０７０年にはゼロとなります。したがって、ＳＤＧｓのゴール達成にはＣＯ２を排出しない再エネへのシフトは必須です。

しかしながら、経済産業省の資源エネルギー庁は、２０３０年の電源構成に原発20～22％、再エネ22～24％、火力56％（うち石炭26％）となる見通しを２０１８年の第5次エネルギー基本計画で公表しています。これはＳＤＧｓのゴールとは矛盾します。

太陽光発電所の新設においても、送電線の系統連系の制約、固定価格買取制度の改正などブレーキをかける規制も多いのです。また、２０２０年には電力広域的運営推進機関が従来の電

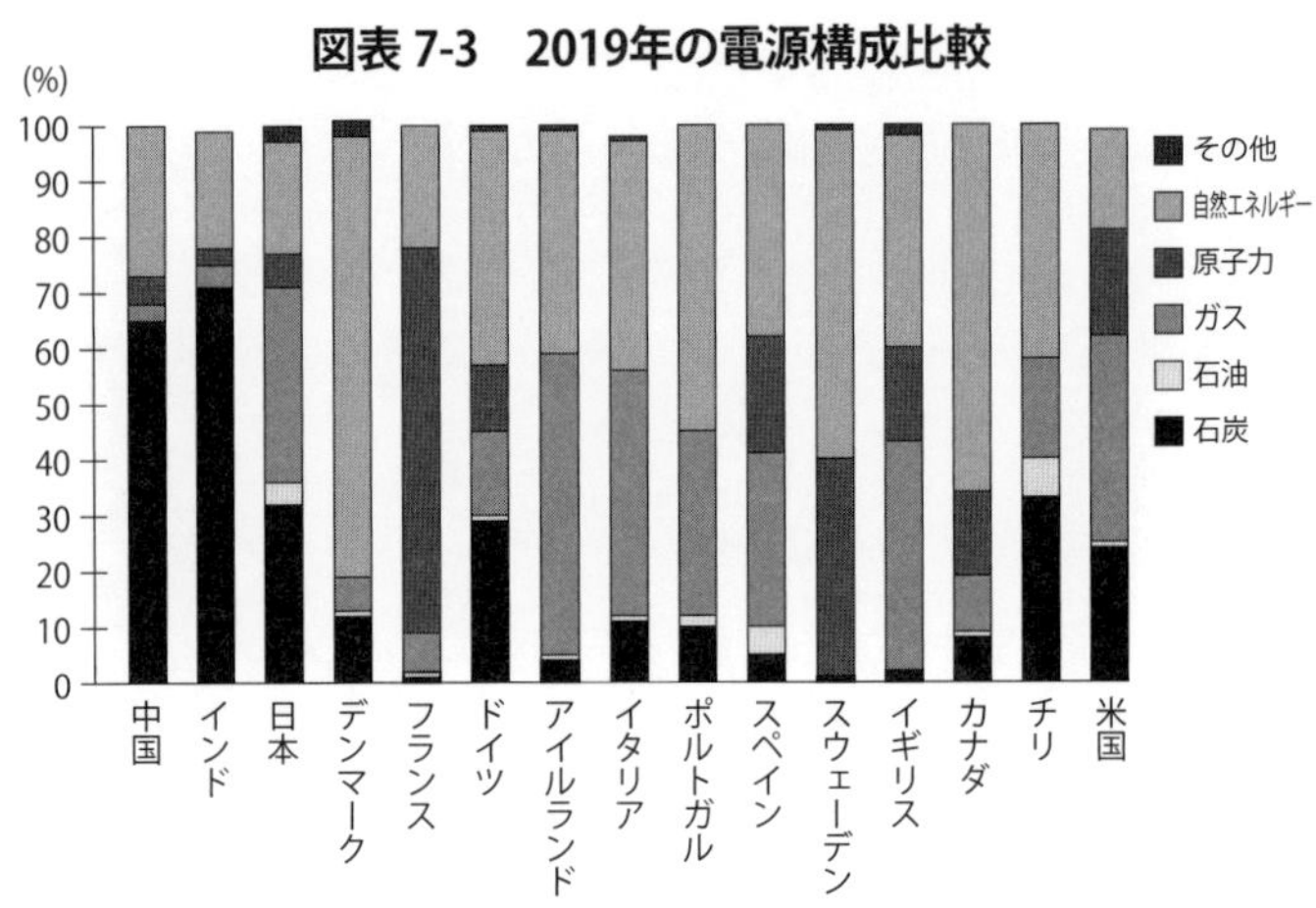

出所：自然エネルギー財団（https://www.renewable-ei.org/statistics/international/）

力量ではなく、将来の電力供給力を取引する新しい容量市場を創設して、火力発電所に実質的な補助金を出す施策をとっています。

日本の再エネの電源比率は欧州の半分程度しかなく、インド、中国、米国と並んで火力発電が多くなっています（**図表7-3**）。他方、環境省は再エネ加速化・最大化促進プログラムとして、国際社会との協調だけでなく、地域資源の再エネ拡大は経済発展と災害対策として積極的に取り組むべきであると主張しています。

菅（すが）首相は、２０２１年１月の所信表明にて、２０５０年に温暖化ガス実質ゼロを達成することを宣言しました。２０５０年時点の電源構成の参考値として、再エネ50〜60%、原子力と火力で30〜40%、水素等10%と示されていますが、具体的な道筋は今後の議論となります。

世界がクリーンエネルギー推進に舵を切っている中で、日本は取り残されないように、政府がより具体的に、大幅に踏み込んだプランを示すことに期待しています。

金融を使って善い社会を作るために――GDPという経済成長尺度の見直し

これまで見たように、人類の経済活動が地球環境を破壊し、生態システムを崩壊させることが明らかになってきた以上、経済成長も地球環境の制約のなかで達成されるべきです。しかし、欲望を刺激する資本主義、市場メカニズムのままでは、ＳＤＧｓは達成できないのではないかという悲観的な見方もあります。にもかかわらず、現実的な資源の配分方法としては、「市場メカニズム」以外の代替メカニズムは存在しません。そこで本章では、市場メカニズムを使って地球温暖化対策を推進する動きを紹介しました。

地球温暖化への対応は時間との勝負になっています。より速度を上げないといけないのですが、経済成長を優先したいという立場から反発も予想されます。こうした「環境か、経済か」というせめぎ合いのなか、アメリカのＩＴ企業経営者で、慈善団体の会長も兼ねステークホルダー資本主義を推進するマーク・ベニオフ氏（Marc Benioff）は、地球環境が崩壊し、原始時代のような洞窟生活を余儀なくされた状況で、経営者が人々に向けて説明している皮肉な絵を使って、ツイッターでこうつぶやいています。「たしかに地球は壊れてしまいました。でも私は株主には最高の利益を提供しました」と。

温暖化対策を加速するためには、経済成長の尺度そのものを見直すことも必要です。

その際、経済成長をどのように測るかという、経済パフォーマンスの尺度がとても重要になってきます。なぜならば企業や金融機関、人々の行動もこの尺度で左右されるからです。

現在の尺度は、市場での経済取引だけが反映されるＧＤＰですが、ＧＤＰには格差や地球温暖化・環境汚染は評価されません。どれだけ格差が拡大しても、どれだけ地球環境が破壊されていても、市場で価格がつく経済取引だけが増えれば、ＧＤＰが増え社会は豊かになっている、社会は発展していると測定します。しかし、この豊かさの測定尺度自体に問題があるのではないでしょうか。すでに経済学界内部からもＧＤＰの見直しの議論が出ています。

例えば、かつてのフランスのサルコジ政権では、スティグリッツなどの著名な経済学者を招きＧＤＰに代わる経済尺度の開発を進めました。また、ＯＥＣＤも以前から新しい尺度作りの議論を進めています。２０２０年6月のアメリカ経済学会では、ノーベル経済学賞を受賞したアンガス・ディートンなど有力なエコノミストなどが、「ＧＤＰを超えて（Beyond GDP）」というタイトルで議論を行っています。

実は、自然破壊、格差拡大、非市場活動を金銭評価し、経済指数に反映させるという経済尺度は、ＧＰＩ（Genuine Progress Indicator：真の進歩指標）としてすでに開発されていますが、政策や企業活動に影響を与えるほどの力を持っていません。

ルトガー・フックストラ（Rutger Hoekstra）[※24]氏は、なぜGDPという経済尺度が広く使われるようになったのか、そしてなぜGDPに代わる経済尺度が社会経済で普及しないのかを分析した上で、新しい尺度の開発を進め、2030年までにGDPと入れ替えるべきであるという野心的な案を提案しています。

※24 Rutger Hoekstra は、環境経済学者でCML（Institute of Environmental Sciences at Leiden University）の客員研究員や持続可能な開発の測定に関する欧州統計学者勧告会議を策定したUNECE／OECD／ユーロスタットタスクフォースの共同議長。国際機関、政府、企業が Beyond-GDP と Beyond-Profit の取り組みを支援するコンサルタント会社の経営者でもある。2019年、ケンブリッジ大学出版局から『2030年までにGDPを置き換える（Replacing GDP by 2030）』を出版。

私たちが金融を使ってできること

私たちは、あるときは会社員、労働者、あるときは消費者として生活しています。しかし、普段はあまり「真の資産所有者」としての意識はないと思います。

プラスチックゴミの海洋汚染などの意識が高まり、スーパーでのレジ袋の有料化も社会で受け入れられ、最近では食品ロスへの問題意識も高まっています。これは、SDGsの「使う責任」、すなわち消費者としての倫理、「倫理的（エシカル）消費」への意識が強まっている証拠だと思います。

就職においても、自分の就職する企業がＳＤＧｓや地球環境に貢献しているかという関心が強まり、「エシカル就活」という言葉も生まれています。もちろん就活だけではありません。グーグルでは、社員が経営陣に進言したことで、今後、化石燃料を掘削する石油・ガス産業に人工知能（ＡＩ）や機械学習（ＭＬ）は提供しないことを表明しました。「倫理的な労働者」として、グーグルの社員がどのように地球環境に貢献できるかと考えた結果だろうと思います。

皆さんもコロナ・パンデミックによりリモート会議や在宅勤務が定着化し、大都市から地方へ生活圏を移すことも可能になりました。これを地方創生の問題意識を持つ機会と捉え、地域社会や市民活動へ参加して、自分の働いている企業が本業を通じて社会貢献できることはないかを考える良い機会にするといいでしょう。

また、企業も製造過程、消費過程、廃棄過程を通じて、資源を循環させるエコロジカルなシステム「サーキュラーエコノミー」を目指しています。最近では花王とライオンという日用品（洗剤）産業でライバル関係である2社が、回収・再利用可能な詰め替え容器を共同開発し、容器の規格統一を目指すという動きもあります。両企業は地球環境に貢献するという評価を消費者から勝ち取ることができるでしょう。

このように消費や労働面で、個人でも地球環境や社会に貢献できるわけです。では、金融システムに資金を提供している真の資産保有者、最終受益者としての貢献はどうでしょうか。少なくとも、私たちの出したお金がどのように使われているのかに関心を持つべきでしょう。そして私たちが関わっている金融機関や機関投資家がどのような産業に投資しているのか、漫然と化石燃料産業に投資をしていないか、国際的に禁止されている非人道的な兵器を作る企業に投資をしていないかなどを知るべきでしょう。金融市場における真の資産保有者としてのこうした自覚も大事なのです。

サスティナブルファイナンス以外にも金融を使って善い社会を作る仕組みがたくさんあります。その1つとして、マイクロファイナンスがあります。マイクロファイナンスの取り組みはノーベル平和賞を受賞したグラミン銀行とその創設者のムハマド・ユヌスが行った零細事業者への融資です。一般金融機関から資金を借りられないような零細事業者に少額の貸し付けを行い、高利貸しからの負担を軽減させ、事業の成功につなげました。

金融を使って社会に貢献できる方法はほかにもあります。社会を変えたいという投資行動、自分が共感できる特定の事業目的のために投資する「インパクト投資」です。そして、収益最大化と同じくらい社会を変えたいと思う投資家のことを「インパクト投資家」といいます。

「倫理的な投資家」と呼んでいいかもしれません。インパクト投資はクラウドファンドとして注目を集めており、誰でもインパクト投資家になれます。クラウドファンディングには、事業リターンを求めない寄付型やサービス・商品が返礼される購入型があります。

クラウドファンディングを使ったソーシャルビジネスの起業家も増えています。クラウドファンディングを支援する企業として、日本でも「Readyfor」「CAMPFIRE」「FAAVO」といったプラットフォームが成長しています。

以上のように、サスティナブルファイナンスを中核に資本（金融）市場、財・サービス市場（エシカル消費、サーキュラーエコノミー）、労働市場（エシカル就活）などが、相互に影響を持ちながら、ＳＤＧｓを推進していくことができるのです。私たちは、市場を通じて消費者、労働者、そして投資家として社会を変えることができるわけです。

第8章
フィンテックが変える未来の金融

いま、世界ではフィンテックを使った新しい金融システムが急速に広がっています。具体的には、私たちに一番身近な例がキャッシュレス化です。スマホ1台で、決済も送金も何でもできる時代になったのです。ほかにには、仮想通貨も出現しました。フィンテックによって私たちの生活はどのように変わっていくのでしょうか。

日本総合研究所理事長
翁百合
（おきな・ゆり）

1960年生まれ。慶應義塾大学経済学部卒業。京都大学大学博士（経済学）。慶應義塾大学大学院経営管理研究科修士課程修了後、日本銀行に勤務。1992年に日本総合研究所に入社、現在に至る。金融庁金融審議会委員、財務省財政制度等審議会委員などを務める。著書に『国民視点の医療改革―超高齢社会に向けた技術革新と制度』（慶應義塾大学出版会）、『ブロックチェーンの未来―金融・産業・社会はどう変わるのか』（共著、日本経済新聞出版社）など多数。

フィンテックが金融サービスを変える

今回は、フィンテック（423ページ　**用字用語集2**）とこれからの金融についてお話しします。急激に広がるフィンテックが、金融システムにどのような影響を与えるのか、どのような可能性を持っているのかについて、3つのテーマに分けてお話ししたいと思います。

1つ目は、最近の金融業界の大きな変化についてです。GAFA（ガーファ）といったプラットフォーマーやベンチャー企業などが金融の世界にどんどん入ってきていて、これまでの金融を大きく変えています。そこでポイントになるのは、データの利活用です。人々の経済活動に関するデータがとても重要な価値を持つようになっています。

2つ目は、フィンテックを使ったベンチャー企業やGAFAが金融分野に参入してくるのに対し、既存の金融業はどう対応しているのか、特に銀行業を中心にお話しします。こうした動きに対して銀行などの伝統的金融機関は危機感を持っており、新しい技術を使ったビジネスモデルの改革を進めています。また、金融への新規参入者の増加や金融業との協働などに伴い、金融の規制体系の見直しが不可避になっていることをお話しします。

3つ目は、キャッシュレス化です。日本政府は、ポイント還元策などでキャッシュレス化を進めていますが、現状はどうなのかという話をします。

最後に、これら3つの動きが加速するなかで、どういう課題があるのかを考えてみたいと思います。

利用者の生活全般を変えるアリペイのサービス

フィンテックはどのように従来の金融サービスを変えていくのかについて考えます。

まず、フィンテックを使ったベンチャー企業や米国のGAFA、急成長している中国のプラットフォーマーなどが金融業に参入している状況について紹介します。

GAFAすなわち、Google（グーグル）やAmazon（アマゾン）、Facebook（フェイスブック）、Apple（アップル）などをプラットフォーマーといいますが、実は中国にもアリババ（Alibaba）やテンセント（Tencent）といったプラットフォーマーが存在します。例として、中国のアリババグループが開発した新しいサービス、アリペイのビジネスを見てみましょう（**図表8－1**）。

アリペイの特徴は、まさに「生活×金融」です。例えば旅行に行くとき、アリペイのアプリを使えば、ホテルやレストランの予約などがまとめてできて、最後に決済までができる仕組みになっています。もともとアリババはeコマースで非常に収益をあげている事業者ですが、今度は実店舗での決済にまで対応したということです。

図表 8-1　様々な機能を持つアリペイ（Alipay）アプリ

様々な機能を持つアリペイのアプリは 中国の生活に欠かせないスーパーアプリになっています

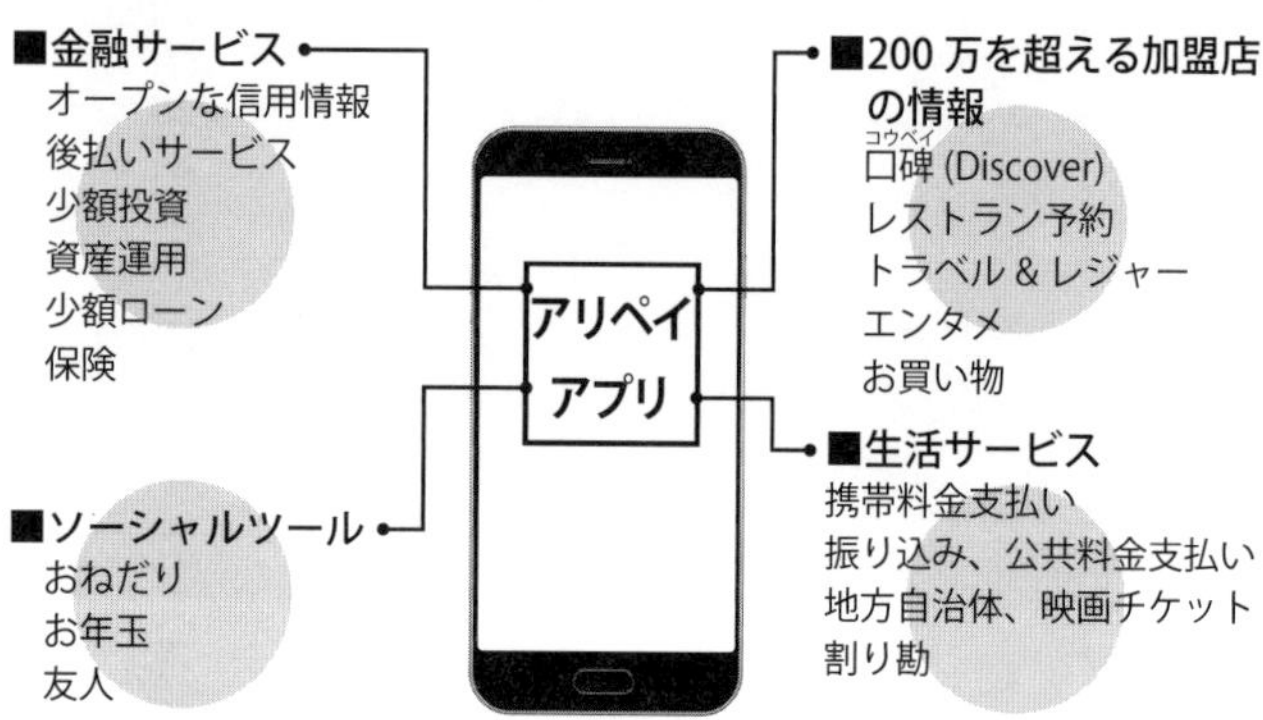

出所：経済産業省「クレジットカードデータ利用に係る API 連携に関する検討会（キャッシュレス検討会）（第 5 回）」配布資料 4 に加筆

買い物の決済はすべてQRコードを使って行えます。北京や上海に行くと市場の露天商にもQRコードがあって、それを使って簡単に買い物ができます。QRコードは、お店の決済手数料が低いということで一気に広がりました。また、5000円や1万円などの少額の個人間送金もアリペイを使えば無料で行えます。

そして、アリババにはこうした利用者の生活全般にわたる利用履歴がデータとして蓄積されています。支払いが便利になっただけではなく、どこで何を買ったのかという蓄積されたデータを使って、その人に合った金融サービスも提供できるようになっているのです。

例えば、アリペイには「芝麻（ごま）信用」という少額ローンサービスがありますが、それには個人の信用評価システムが利用されています。アリ

図表 8-2　非金融の e コマース事業からの金融サービス参入

事業者名	時期	金融サービス
Amazon（アメリカ）	2012年	取引状況を勘案した出店者向け融資 “Amazon Lending” を提供開始
	2013年	Amazon に登録されたカード情報を活用した非出店者向け決済サービス “amazon payments” を提供開始
Alibaba（中国）	2004年	ネット決済サービス “Alipay”（第三者保証決済：エスクロー）を提供開始
	2010年	タオバオ等での取引状況を与信審査に組み入れた融資サービス提供開始
	2014年	「浙江網商銀行」（アリババの関連企業が 30%出資）の設立認可を取得
楽天（日本）	2005年	楽天市場のカード決済サービスを自社「R-Card Plus」に一本化（楽天）
	2013年	出店者向けに「楽天スーパービジネスローン」を提供開始（楽天カード）
	2014年	楽天市場の振込先口座を「楽天銀行 楽天市場支店」に一本化（楽天銀行）
Yahoo！（日本）	2003年	オークション落札代金決済サービス「Yahoo！かんたん決済」を提供開始（ネットラスト）
	2007年	出店者向けにネット決済代行サービス「Yahoo！ウォレット」を提供開始（ヤフー）
	2015年	商品の販売情報や顧客評価をもとに審査する出店者向け新型融資を取り扱い開始（ジャパンネット銀行）

出所：各社ウェブサイト等に基づき筆者作成

ペイで蓄積されたデータを使えばその人の生活の状況がわかるので、信用スコアをはじくことができるのです。そしてその信用スコアが高ければ、より有利なローンを組むことができるというわけです。

既存の金融機関にとっては大きな脅威

このように、GAFAだけでなく中国からも巨大なプラットフォーマーが成長し、金融市場に参入しています（**図表8-2**）。プラットフォーマーのビジネスモデルというのは、すでに何十億人という大きな顧客基盤を持っていて、そこから多くのデータが集まってくることで成立します。そのデータを分析して、各顧客、それぞれにカスタマイズされた金融サービスを提供することができるのです。

また、こうした事業者の特徴として、他の事業を行いながら金融分野に入ってくるという点があります。非金融サービスで稼ぎながら金融に参入している。例えば、アマゾンやアリババはｅコマースからスタートしています。その後アマゾンは、アマゾンレンディング（Amazon Lending）とかアマゾンペイメント（amazon payments）を始めて、出店者ごとに融資をしたり、実際に買い物をする人に決済サービスを提供したりしています。

日本でも楽天やヤフー（Yahoo!）はｅコマースを主体に発展してきています。楽天は、ｅコマースのあとにビジネスローンや決済サービスを始めており、楽天銀行も作って金融業を展開しています。

日本の伝統的な銀行というのは、商業の兼業が法律で禁止されています。ところが、楽天のように別の業態の親会社があって、そこがあとから銀行を作ることは現在の日本では可能なのです。この点について、既存の銀行界は業務範囲が限られていて危機感を持っており、不公平だという声があります。金融機関を監督する金融庁でも問題意識は持っており、銀行業の規制緩和を検討しています。

ヤフーの場合は、ＬＩＮＥとの経営統合が進みましたが、ヤフーもｅコマースをやっており、決済サービスを提供したり銀行と組んで融資をしたりしていました。最近はペイペイ

（PayPay）という決済手段が大きく広がり、ＬＩＮＥと統合すればＬＩＮＥ Ｐａｙもあるので、既存の金融機関にとっては大きな脅威になります。

そのほか、巨大プラットフォーマー以外にも、多くのフィンテックベンチャーが金融に参入してきています。「ベンチャースキャナー」というサイトを見ると、フィンテックだけでなく様々な分野のベンチャー企業の顔を見ることができます。決済、融資のほかにも、投資、リサーチ、クラウドファンディングなど、ありとあらゆる分野で新しいビジネスモデルを掲げています。

新しい金融ビジネスはインターネットを使いつくす

非金融サービスからの参入のほか、新たな金融ビジネスの担い手の特徴は、とにかく新しい技術を次々と活用していることでしょう。ＡＩはもちろん、早いスピードで革新される技術も活用しているので、ビジネスにおけるパフォーマンスがスピード感をもって大きく改善されていきます。

特にインターネットを活用したサービスが多く、ベンチャー企業はインターネットの利用者からの「もっとこうしたら利便性が高くなるのでは」といった意見を取り入れてどんどん改良していきます。つまり、徹底的な利用者目線なのです。

集まってくるビッグデータを最大限活用している点も特徴です。イノベーションが進み、ヤフーやＬＩＮＥのように事業者間のコラボレーションも加速しています。こうしたことから多様なビジネスモデルが出現しているのです。

いままでは銀行業、保険業、証券業といった「業」でくくられていましたが、そういった枠組みからはみ出るような新しいビジネスモデルが出てきており、既存の金融業界に大きなインパクトを与えています。そして、いずれもグローバルな展開をしています。

グーグルやアマゾンについては言うに及ばず、アリペイも東南アジアなどに進出しています。例えば、インドネシアなどの国々では所得が低くて銀行口座を持てない人が多いのですが、スマホさえあれば様々な決済サービスにアクセスできるわけです。

そもそもフィンテックというのは、「フィナンシャルインクルージョン（金融包摂）」（424ページ　**用字用語集3**）といって、アンバンクド（unbanked）、つまり銀行口座を持てず、銀行取引のできない人にも金融の便利なサービスを提供できるということで、グローバルには歓迎されています。

これに対して伝統的な金融機関である銀行は、支店があり、窓口があり、ＡＴＭもたくさんあって、中央に大きなコンピューターセンターがあるという、まさにシステム産業、装置産業でした。そのため固定費が非常に高く、コスト競争力は、簡易なモバイル決済を使う事業者と比べると大きな差があります。つまり、コストの構造がまったく異なり、ビジネスの発想も異なるのです。

こういった新しい担い手が金融機能の一部を分担するということは、まさに金融業界の区分的な発想を変える、潜在的に大きなインパクトを持つ動きであり、今後、銀行業、保険業といった概念をどう考えればいいのかという議論にもなっています。

新たなビジネスモデル構築のための銀行の模索

激変する環境に対して、伝統的な銀行業はどう対応しているのでしょうか。一言で言うと、「競争をしながら協働」しています。これまで、銀行業は「預金」という決済機能にはない元本保証の貯蓄手段を提供し、しかも資金仲介の入り口として日本の金融システムのなかで非常に特別な存在であるとされてきました。だからこそ銀行には強い規制がかかっていたわけです。

しかし、決済などで他業種が入ってくると、銀行の特殊性が相対的なものに変化してきます。これから紹介するように、銀行と直接取引をしなくても、多様なサービスをフィンテック企業が新たに提供してくれるようになるからです。

一方、銀行業はたしかに大切な決済システムをインフラとして提供していますが、もし付加価値を利用者に提供できなければ、公共インフラ的な存在になってしまうリスクもあります。こうした危機感から伝統的金融業は、自らデジタルサービスを提供したり、フィンテック企業と組んで新しいことを始めたりしています。

保有するデータもこれまでは個人情報を保護することだけを考えていたわけですが、いまでは、それを保護しながらうまく利活用していく方向に考えを変えており、規制も少し緩和されてきています。

その結果、伝統的な金融機関は、データを共有するための新しい仕組みであるオープンＡＰＩ（４２４ページ　**用字用語集4**）やブロックチェーン、ＡＩ（人工知能）などにも積極的に取り組みつつあります。

欧米や日本の既存の金融機関が実際にどのような対応をして、どのような新しいサービスの開発を行っているのか。具体的には、

①リテール向けのデジタルバンキングサービスを提供
②ＩＴ企業と連携したオープンイノベーションが進展
③オープンＡＰＩによる金融業とフィンテック企業の協働
④ＡＩの活用による、銀行経営の付加価値向上と効率化に向けた取り組み
⑤ブロックチェーン技術やＩｏＴの貿易管理等への実装

⑥個人間の小口モバイル送金ネットワークの構築

といった動きがあります。それでは、一つずつ見ていきましょう。

① リテール向けのデジタルバンキングサービスを提供

まずは、デジタルバンキング（425ページ **用字用語集5**）サービスに取り組む動きです。ミレニアル世代では、圧倒的に多くの人たちがスマホを活用しています。さらに、銀行に行くのは面倒くさいし時間もかかるということで、世代を超えてスマホで完結できるサービスへのニーズは日本でも高くなっています。

また、伝統的な金融業の銀行がモバイルやオンラインなどのデジタルチャネルを開拓し、別ブランドを使ってネット銀行などに取り組む例も、世界的にも増えています。例えば、ゴールドマン・サックスのマーカスとかＢＮＰパリバの Hello bank! は、実店舗のサポート付きで、スマホアプリによる個人向けローンサービスや決済サービスなどを提供しています。

日本でもすでに住信ＳＢＩネット銀行、ソニー銀行、ａｕじぶん銀行などのネット専業銀行がありますが、地銀のふくおかＦＧが、はじめてネット専用銀行を開業したことが話題になっています。

② IT企業と連携したオープンイノベーションが進展

オープンイノベーションということばを聞いたことがあると思います。世界の企業はいま、全体としてオープンイノベーションの方向に向かわなくてはならないという議論になって久しいです。というのは、デジタルの世界になってくると、企業は既存の経営資源だけでは対応できなくなり、IT業界のソフトウエア企業と組みながら、どのような新しいビジネスができるかを考えていくことがとても大事になってくるからです。

銀行業界は、もともと自前主義というのがほかの産業と比べても非常に強かったのですが、欧米では2000年代以降、シティバンクやJPモルガン・チェース、バークレイズなど多くの銀行で、決済分野を中心にIT技術の学びや取り込みを目的にベンチャーへの出資が活発になっていきました。ところが日本では、「5%ルール」[※1]というのがあり、日本の銀行がベンチャー企業に出資することがなかなかできなかったのです。ようやく2016年に銀行の出資規制が緩和され、銀行業高度化等会社という銀行の兄弟会社や子会社を設立することで、銀行はIT系企業などとのオープンイノベーションが可能になりました。いま、メガバンクを中心にIT事業者と組んで決済サービスなどをより高度化していこうという動きが活発化していきます。さらに保険業でも、こういったイノベーションを進めていこうという機運が高まっています。

※1　5％ルール：本業以外の事業によって銀行の健全性が阻害されないよう、銀行は事業会社の議決権の5％を超えて保有してはならないというルール。

③ オープンＡＰＩによる金融業とフィンテック企業の協働

銀行業では、オープンＡＰＩによって銀行をモノとカネの情報を結びつける窓口にするという方向へ、ビジネスモデルを変える動きが始まっています。

具体的に説明しましょう。例えば、ぐるなびや食べログなどを見ると、グーグルマップでレストランの場所が確認できますが、これはオープンＡＰＩによって可能になったことです。オープンＡＰＩとは、自社のシステムを共通基盤として活用できるように、他社にも公開する仕組みをいいます。同じように、インターネットの様々なサービスに対して、オープンＡＰＩを使って銀行システムへの接続プログラムを公開すれば、銀行も外部の多様なサービスとの連携が可能になるわけです。

マネーフォワードの例を使って、もう少し具体的に説明しましょう。**図表8−3**を見ながら読み進めてください。

私が持っている三井住友銀行と三菱ＵＦＪ銀行の2つの口座から、私の月間の家計簿を作って提供してもらう場合を考えてみます。まず私は、マネーフォワードが私の銀行口座のデータ

図表 8-3　金融機関オープンAPIの仕組み

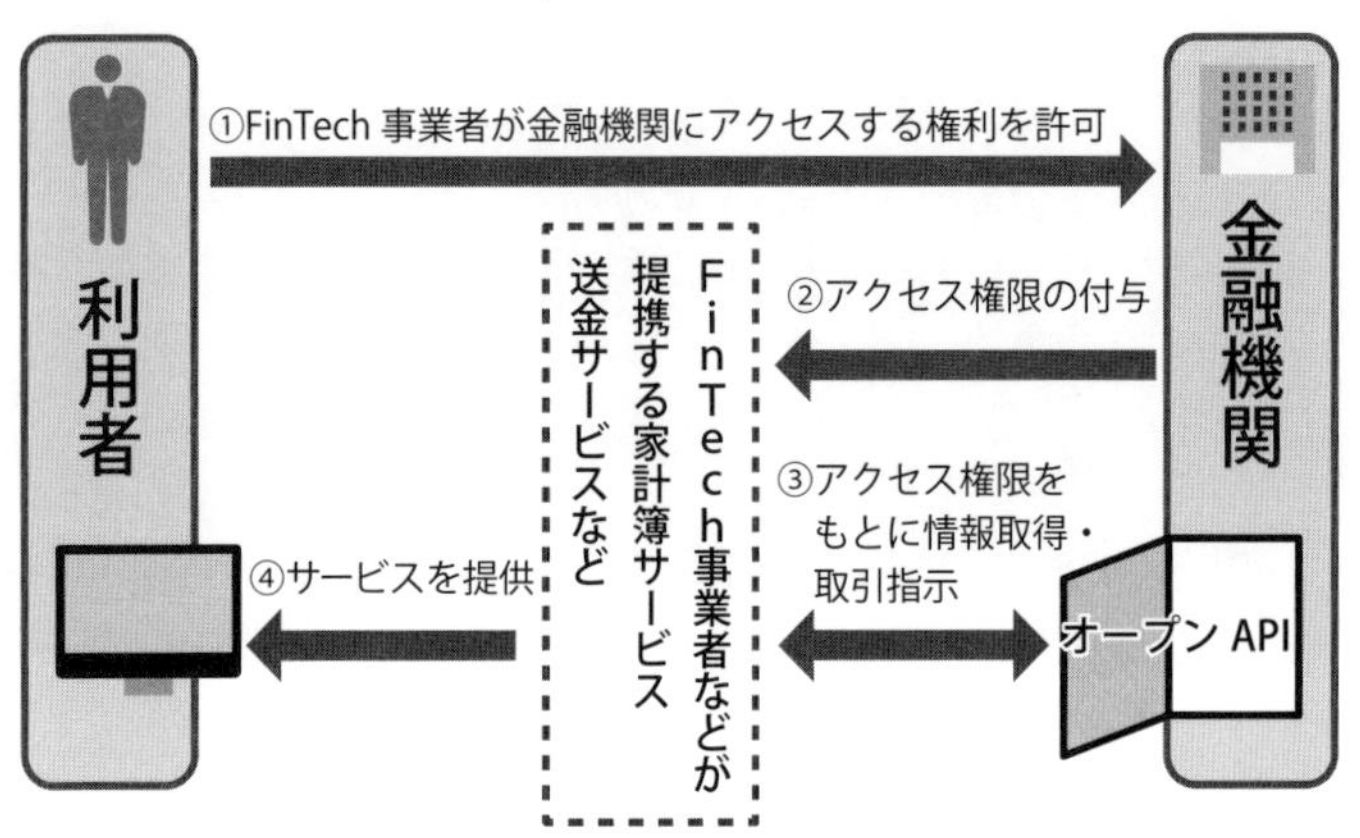

出所：翁百合「オープンバンキング時代の銀行業」NIRA 2018 年 3 月

を使うために、マネーフォワードに「合いかぎ」のような「アクセス権利」を許可します（**図の①と②**）。すると、マネーフォワードはその合いかぎを使うことでセキュリティを守りながら私のデータを参照し（**図の③**）、収集・加工して付加価値をつけて私に提供してくれるわけです（**図の④**）。

今まさに、こうした新規事業者と金融機関が連携した新しい金融サービスが進んでいます。これは日本だけではありません。ヨーロッパでも銀行にオープンAPIが義務づけられ、チャレンジャーバンク[※2]と呼ばれる銀行サービスを、オープンAPIで外部に提供する新しい銀行なども出てきています。

日本でも2017年に銀行法が改正されて、こうしたフィンテック事業者に対して「電子決済等代行業者」という登録制が導入されました。ちなみに、マネーフォワードも「電子決済等代行業者」として法的に位置づけられています。

このように現在、情報セキュリティや利用者の保護を図りながら新しいサービスをできるようにしていこうという動きが本格化しています。まさにこうしたオープンバンキング[※3]によって、既存の銀行業のビジネスモデルが変わっていくのです（**図表8-4**）。

これまでの銀行のビジネスモデルというのは、銀行が商品開発をして銀行が提供するという閉じた世界でした。しかし、これからはフィンテック企業などと組んで、新しいサービスを共に考えながら商品開発し、それをフィンテック企業から顧客に提供するというプラットフォームをイメージしながらやっていかねばならない新しい時代に入ってきたといえるでしょう。日本では、地銀も含めてほとんどの銀行がオープンＡＰＩに対応していくことになりました。

※2　チャレンジャーバンク：実店舗などを持たず、おもにスマートフォン用アプリケーションなどで金融サービスを提供する銀行。オープンAPIを介して、プラットフォーム上でフィンテック企業などに銀行のサービスを提供することを「バンキング・アズ・ア・サービス」（Banking-as-a-Service）、略して「バース」（BaaS）という。

※3　オープンバンキング：銀行以外の企業がオープンAPIによるシステムの連携で銀行のデータにアクセスできる仕組み。

図表 8-4　オープンバンキング時代のビジネスモデル

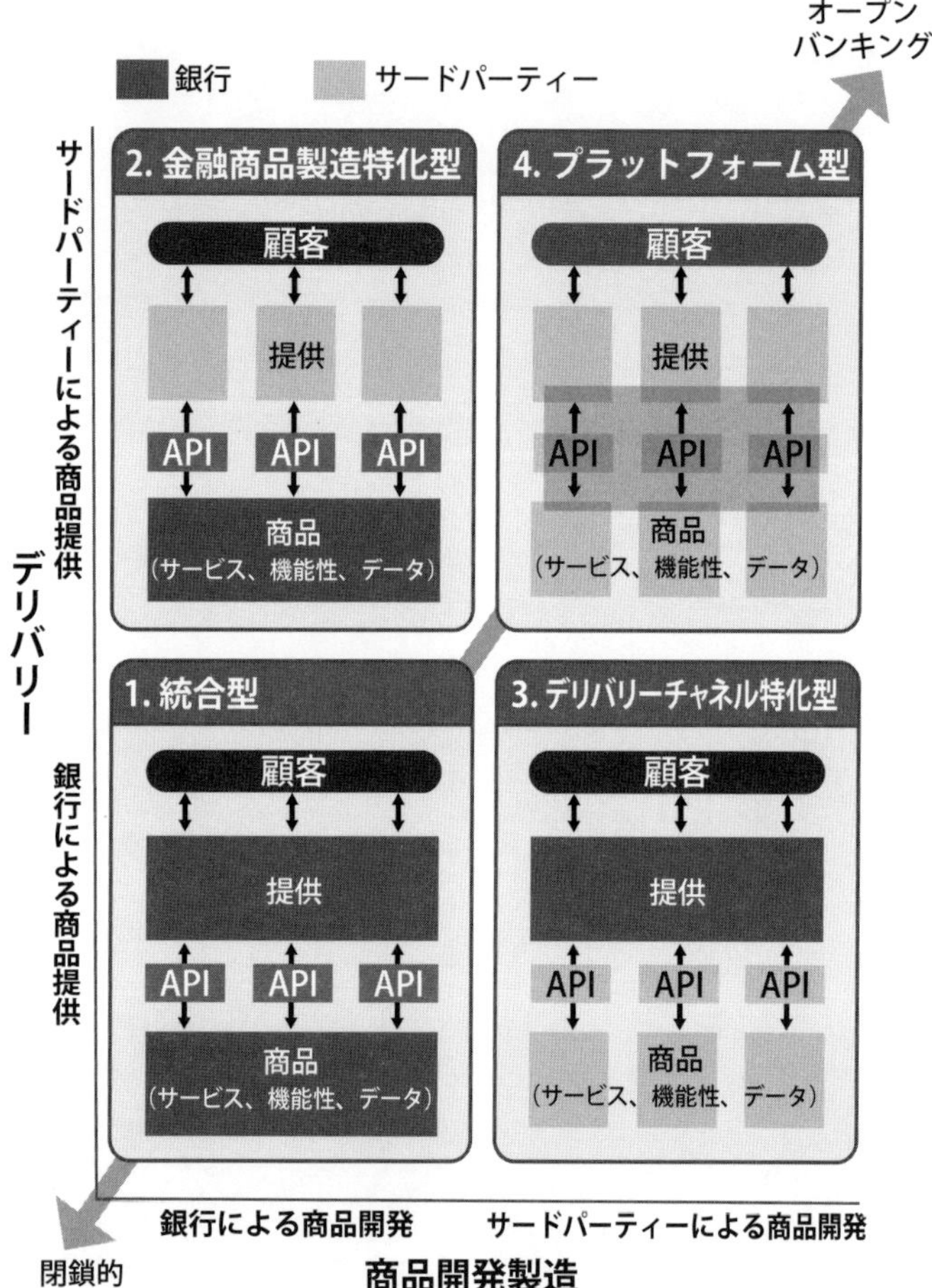

出所：Euro Banking Association（2016）

④ AIの活用による、銀行経営の付加価値向上と効率化に向けた取り組み

他の産業と同様、金融業でもＡＩの活用が進んでいます。データを分析して多方面で活用していこうという流れから、すでに銀行の電話サービス、問い合わせサービスなどでもＡＩで対応しているものが増えています。

人手不足を解消して生産性の向上をはかる上でも、データを分析して非常に付加価値の高いサービスを提供する上でも、ＡＩにはさらなる活用が期待されています。事務処理や顧客対応でもＡＩは疲労することがないので、ミスの低下やリスク管理を強化するという点からも役に立つでしょう。

資金運用では、すでにロボアドバイザー[※4]を使っているフィンテック企業があります。その企業ではＡＩで顧客のデータを分析して、運用ポートフォリオを提案するサービスを提供しています。このように、全体としてＡＩはメリットがとても大きいので、金融システムの安定性向上や活性化にも寄与するツールだといわれています。

金融業、特に銀行業はとても規制が厳しい業態です。企業の倒産リスクや信用リスクの分析、資産全体のマネージメントなどから、マネーロンダリング、テロ資金の回避まで、非常に厳しい規制があるわけですが、ＡＩを使うことでこういったリスク評価を精緻に行うこともできるようになっています。このようなリスク評価は「レグテック」（４２６ページ　**用字用語**

集6）と呼ばれます。

一方で、ＡＩにはマイナス面もあります。ＡＩがどう判断して、どう答えを導き出しているのか、その判断基準がブラックボックスになっている点が大きな問題として指摘されています。

さらに、いろいろな業務の運用がＡＩによって自動的に進んでいくと、そのオペレーションリスクが大きくなる可能性があります。その意味でＡＩだけにまかせておいてはいけない、全体として人間がきちんと統治するということが重要になってきています。

以前、ニューヨーク市場で大きく株価が下がるということがありました。これを「フラッシュクラッシュ」と呼ぶのですが、ＡＩがアルゴリズムに基づいて取引した結果、株を売るという動きが一斉に起きることがあり、そのために起こったことです。

金融にとってＡＩの導入は、システムを安定させる効果がある一方、市場ではフラッシュクラッシュのようなシステムリスクを起こす要因になる可能性もあります。

※4　ロボアドバイザー：資産運用についての診断やアドバイス、実際の売買などをＡＩが代行するサービス。ロボアドとも呼ばれる。

⑤ブロックチェーン技術やIoTの貿易管理等への実装

次に近年注目されてきたブロックチェーンの活用についてお話しします。

まずブロックチェーン（426ページ　**用字用語集7**）について簡単に説明しておきましょう。

ブロックチェーンが始まったのは2008年からです。いまだに正体が不明なサトシ・ナカモトという人が「ビットコイン」という仮想通貨を始めました。そしてP to P（Peer to Peer）、つまり個人間でこのビットコインを送金する技術として、ブロックチェーンは生まれました。すなわち、仮想通貨を利用するために発想された技術がブロックチェーンということになります。仮想通貨の最近の動向については後ほどお話しします。

ブロックチェーンとは、一言で言うと「カネやモノの取引履歴情報（データ）を、ブロックチェーンネットワークに参加する全員が相互に分散して保管維持し、参加者が合意し合うことで、データの正当性を保証する分散型台帳」のことです。

例えば仮想通貨ビットコインは、採掘者（マイナー）と呼ばれる人たちが、コンピューターに計算をさせて取引データを承認するための競争をしています。そして、その競争の勝利者が送金の取引データの塊をブロックとして書き換えられないように承認、参加者に伝播し、決済が確定していく仕組みになっています。ブロックの承認には平均10分かかります。

このブロックの形成にあたっては、**図表8−5**のとおり、次に形成されるブロックの中に前のブロックのデータの要約の値が入ります。そうしたブロックが次々と形成され、つながっていくので、ブロックチェーンといわれるのです。一つのブロックに前のデータの要約が入ることで、改ざんが難しくなり、改ざん防止に優れているといわれています。

次に、分散型台帳について説明します。現在、銀行でも証券取引所でも、**図表8−6**の左のようなイメージでデータは集中管理されています。例えば東京に一つサーバーがあって、万が一地震などがあったときに備えて沖縄や大阪などにもう一つのサーバーを置いています。とてもコストが高いかたちで危機管理をしています。

一方、分散管理型の台帳というのは、原則としてみなさんがそのデータを台帳として持ち合います。みなさんもパソコンとかスマホとかをお持ちですけど、そこでみんなが台帳を持ち合うというイメージです。このブロックチェーンのイメージ、分散管理のイメージを頭に置きながら読み進めていただければと思います。

●ブロックチェーンのメリット、デメリット

次に、ブロックチェーンのメリットとデメリットについてお話しします（**図表8−7**）。

メリットは障害に強いということです。取引データをみんなで持ち合っているので、大きな

図表 8-5　ブロックチェーンのイメージ

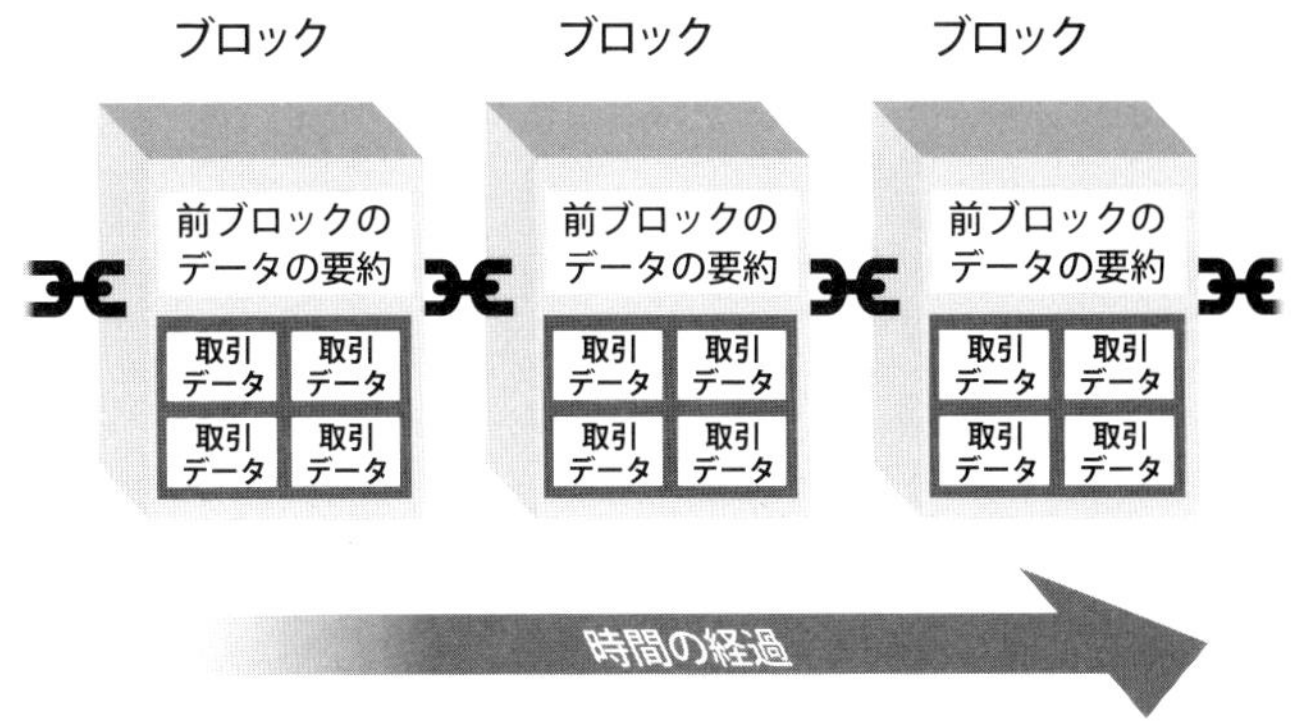

出所：翁百合・柳川範之・岩下直行編著『ブロックチェーンの未来』（日本経済新聞出版社 2017）

図表 8-6　集中管理と分散管理のイメージ

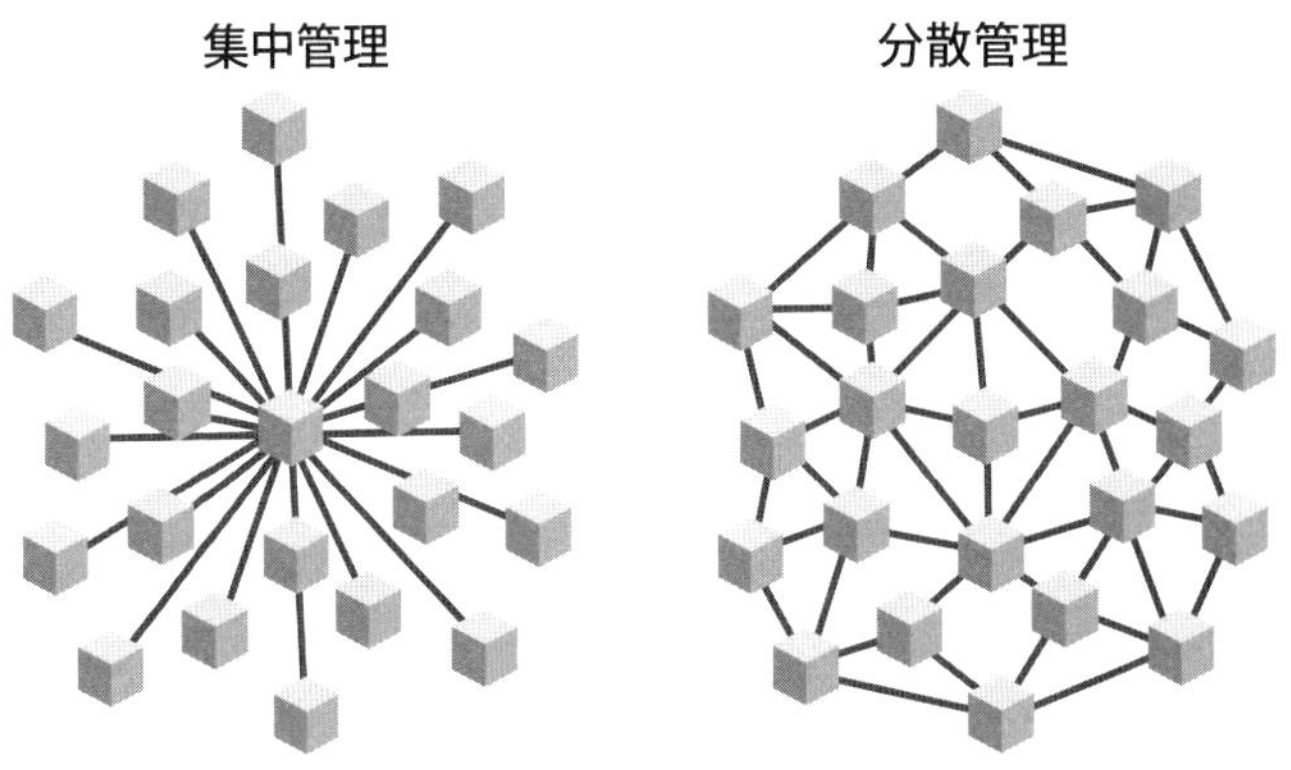

出所：翁百合・柳川範之・岩下直行編著『ブロックチェーンの未来』（日本経済新聞出版社 2017）

図表 8-7　ブロックチェーンのメリットと課題

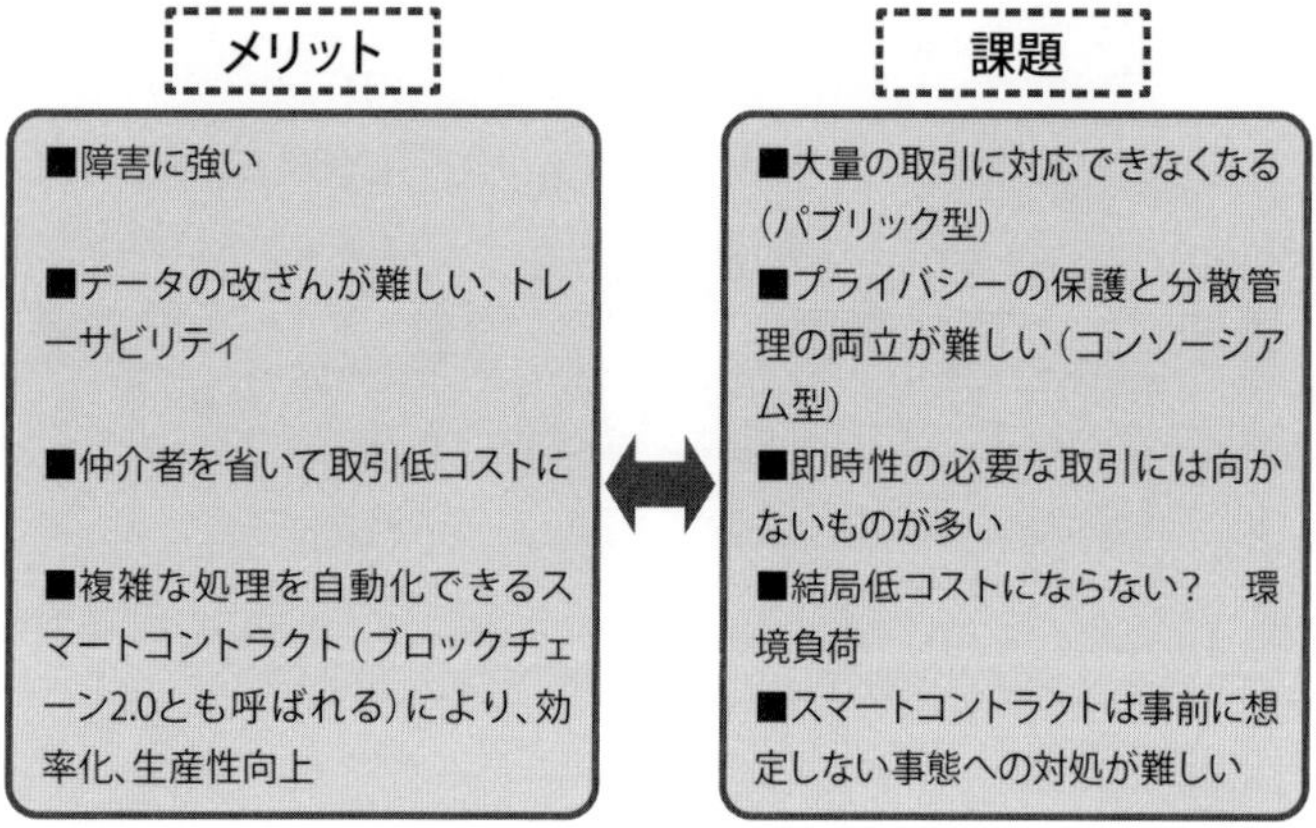

メリット		課題
■障害に強い ■データの改ざんが難しい、トレーサビリティ ■仲介者を省いて取引低コストに ■複雑な処理を自動化できるスマートコントラクト（ブロックチェーン2.0とも呼ばれる）により、効率化、生産性向上	⇔	■大量の取引に対応できなくなる（パブリック型） ■プライバシーの保護と分散管理の両立が難しい（コンソーシアム型） ■即時性の必要な取引には向かないものが多い ■結局低コストにならない？　環境負荷 ■スマートコントラクトは事前に想定しない事態への対処が難しい

出所：筆者作成

地震やハッカーの侵入が発生しても、すぐに誰かが取引を立ち上げることができます。そして、データの改ざんが難しいこともメリットです。データが一つずつのブロックでつながっていくので、データのトレーサビリティが必要なビジネスに向いています。

ほかにも、現在では銀行を通じた海外への送金は高い手数料を取られますが、これに対してブロックチェーンは個人間で送金できるので、取引コストを下げることができるというメリットもあります。

さらにブロックチェーンのプラットフォームの上に様々な自動化プログラムをのせて、複雑な処理を自動化していこうという動きもあります。こうしたことをブロックチェーン2・0といったりします。例えば貿易管理などは、いろいろな商社や船舶業者、銀行などが様々な処理を包括で行っていますが、それを一気に効率化できる可能性も秘めています。

ただ一方でまだ課題も残っています。ビットコインは取引が非常に大量になると処理速度が遅くなり、対応できなくなるという問題があります。また、銀行ではほとんどリアルタイムで送金ができますが、ビットコインは10分ごとにブロックを作成するという特徴から、取引によってはリアルタイム性に欠ける場合もあります。

それから、取引などにかかるコストが低くなるといわれていますが、本当にそうだろうか、と疑問視もされています。例えばビットコインは正当性を承認するために業者が計算して出した答えをビットコインに送るのですが、その計算の機械を稼働させるために膨大な電気を使っており、環境負荷やコスト高になるのではないかという議論もあります。

ブロックチェーン上で複雑な処理を自動化することを「スマートコントラクト」（427ページ　**用字用語集8**）といいますが、これについても、自動化に必要な処理をすべて事前に想定することは難しいといわれています。

●仮想通貨とは

仮想通貨（428ページ　**用字用語集9**）とは、ビットコインを想起していただければわかるのですが、誰でも参加できるパブリック型のブロックチェーンだといえます。ケニアの人もスマホを持っていれば参加でき、例えば私がビットコインを持っていれば、ケニアの人に直接送ることができます。つまり、簡単に個人間でつながることができます。通貨の発行者がいるわけではありません。

一方で、プライベート型やコンソーシアム型の通貨も生まれています。例えば三菱ＵＦＪフィナンシャルグループの「coin」はプライベート型です。これは、パブリック型のように誰でも参加していいというわけではなく、管理者がいて、参加条件が決められているものです。そして東京証券取引所などがやろうとしているのは、複数企業や組織で運営するコンソーシアム型です。

銀行業などが取り組んでいるのもコンソーシアム型が多いですが、もともとビットコインが草の根でみんながデータを持ち合って共有するということから発想されているものに対して、銀行などはプライバシーを保護しながらサービスを提供しようとしているので、この両立をどのように図っていくかということも大きな課題です。

●ビットコインの問題点

現在、実際にブロックチェーンが非常に活用されているのは、仮想通貨においてです。仮想通貨は日本でも不正アクセスによる流出事件をきっかけに規制が強化されましたが、いまもビジネスへの参入意欲を持つ企業は多くあります。

当初、仮想通貨はビットコインだけでしたが、いまはもう２０００種類ほどあります。ただ、使用されている仮想通貨はビットコインやイーサリアムなどが中心です。２０１６年から制度整備がされ始めたのですが、ビット「コイン」ということなので、日本では通貨に類似のものであるとして、金融庁が中心になって法制度を整備しました。

ところが２０１７年5月から、欧米を中心に世界中で、ＩＣＯ（Initial Coin Offering）（４２８ページ **用字用語集10**）と呼ばれる仮想通貨による資金調達方法を使って、ベンチャー企業が一気に資金調達をするという動きが急拡大しました。ニュースなどで見て記憶があるかもしれませんが、その結果、２０１７年にビットコインの価格が急騰しました。ビットコインは投機の対象となったわけです。

資金調達側はＩＣＯを使ってトークンと呼ばれる電子的商標のようなものを発行し、投資家側はそれを仮想通貨で購入します。資金調達側は、その仮想通貨を法定通貨、日本でいえば円に換金して事業に使うというわけです。そうすると、トークンは高く取引されて、ＩＣＯへの応募によって値上がり益を享受する投資家が続出しました。これは儲かるということで、仮想通貨への投機が急速に進んでいったのです。

しかし、このＩＣＯの約８割が詐欺だったといわれており、日本でもその後の価格低下で不利益を被った投資家が続出しました。２０１７年９月には、中国が国内でのＩＣＯやビットコインの取引を停止。日本や欧米でもＩＣＯに警戒的となり、日本では金融庁が注意を喚起しました。

これに加えて２０１８年1月、日本でコインチェック事件という仮想通貨流出事件が起きました。ブロックチェーンは取引者と取引額の履歴はとれるので、どこに流れたかは大体把握できるのですが、犯人は匿名性の高い仮想通貨と交換するなど様々な手段を使っていたため、最終的にどこに流れたか、いまだに完全には把握できていません。

２０１６年、日本は仮想通貨交換業者という法定通貨と仮想通貨を交換する業者の登録制を設けていたのですが、コインチェック社は当時、まだみなし登録でした。みなし業者にもかかわらず大々的にビジネスをしていたということで、金融庁も問題視し、仮想通貨交換業者の規制監督を強化する方向になりました。

２０１８年には業者側も自主規制団体を設立しました。コインチェックも２０１９年1月には、内部管理体制を整備し、新たに登録が認められ、マネックス証券の完全子会社として再スタートを切っています。

このように仮想通貨は、もう決済などに使われる通貨というよりも、投機商品であると認識され投資家保護という視点を入れる方向で法整備が行われていきました。そして２０１９年に改正資金決済法と改正金融商品取引法が成立したのです。これにより、仮想通貨交換業者の流出リスクなどへの対応や、証拠金取引の倍率に上限を設定するなどが進みました。そして名称は、仮想通貨から「暗号資産（４２８ページ **用字用語集9**）」へと変更になりました。

なお、２０１９年、フェイスブックが発行計画を発表したリブラ（Libra）は、仮想通貨ではありません。仮想通貨には発行者はいませんが、リブラは民間企業が発行しようとしているので民間のデジタル通貨[※5]に分類されます。これらはステーブルコイン（stable coin）（４２９ページ **用字用語集11**）と呼ばれ、円や米ドルなど5通貨くらいの預金や国債などを裏付けとすることで、価格がそれほど変動しないように工夫し発行が計画されたデジタル通貨です。

民間主体で発行しているブロックチェーンを使ったデジタル通貨は既に日本にもあります。例えば、前述の三菱ＵＦＪフィナンシャルグループが進めている「coin」です。ちなみに、スウェーデンはｅクローナ（e-krona）というデジタル通貨を中央銀行が発行しようとしているほか、中国もデジタル元を発行しようという動きがあります。

※5　デジタル通貨：デジタルマネーともいう。デジタルデータに変換された、通貨として利用可能なものであり、電子マネーや仮想通貨もデジタル通貨の一種である。

●新たなブロックチェーンの活用

さて、ブロックチェーンを仮想通貨以外の金融に活用する方法として、民間銀行のコインや個人認証を金融機関で共有、証券取引や国際送金に取り入れるという動きがあります。そのほかにも、商取引とかＩｏＴの共有プラットフォームでの活用が挙げられます。

ＩｏＴとは「すべてのモノをインターネットにつなぐ」ということで、Internet of Things=IoTと言います。いま、企業の貿易取引、サプライチェーン、医療、自動車、電力などをどんどんみんなでシェアし合おうという流れになってきています。まさにインターネット上でブロックチェーンのプラットフォームを使ってトレーサビリティを生かそう、生産性を上げようというビジネス展開が考えられているのです。

金融以外で具体的な活用例を紹介しましょう。例えば、ダイヤモンド取引では、品質保証を紙ではなくデジタルにして、ブロックチェーンで管理する英国のベンチャービジネスがあります。アフリカのどの山で採れたダイヤモンドか、カラットや品質などがデータとしてそれぞれ記録されています。ブロックチェーンを使って、そのダイヤモンドがどのように取引されたか、履歴もすべて管理しています。ダイヤモンド取引ビジネスとしてもダイヤモンドの価値を維持したり、高めたりすることができるだけでなく、ダイヤモンドは詐欺に使われたりマフィアに利用されたりすることも多いのですが、こうしたトレーサビリティ（履歴管理）があることで、保険会社や警察に履歴情報を供給することができたりと、社会的課題にも役立つような使い方もされています。

⑥ 個人間の小口モバイル送金ネットワークの構築

日本ではこれからですが、海外では銀行業でも銀行同士で協力して個人間送金を無料化する動きがあります。例えばスウェーデンでは、２０１２年にスウィッシュ（Swish）という小口送金サービスができました。これは相手の携帯番号を入力することでリアルタイムに送金できる仕組みです。スウェーデンの駅前でギターを弾いている人もギターケースに自分の携帯番号を書いておきます。その場でコインを缶に投げるのではなくて、スウィッシュの口座に入れてもらうんですね。ここでの特徴は、個人を特定するBank ID（デジタルＩＤ）と携帯電話の番号を結びつけることで様々なサービスが可能になっているということです。

スウィッシュは国民の約７割が使っており、そうなると利便性も高くなり便利になっていきます。スウェーデンはこの結果としてキャッシュレスが進み過ぎてしまい、紙幣（銀行券）が少なくなってしまいました。こうしたことから、前述のとおり、中央銀行がeクローナというデジタル通貨を発行しようという検討が始まったのです。

ビジネスエコシステムの変化

ここまで、既存の金融システムにどんどん新規参入者が入ってくることによって、銀行などは協調と競争をして利便性を高めようとしているという話をしてきました。このようなビジネスの連携や共存を生態系にたとえて「ビジネスエコシステム」といいますが、新しいビジネスのネットワークがどんどん広がり、ビジネスモデルも多様化するなか、法律の仕組みが追いつかなくなっています。

みなさん、ＳｕｉｃａやＰＡＳＭＯなどの交通系電子マネーを使っていると思いますが、これらはプリペイドカードという前払い式電子マネーに含まれます。プリペイドカード業者は利用者の資産を保護するために、受領した金額の半額だけを供託するという仕組みになっています。例えば、プリペイド業者が倒産してチャージしたお金が使えなくなったときは、この供託金から利用者に半額は返金されるのです。

例えばＬＩＮＥ Ｐａｙやメルペイは、10年前からできた資金移動業という制度で、現在１００万円まで決済できますが、資産保全するために全額供託というかたちになっています。

これに対して銀行業というのは、預金も融資も決済もすべてを担っているので、大変厳しい規制があり、免許制でさらに破綻したときのために保険料を払い、預金保険を提供しなくてはなりません。現在、銀行預金の1000万円までは守られていますが、そのために銀行は預金保険の保険料を払わなければなりません。

このように、決済を担う事業者がたくさん出てきているのに、それを規定している法律がバラバラな状況になっているのが現状です。そこで、金融規制を機能的、横断的に考えて、大きなアプローチ転換を行う動きが進んでいます。

イノベーションと規制の抜本的な見直し

ここで、金融の機能とは何かを確認してみましょう。**図8–8**で示すように金融には、まず決済があります。お金の貸し借りがあります。それからお金の運用もあります。広く言えば資金仲介です。それから保険、これはリスクを移転することです。生活の様々なリスクの発生の可能性に応じて対価を支払う、保障を受けるということです。

金融の機能は本質的には主にこのようなものです。銀行業、保険業など様々な業態がありますが、基本的には決済、融資、資産運用、保険という4つの大きな機能に分けて考えることができます。そして同じ機能を担う事業者については、だいたい同じ規制にしていきましょうという考え方になってきています。

同じ資金仲介でも厳しい規制のあった銀行業に比べて、リーマン・ブラザーズのような証券会社は規制がとても緩かったのです。その結果として、リスクの高い取引は証券会社に逃げてしまったために大きな問題が生じ、リーマンショックは起こったのです。やはりきちんと利用者の保護を図っていかなければならないですし、そこに抜け穴があってはならないということです。

図表8－8で見るように、日本では各金融業態別に金融の機能を棲み分けるという「業法的アプローチ」がずっと続いてきたわけです。しかし、80年代から金融技術革新が進み、さらにフィンテックによって新規参入が増え、ビジネスモデルも多様化してきました。同じ機能を様々な主体が提供する時代になってきているため、あらためて、同じ機能であれば同じ規制を適用するという視点、すなわち機能別、横断的なアプローチが大事になってきます。

ただし、銀行は決済のほか、資金仲裁、資金運用ということで、国民に広く利用される貯蓄手段の提供などの責任を担っており、ほかの金融機関に比べてその特殊性をどう考えていくかということも議論が必要です。

さらにイノベーションも育てていかなくてはなりません。大きな金融機関と小さな金融機関が同じ規制ではベンチャーは育ちません。イノベーションを進めながら業法的アプローチを見直していかないと、次々と新しい事業者が入ってくる時代には応えられないでしょう。

とはいえ、利用者の保護、セキュリティについてはやはり依然として重要であり、そういっ

図表 8-8　機能別・横断的アプローチに向けた検討

現行法の例			機能分類のイメージ	
資金決済法	資金移動業者	前払式支払手段発行者	決済	仲介業者等を介して、 ・意図する額の資金を意図する先に移動すること ・債権債務関係を解消すること
銀行法	銀行		資金供与	・サービス提供者が、資金需要者に対して信用供与を行うこと
貸金業法	貸金業者			
金融商品取引法	金融商品取引業者		資産運用	・資金余剰主体が、自らの運用目的やリスク選好に従って運用を行うこと ・市場メカニズム等を通じた資金配分が行われること
保険業法	保険会社		リスク移転	・経済・生活上の様々なリスクの発生の可能性に応じて対価を支払い、保障を受けること

預金

法定通貨とほぼ同等の決済手段

資金供与の原資

資金供与と組み合わせることにより信用創造を構成

国民に広く利用される価値の貯蔵、運用手段

出所：金融庁「金融審議会 金融制度スタディ・グループ 中間整理 ― 機能別・横断的な金融規制体系に向けて ― の概要」
https://www.fsa.go.jp/singi/singi_kinyu/tosin/20180619/gaiyou.pdf

た意味では新規参入者であってもセキュリティ対策を弱くしていいというわけではありません。そこで現在は、マネーロンダリングやセキュリティについては同じようなレベルで整えていこう、ただし、イノベーションは発揮できるようにしていこう、という方向で改革が進められています。

銀行も、地方銀行などは現在金利が低く、少子高齢化のため経営が大変で、また地域再生に貢献するためにも規制緩和が必要です。例えば、銀行と商業の分離についても、前述の楽天は許可するが他は難しい、といった線引きはどう考えていくのか。こういった検討も進められ、銀行の規制緩和も実現する見通しとなっています。

キャッシュレス化の現状と課題

最後にキャッシュレス化の話をしましょう。日本は成長戦略として、キャッシュレス利用を現在の２割程度から２０２５年くらいまでに４割に上げていこうとしています。これは先進国のなかでも非常に低い割合です。韓国などはすでに約９割と、非常にキャッシュレス化が進んでいます。

図表8-9の上のグラフは、クレジットカードとデビットカードと電子マネーの決済利用状況です。内訳を見ると、クレジットカードがほとんどで、デビットカードや電子マネーはほん

図表 8-9　キャッシュレス決済の利用状況

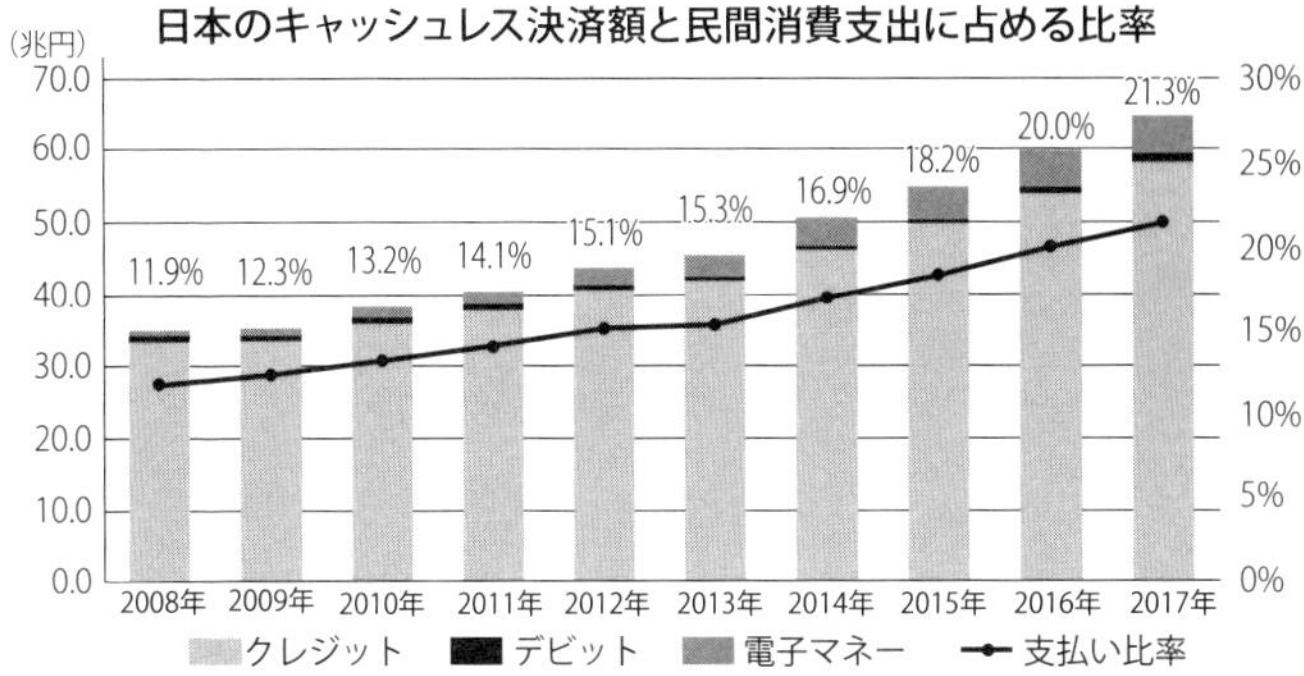

出所：一般社団法人キャッシュレス推進協議会「キャッシュレス・ロードマップ2019」
- 内閣府「2017年度国民経済計算年報」民間最終消費支出：名目
- クレジット：(一社) 日本クレジット協会調査　(注) 2012 年までは加盟クレジット会社へのアンケート調査結果をもとにした推計値、2013 年以降は指定信用情報機関に登録されている実数値を使用
- デビット：日本デビットカード推進協議会 (J-Debit)、2016 年以降は日本銀行レポート
- 電子マネー：日本銀行「電子マネー計数」

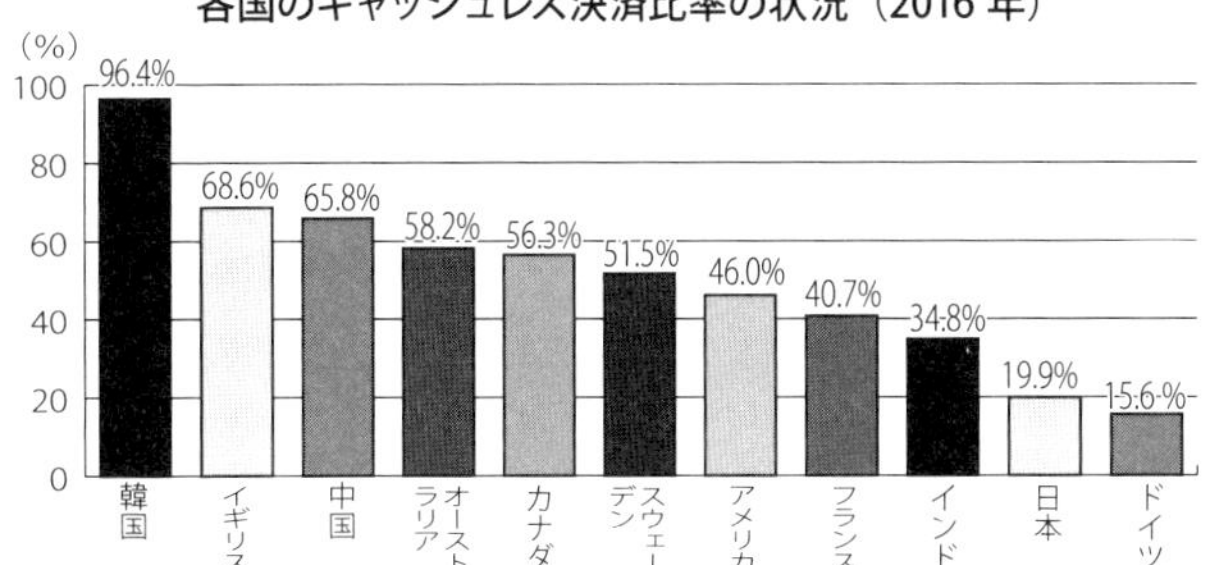

出所：一般社団法人キャッシュレス推進協議会「キャッシュレス・ロードマップ2019」
- 世界銀行「Household final consumption expenditure (2015年)」及び
  BIS「Redbook Statistics (2015年)」の非現金手段による年間支払い金額から算出

※中国に関しては 、Euromonitor International より参考値として記載

のわずかです。ただし、ここで抜けているものがあります。一つは銀行預金を使ったキャッシュレスです。口座振替とか口座引き落としもキャッシュレスですが、このグラフには入っていません。それからQRコードやスマホを使った送金なども入っていません。韓国はクレジットカードの利用をとても推進しているので、キャッシュレス割合が9割ですが、日本の2割というのは捕捉できるデータが3種類しかないというのが理由でしょう。

実は私が行った3000人のアンケートでは、個人の消費額のキャッシュレス比率は約5割でした。日本では預金を使ったキャッシュレスがけっこうありますので、これを考慮すると**図表8-9**よりもキャッシュレス比率は高くなっていると思われます。そして、生活に余裕がある層ほどキャッシュレス比率が高くなっている（**図表8-10**参照）一方、みなさんのような20代の人はクレジットカードをそんなに使っていないので、キャッシュレス比率は高くありません。

地域で見ると、東京と京阪神でキャッシュレスが進んでいます。京阪神を除く近畿、北陸、四国は低くなっています。消費者に「どれくらい現金で払いたいですか」と聞くと、半分くらいは根強い現金指向があり、特に低所得層にその傾向が高いこともわかりました。

その理由を尋ねると、主に2つあります。1つは、クレジットカードはどれくらい使ったかわからないから。使い過ぎが怖いんですね。もう1つは自分の番号がどう使われるかがわから

図表 8-10　世帯の年間収入階層別に見たキャッシュレス決済比率

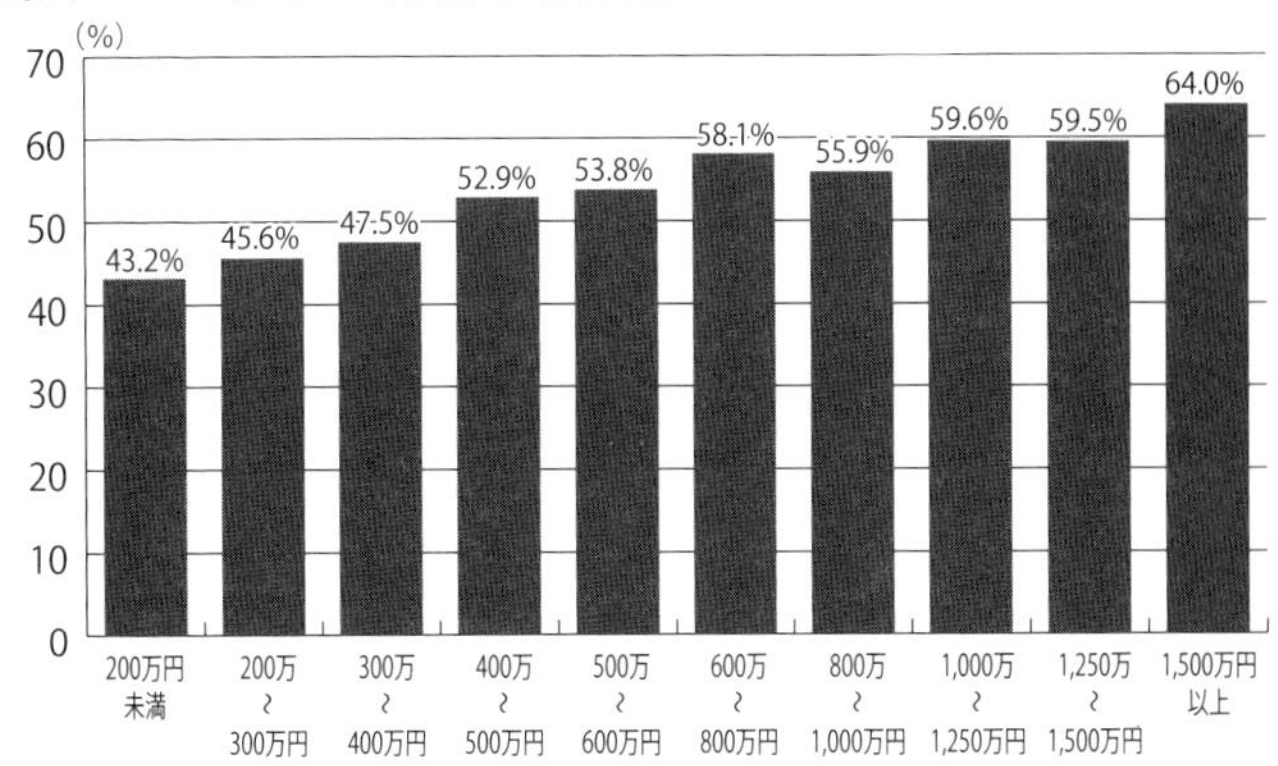

出所：NIRA総研「キャッシュレス決済実態調査」2018年8月実施、Opinion Paper No42参照

ないので怖いというものです。

今後、日本でキャッシュレス化を進めるメリットは３つあります。まず１つめは、生産性の向上です。実は、毎日、外食産業やスーパーなどでは現金を数えてからのレジ閉めにけっこうな時間がかかります。特に中小企業にとってはコストが大きいので、ここの生産性を上げていこうということです。２つめは消費の活性化や利便性です。高速道路もＥＴＣの導入でずいぶん便利になりましたし、公共交通もＳｕｉｃａなどを利用することで便利になったと思います。そのほかにもインバウンドで訪れる人はアリペイやクレジットカードなどで支払うので、キャッシュレスの店舗を増やしていくということは消費活性化のためにも必要と考えています。

最後の３つめは、匿名性が高い現金とは異なり、キャッシュレスビジネスはデータが残るので、データ関連のビジネスが伸びる余地があるということだと思います。日本にはGAFAのような企業はこれまで少なかったのですが、これからは個人情報を保護しながら記録データを活用していくビジネスが伸びていくと思います。

日本ではまだ現金志向は高いものがありますが、今後徐々にキャッシュレス化は進んでいくでしょう。ただそのためには、人々が不安に思っているセキュリティの確保や、乱立している様々なサービスの相互運用性の確保などが課題になります。また先ほどお話しした、中央銀行デジタル通貨についての検討も始まっています。中央銀行のデジタル通貨は海外でも発行を検討しており、金融システムへの影響など、今後いろいろ検討しなければならない論点はあるのですが、経済のデジタル化が進めば、将来はデジタル円も出現するかもしれません。

金融イノベーションの課題と展望

現在、デジタルイノベーションはますます進んでおり、それは金融においてだけではありません。シェアリングエコノミー、自動運転、それから医療・介護、こういったものはすべてデジタル化が進みます。ソサエティ5・0、超スマート社会に日本全体が入っていこうとしていますから、顧客の利便性の向上とか生産性の向上にプラスになるという意味では、イノベーションは推進すべきであると思います。

ただ、課題も山積しています。第一に、個人情報を保護しながらどうやって情報の利活用を進めるのかという点です。第二に、オペレーショナルリスク、すべてがデジタルになると人の手を介さないものが増えていくわけですから、そういった部分のセキュリティをどう確保していくのかということは大変重要な課題になってきます。

これらの2つの点について、少し敷衍(ふえん)していきましょう。

●個人情報の保護と利活用についての課題

まず、個人情報については、デジタル化が進むにつれて、その扱いが非常に関心を持たれるようになっています。個人情報の保護と利用促進をうまく両立させていくにはどうするのか、そうした観点からの検討が必要です。

例えば、GAFAなどを考えてみても、私たちの購入履歴や移動履歴情報などを活用して、個人向けの広告などが打たれていることを気持ち悪く感じる人も多いでしょう。さらに決済情報も得るようになっていますので、重要な個人情報をいかに保護するか、その対応が急がれています。また、プラットフォーマーの場合、多数の会員を得ることにより、利用者のサービス消費の便益を一層向上させる、いわゆる「ネットワーク外部性」を得て経済圏を拡大し、データを利活用したサービス提供との好循環を狙っています。しかし、どうしても寡占的な市場になりやすいという問題があるのも事実です。

こうしたなか、遅れをとっている日本の事業者は、データを利活用して、利便性が高いサービスを提供していくことが、ビジネス展開として早急に必要になっていきます。

今後は、利用者が安心してデジタルサービスを活用するためにも、また内外の事業者のイコールフッティング（同等の条件）を確保する上でも、個人が特定できる情報が適切に保護される仕組みを作ること、そして個人の同意がなければ活用されない原則を守りながらビジネスを展開することが大事になってきています。

このために様々な議論が進んでいますが、個人情報でも、匿名化し加工された情報が活用されれば安心です。日本ではさらに第三者に提供しないことを条件に、原則として本人同意がなくても、氏名を削除するなどした加工情報などの活用を考えていく方向で検討が進んでいます。また、個人の権利や利益が害されるおそれがある場合には、データの利用停止や消去の請求を求める権利を認めるべきだという方向での議論も進んでいます。

これからは、個人データを銀行に預けるかたちになり、それをフィンテック事業者とともにビジネスにしていこうという機運が高まっていくでしょう。そうしたオープンバンキングの観点からも、いろいろな論点があります。まず、銀行やフィンテック事業者等に顧客情報の利活用をどこまで認めるのかといった論点や、他の銀行と取引したくなった場合、個人が自分の情報を他に移転できる権利（ポータビリティ）がどこまで認められるか、などです。また、顧客が顧客自身の情報にどのような権利を有するのかという論点も、深く検討していく必要があります。

従来、日本では、銀行の顧客情報は守秘義務や個人情報保護に重きを置いてきました。これに対して、欧州ではＧＤＰＲ（一般データ保護規則）によって、情報のポータビリティを認める動きがあります。オーストラリアでも、特定の事業者が保有している顧客情報を、顧客の指図に従って顧客自身や他の事業者が共有できることにして、その情報を有効活用するための制度ができています。英国では、顧客自身が顧客情報の所有者であると認める、顧客情報の利用にはサービス提供時に同意を得る、顧客情報と事業者が付加価値をつけたデータとを区別して考えてより利活用できるようにしていくべきである、といった民間からの提言も出ています。

米国でも「情報は誰のものか」という議論は活発に行われています。日本でも今後さらに検討が深められる必要がありますが、単に「情報は誰のものか」にとどまらず、英国のように顧客情報の種類を分けて整理しながら、個人情報の保護と利活用を両立した環境が作られていくことが期待されます。

●情報セキュリティについての課題

次に決済やオープンＡＰＩの情報セキュリティについての課題です。多くの個人の取引がキャッシュレス化するようになり、スマホなどのデジタル機器で決済されるようになって、不正送金やセキュリティについての不安も高まっています。実際キャッシュレス決済が不安であるといった人たちの割合もアンケート調査では一定程度いるのが実情です。しかし一方で、すでに銀行口座から自動的にサードパーティー事業者である資金移動業者[※6]などに資金が送られ、そこから決済が行われるようになってきています。

オープンＡＰＩが法律上、いわば銀行の努力義務となったことを踏まえて、２０１７年より銀行界とフィンテック事業者はセキュリティ対策について議論を重ねて、オープンＡＰＩにどのようなリスクがあるかをとりまとめています。

例えば外部からの不正アクセスがあるリスク、通信に起因するリスクなど、多種類にわたります。その上で、オープンＡＰＩの契約を結ぶ際、接続先のセキュリティ対策がとられていることを確認することや、銀行がフィンテック接続先にアクセス権限を付与する場合は、利用者の申請に基づき、利用者の本人確認を行うこと、などの様々なルールが定められました。また、利用者に対する情報開示や、損失発生時の責任や補償の考え方についても検討が行われ、ルール化されています。悪質なハッカーなどは、様々な手を使って不正なことをしようとする可能性がありますので、技術革新を生かして、こうした不正が起こらないよう、絶えずセキュリティレベルを上げていく必要があるといえます。

また、銀行等の既存事業者に加えて、大手事業者から中小事業者まで金融業以外からの多様な新規参入者が金融を担うようになっていますので、金融庁もこうした事業者の監督をしっかり態勢を整えて実施していく必要があるでしょう。

※6　資金移動業者：銀行以外で為替取引を行える事業者のこと。自社のスマホアプリやWebなどから送金サービスを行うことができる。代表的なところとしてはLINE PayやメルカリのメルペイなどがあるA。

●情報格差の問題

こうした2つの問題に加えて、超高齢社会を考えたとき、デジタルデバイドの問題もあります。いまの60代の方はパソコンやスマホを使っていますが、75歳以上の方ではなかなか慣れず、デジタル機器は使えないので、どうすればいいだろうと戸惑っている人はとても多いです。そういう人たちにどう対応していくか。

もちろん啓蒙もありますが、アナログの部分も残していかないと、すべてデジタルでは対応できません。教育、啓蒙、アナログでのサービス、店舗でのサポートなど、いろいろと考えていかなくてならないと思います。また、認知症の人であっても安心して金融サービスへのアクセスを確保できるように、銀行やフィンテック事業者も技術革新を生かしてできることを考えていく必要があるでしょう。

このように金融機関は、本当にイノベーションへの対応を迫られています。どんどん新しいアイディアや事業者が入ってきていますし、全世界でどんどんフィンテックを広げていこう、活性化していこうという動きが起こっています。また技術革新を生かして、超高齢社会での社会的課題を解決していこうという動きもたくさんあります。日本としてもイノベーションを促し、経済の活性化につなげていくとともに、規制や監督を見直して、どうやって利用者が安心してこうしたサービスを使えるようにしていくかといった課題も、考えていく必要があるでしょう。

■講義への駒村コメント

翁さんのお話は、フィンテックの進歩、デジタル通貨・ブロックチェーンの普及のなかで、情報と金融が融合し、新たな産業が生まれるというお話でした。また超高齢社会でもデジタル通貨は重要な役割を果たすということでした。

この一方で、技術についていけず高齢者が様々なサービスから排除される危険性があり、実際、スウェーデンでも高齢者の反発がありました。今後、フィンテックを普及するためには、端末などのインターフェースの工夫、高齢者向けのデザイン、あるいは高齢技術論（ジェロンテクノロジー）、表示などの工夫といったユニバーサルデザイン、そして高齢者の特性に合わせたサービスの工夫、ジェロンサービスが重要になると思いました。

■学生からの質問

質問1 **高齢者がキャッシュレスを利用することは現金を持ち歩かないという点では安全性につながると感じますが、反対にカードやスマホでより大きな金額を扱うことにもなります。その管理や暗証番号の記憶など、キャッシュレスにおける危険性というものはあるのでしょうか。**

翁……キャッシュレス化が進むことにより、かえってその管理や暗証番号管理が難しくなる可能性は確かにあると思います。特に高齢者は認知機能が低下するので、暗証番号を忘れるなどの問題も起きます。そこで、自分の暗証番号を忘れてしまっても、音声で口座を認識させて金融サービスが受けられるようにするとか、高齢者の銀行残高の大きな変動があったときに、家族に情報が共有され、家族が高齢者の行動をチェックできるようにするといったことが考えられます。また、クレジットカードの月毎の利用残高に近づいたときにアラームが出る機能を付与することなど、フィンテックによるサービスも役立つと思います。

質問2 **個人的には、キャッシュレス決済よりも現金を使ったほうがお金を使ったことによるロス感が大きいと感じます。つまり、キャッシュレスのほうがモノを買う上で抵抗が少なく、購買力促進につながるのではないかと思いますが、日本でキャッシュレス化の普及をするにあたって、こういった人間の心理的側面も考慮しているのでしょうか？**

翁……キャッシュレスのほうが、現金よりお金を使った感じがしないというのはそのとおりです。逆に言えば、「クレジットカードだとどのくらいお金を使ったかわからないことが不安という人たちが多い」ことがアンケート結果でも確認されています（https://www.nira.or.jp/pdf/cashless.pdf の表の4-1参照）。

たしかに多くのお店でクレジットカードを使えるようにしているのは、購買力促進のためといえるでしょう。他方で、多額の現金は持ち運びのリスクもあり、少なくとも高額なものを買うときは、すでにクレジットカードまたは預金振替になるのが通常であり、キャッシュレスはかなり浸透していると思います。

■駒村のコメント

たしかにキャッシュレスのほうがお金を使う傾向があるという研究はあります。その一方で、家計管理などのアプリや履歴が残るという機能を有効に使えば、使い過ぎを抑えることもできると思います。

質問3 **データの集積や活用がこれからの金融、他のビジネスにおいても重要であると思いました。オープンAPIでは他社のデータへアクセスしますが、他社のデータを使うことに関する具体的な規制やルールはあるのでしょうか。またデータの集積能力の違いによって、市場の独占や寡占が起こることも考えられますが、それを防ぐような新しい市場デザインのプランなどはあるのでしょうか。**

翁……オープンAPIについては、例えば銀行とフィンテック事業者がオープンAPIでつながる場合、主に銀行のデータをフィンテック事業者が使うことになるので、セキュリティなどに関する細かいルールについて取り決めをしています（全国銀行協会検討会の報告書を参照 https://www.zenginkyo.or.jp/fileadmin/res/abstract/council/openapi/openapi_report_1.pdf）。また、データ集積能力が高いほど、ネットワーク外部性があり、市場の独占や寡占が起こることが考えられるのは指摘のとおりで、実際ＧＡＦＡなどではそういう問題が起こっています。日本でも、特定デジタルプラットフォームの透明性及び公正性の向上に関する法律が成立し、競争法上の観点からのルール作りが始まっています。

質問４　**個人データが分析された結果、信用スコアが低いと判断され、それが活用された場合、ＡＩにより個人の自己決定が侵害される可能性があるように感じます。人間によるガバナンスというのはどのように行われているのでしょうか？**

翁……信用スコアの問題は、確かに格差をもたらす危険性があり、少しでもスコアが悪いとお金が借りられないとか金利が高くなることになれば、倫理面からも重要な問題になるでしょう。この議論はいま進んでいるところで、人間の関与は必要だと思いますし、ＡＩの活用にあたってはそうした倫理的な要素に配慮しないといけないと思います。

質問5

個人情報はきちんとその利用の同意を求めるのは原則だと思いますが、他方で、AIなどで情報解析し、新しいサービスを開発する際には、個人情報の利用に慎重なあまり、個人のデータが欠落し、サービス展開に偏りが生じるようにも思えます。この問題の解決策としてどのようなことが考えられているのでしょうか？

翁……個人情報の利用について、同意を求めることは極めて重要です。その上で、匿名、仮名情報であれば、データの欠落をさせずに、収集したデータを積極的に利活用できるようにしようという議論があります。

■駒村のコメント

医療・介護データでも、匿名処理した上で医薬品開発などに有効に使われるようになっています。ただ希少性難病など、かなり件数が少ない場合は、匿名性が必ずしも確保できないのではないか、患者同意などが慎重に行われる必要もあるという議論も続いています。しかし、慎重な患者が多いと、貴重なデータに欠損が発生し、分析結果に偏りが出てしまうのではないかという心配もあります。データ活用とプライバシーのバランスをどのように取るのかは難しいところですが、新しい技術はこの部分の克服にも挑戦しているようです。

第9章

シルバー民主主義と社会保障・消費税

少子高齢化が加速度的に進む日本において、年金や医療に代表される社会保障制度は、その土台が確立した高度成長期のまま更新が追いつかず、その歪みは大きくなるばかりです。なぜ日本の社会保障制度改革は遅々として進まないのか。その原因を改めて俯瞰することで、世代間格差を乗り越え、より良い経済社会を実現するために必要なことが見えてくるのではないでしょうか。

日本経済新聞社 上級論説委員
兼編集委員

大林 尚
（おおばやし・つかさ）

1960年生まれ。2014年、欧州編集総局（ロンドン）に赴任し、編集委員、総局長を歴任。ブレグジットの内情や欧州連合（EU）の一般データ保護規則（GDPR）を原案段階で報ずるなど、欧州の構造問題を丹念に取材。平成年間は経済部記者として経済政策の取材に費やす。そのなかで、いずれ現実になる人口減少に問題意識を持ち、年金・医療改革など社会保障と消費税の問題をライフワークに選んだ。

時代遅れの日本の社会システム

本日は、シルバー民主主義と社会保障制度についてお話をします。

日本では、少子化と高齢化が進んでいます。また、高齢者の寿命が延びていることも高齢者の増加の要因になっています。まず、この日本の人口構造について触れていきます。

ここで、一つクイズを出します。漫画『サザエさん』に登場する、サザエさんのお父さんである波平さんの年齢は、作中、何歳に設定されているかご存知でしょうか。答えは、「54歳」です。

漫画『サザエさん』は、当初、敗戦の翌年である1946年に地方新聞で連載が始まり、その後1950年代から70年代にかけて朝日新聞にも連載されました。作品には、まさにその当時の時代背景が映し出されています。1960年時点の日本人の男性の平均寿命は65歳で、一般的な会社の定年退職年齢は55歳でした。つまり漫画『サザエさん』の作中における波平さんの立場とは、「翌年55歳となって定年を迎え、その後、平均寿命まで生きるとして、10年くらい年金生活を送って60代半ばでお亡くなりになる高齢男性」という設定で描かれているわけです。

それが、現在の日本人の平均寿命は、男性で81歳、女性はもうすぐ90歳に届くというところまでできています。また、国立社会保障・人口問題研究所の「日本の将来人口推計（中位推計）」（２０１７年推計）によると、60歳の人がさらにもう35年（95歳まで）生きる確率は１９９５年には14％でしたが、２０１５年には25％、つまり４人に１人が95歳まで生きるという数字になっています。これはまさに劇的な変化です。「長寿」、「長く生きる」ということは人類にとって長年の夢でもあり、これ自体はとても喜ばしいことであると思います。

ところが、日本のいろいろな制度や政策、社会的なシステム、インフラなどのほとんどは、『サザエさん』の時代、すなわち高度成長期に基礎ができあがり、それらをそのまま使い続けています。そのため、この人口構造の劇的な変化に、いろいろなことが追いついていないという現実があります。それによって、日本の財政や年金、医療、介護、子育てといった部分で、様々な問題や矛盾が生じているということです。

問題は人口構造に尽きる

簡単に、日本の人口の変遷を振り返ってみます。**図表9-1**は、先ほどの漫画『サザエさん』が新聞で連載されていた時代（１９７０年）の人口ピラミッドです。ほかの世代に比べて大きく人口が突出している20代前半が、戦後のベビーブームの時代に誕生した団塊の世代です。また、10歳以下の部分に１年だけ人口が少ない年がありますが、これは丙午（ひのえうま）の年にあたります

（1966年）。丙午生まれの女性は結婚が遅れるという迷信があり、この年に出産をためらう親が多かったことを反映しています。もうすぐ（2026年）、60年振りにこの丙午の年が巡ってきますが、どのような状況になるかは一つの関心事でもあります。

続いて、**図表9-2**は1990年の人口ピラミッドです。この前年、1989年の12月に日経平均株価は過去最高値を更新し、バブル経済のピークでした。バブル経済の恩恵を受けたのは、主にこのときに40代前後であった団塊の世代です。10代後半にもう一つ人口の「こぶ」ができていますが、これが団塊世代の子どもたち、1970年代前半に生まれた団塊ジュニアの世代です。

この図が示すとおり、1990年の人口ピラミッドには、団塊世代と団塊ジュニア世代という2つのこぶがありましたが、団塊ジュニア世代の人々は3回目のベビーブームを起こしませんでした。なぜでしょうか。様々な要因がありますが、日本の経済、景気の動向が思わしくなかったことがその大きな所以（ゆえん）と考えられます。彼ら彼女らは、「就職氷河期」と呼ばれる超不況期に学校を卒業したため、満足な就職ができず、非正規雇用となった人がほかの世代より多いという特徴があります。そのため十分な収入を得ることができない人が前の世代より多くなりました。収入が増える見通しがないという将来に対して悲観的にならざるを得ない状況の中で、子どもを育てていけるのかという不安を強く抱いてしまった世代です。3回目のベビーブ

図表9-1　人口ピラミッド（1970年）

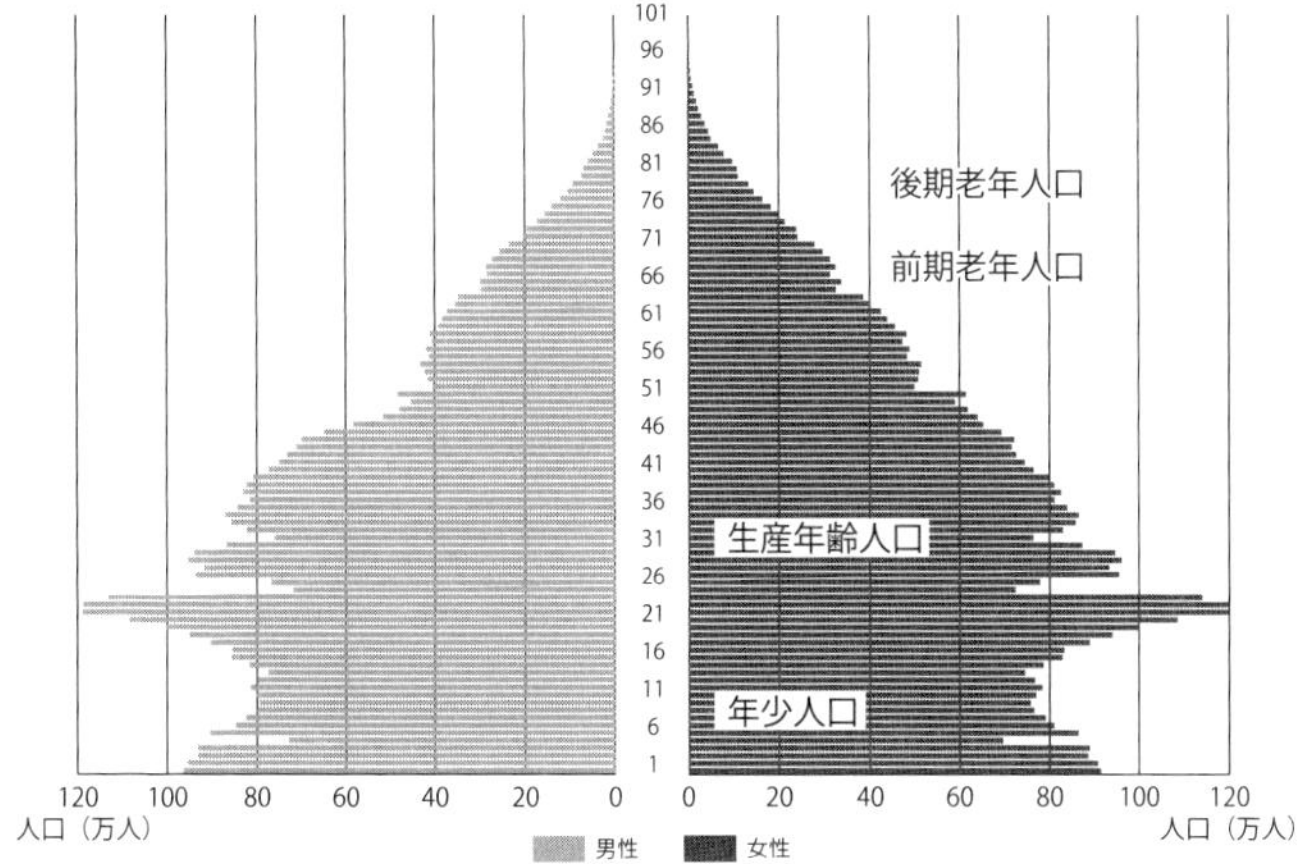

出所：国立社会保障・人口問題研究所「日本の将来推計人口（平成29年推計）」より作成

図表9-2　人口ピラミッド（1990年）

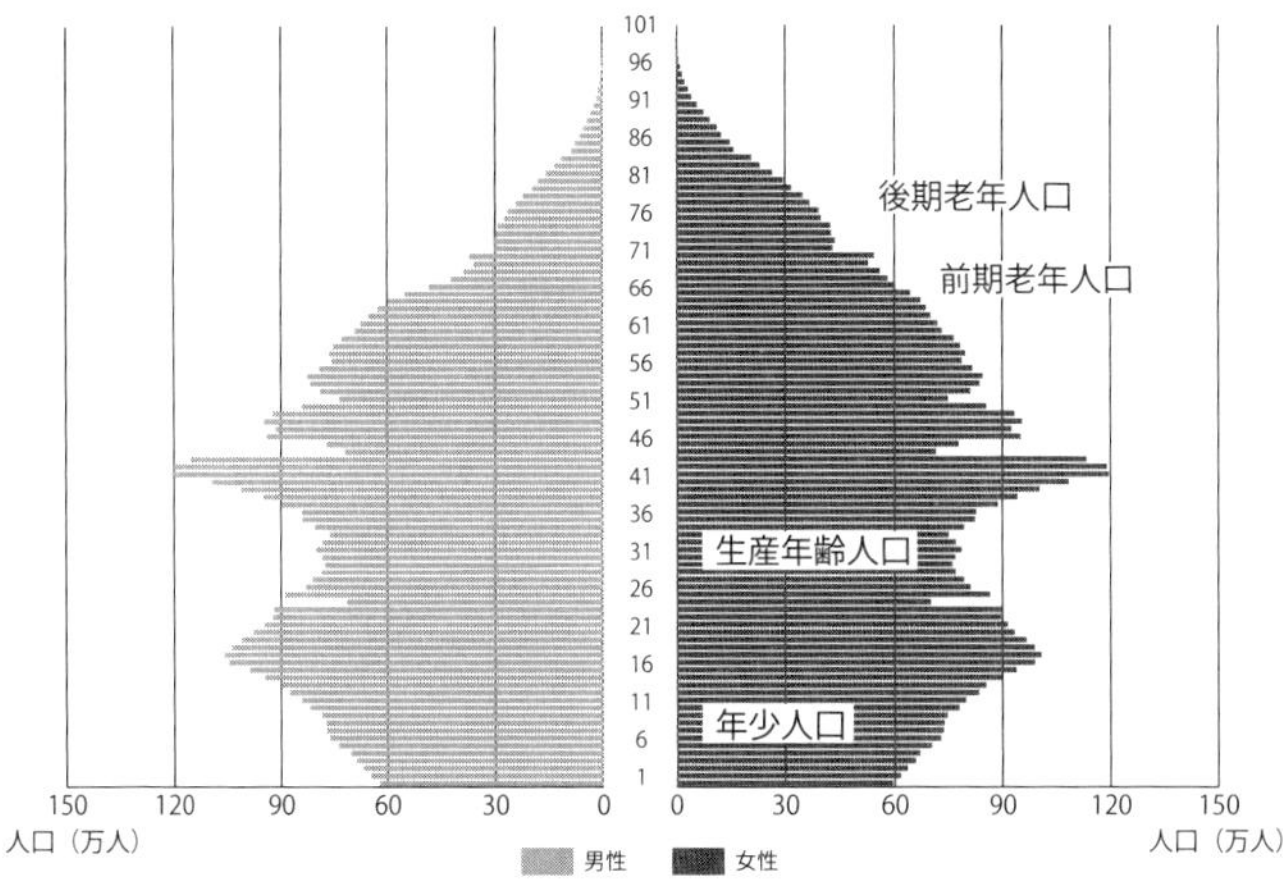

出所：国立社会保障・人口問題研究所「日本の将来推計人口（平成29年推計）」より作成

ームが起きなかった原因はそこにあると考えます。

こうした状況が続き、2015年には団塊の世代が前期高齢者になりました（公的な統計的定義では65歳以上を高齢者、そのうち65歳から74歳までを前期高齢者、75歳以上を後期高齢者と呼びます）。また、団塊ジュニアの人々が40代前半のいわゆる働き盛りの年代になりました。一方で、少子化が進んで子どもが極めて少ない状態になっています。[※1]

図表9-3は、2025年の人口の将来推計です。2025年がなぜ問題なのかというと、いよいよ第一次ベビーブームの団塊世代が75歳以上の後期高齢者になってくるからです。そして、相変わらず子どもの人口は増えていません。概して言えば、生産年齢人口にあたる世代の人々が働いて、保険料や税金を納め、それによって高齢者の年金、医療、介護を支え、子育ての支援を行っているので、この働く世代の人々の負担が非常に重くなっていくことが予想されます。また、この図に示すとおり、人口「ピラミッド」という形が完全に崩れていることもわかります。

さらに、2040年の人口推計が**図表9-4**です。このときには、団塊世代の多くはお亡くなりになっていますが、団塊ジュニア世代がこれから後期高齢者になるという時代です。この図を見ても、男性のほうが平均寿命は短く、女性のほうが長生きであることがわかります。つまり、これから女性（年配女性）の一人暮らしが増えることが予想されます。そして、変わら

図表 9-3 人口ピラミッド（2025年）

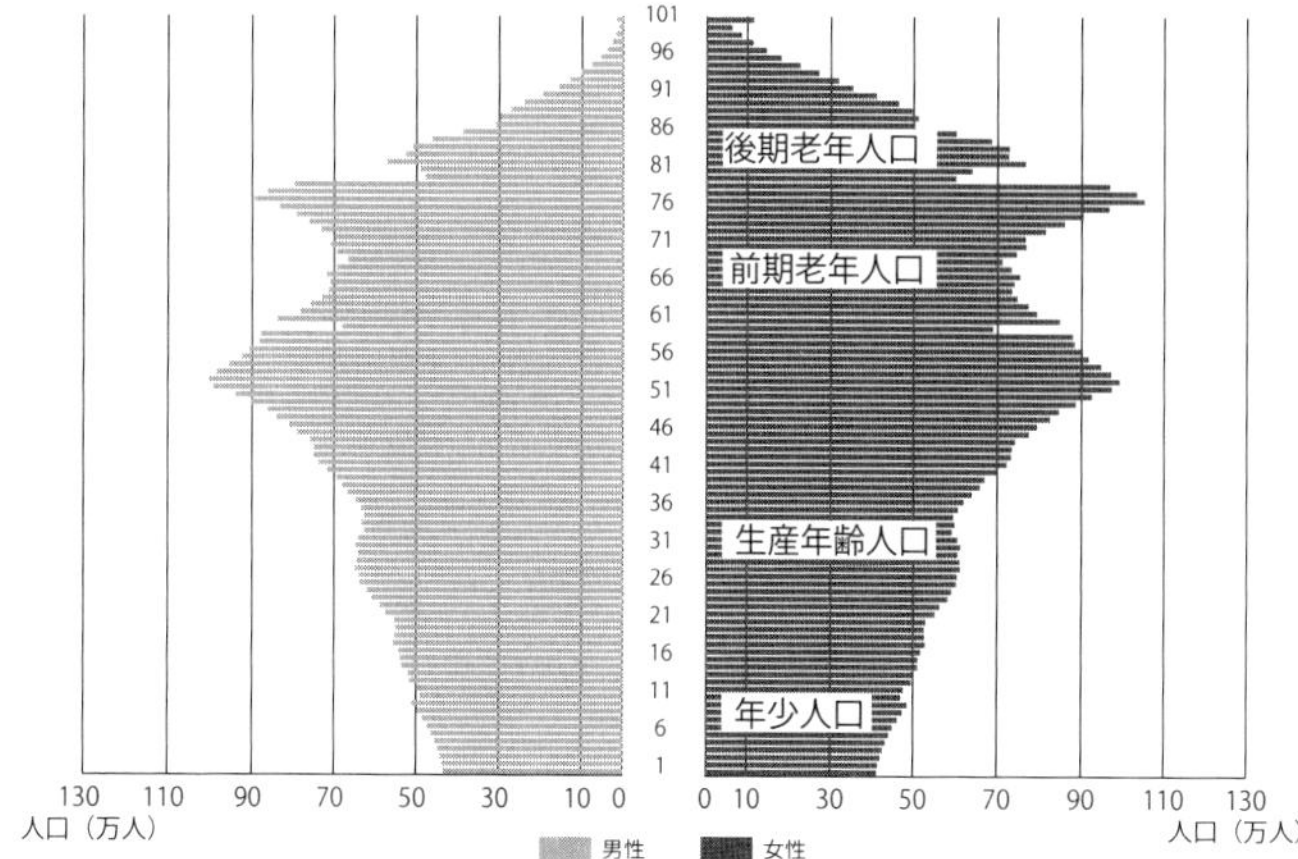

出所：国立社会保障・人口問題研究所「日本の将来推計人口（平成 29 年推計）」より作成

図表 9-4 人口ピラミッド（2040年）

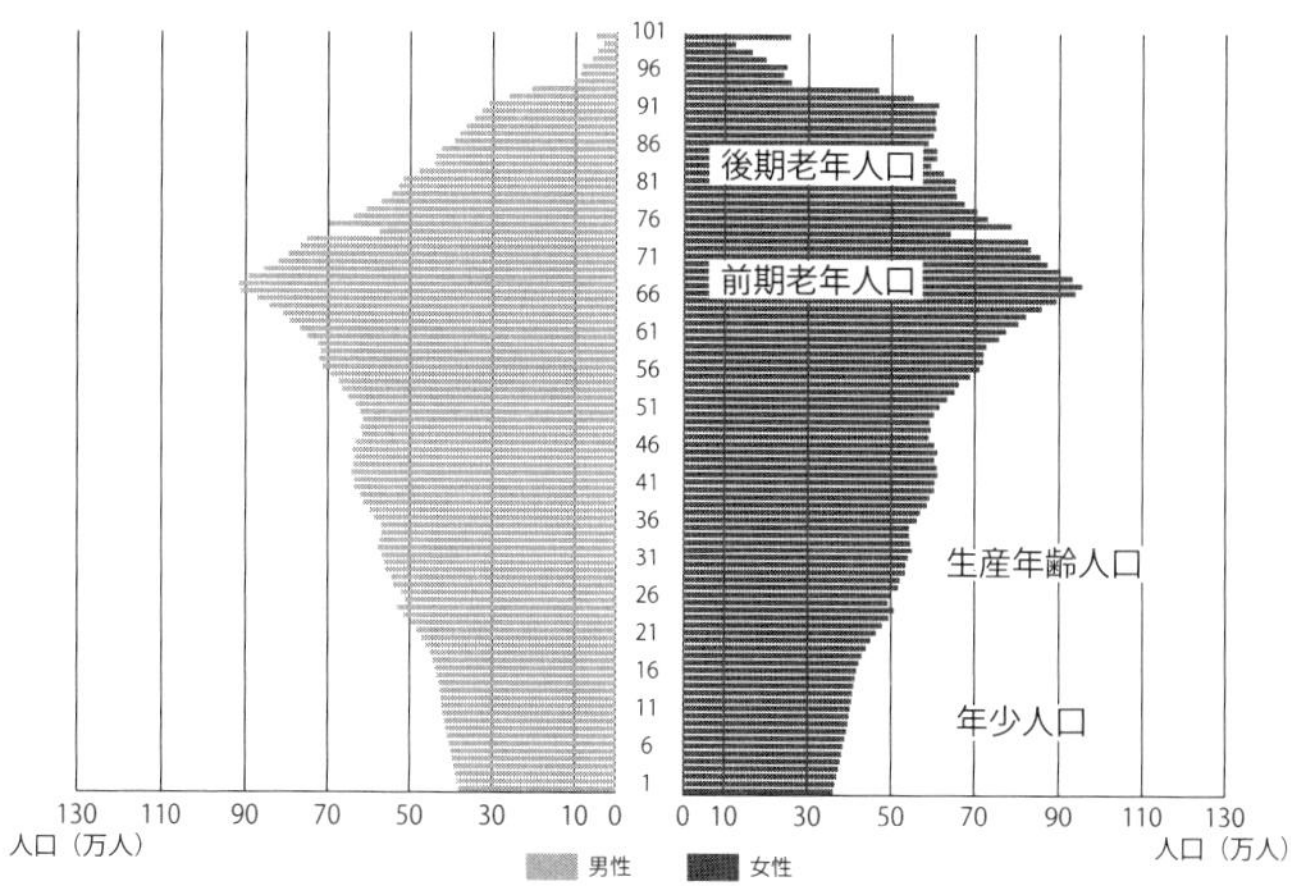

出所：国立社会保障・人口問題研究所「日本の将来推計人口（平成 29 年推計）」より作成

ず子どもの人口は減っています。このような状況で、本当に日本はやっていけるのだろうかと感じます。

※1　人口構造の問題、団塊世代、団塊ジュニア世代などの問題は第10章の清家論文を参照。

避けられぬ人口の急減

それでは次に、**図表9–5**を用いて、日本の人口の超長期トレンドを簡単に振り返ります。現在のような戸籍制度がなかった時代においても、人口の記録は残されています。例えば江戸時代においては、寺院に各檀家の情報を記録した宗門人別改帳（しゅうもんにんべつあらためちょう）※2という、いわゆる現代の戸籍の役割を担う台帳が残されていました。そうした資料を研究する人々によって、当時の人口統計が作成されています。

江戸時代の300年間で、人口はおよそ1000万人強から3千数百万人に増えています。特に江戸時代前期に急速に増え、後期は安定しています。日本の人口が爆発的に増え始めたのは明治以降であり、戦争中にわずかな減少はありましたが、終戦時には7000万人、2000年には1億2700万人、ピークは2004年の12月で1億2784万人でした。

今後、仮に現在の少子化の状況が変わらない、そして、外国人労働者を移民として受け入れ

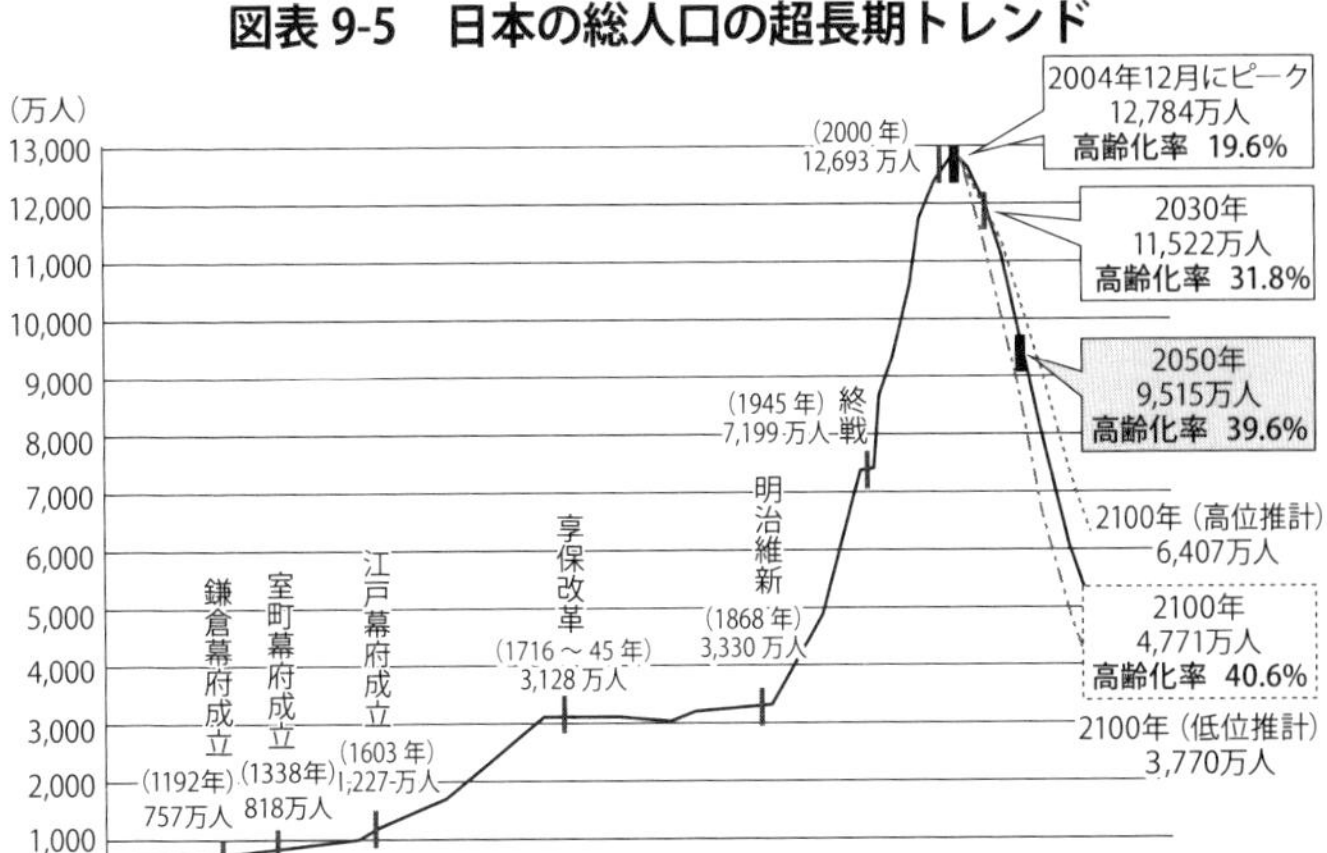

図表 9-5　日本の総人口の超長期トレンド

出所：国土庁「日本列島における人口分布の長期時系列分析」、総務省「国税調査報告」、国立社会保障・人口問題研究所「将来推計人口」などをもとに国土交通省作成

ないという方針を前提とすると、これまでの増加と同じようなスピードで、日本の人口は減っていくことになります。２０５０年には人口が1億人を切り、65歳以上の人口が40％近くを占めることになります。そして、２１００年には５０００万人を切り、高齢化率は40％近辺で高止まりします。言うなれば、今後１００年間で明治維新の時点に近い状態まで人口が減少することになります。必ずしも、１億２７００万人の人口が日本に必要であるということではありません。しかし、わずか１００年の間に、１億２７００万人が４０００万～５０００万人になるということの急激な減少が、どんな影響を引き起こすのかを深く考える必要があります。人口減少は避けられ

ないことであっても、その減り方を緩やかにする、もっと子どもを産みやすい社会にするといったことが絶対に必要であると考えます。

※2　現在の戸籍原簿や租税台帳の役割を担う民衆調査の台帳。家族単位の氏名と年齢、檀家として属する寺院名などが記載されていた。

政府は常に楽観的だった

人口統計に関するもう一つの問題についてお話しします。国立社会保障・人口問題研究所による合計特殊出生率の推計によると、1970年代前半、第二次ベビーブーム時の出生率は2・2くらいありました。一人の母親が平均で2人強の子どもを産んでいた時代です。70年代の手前に出生率が落ち込んだ年がありますが、これは1966年の丙午の年で、出生率は1・6程度にまで下がりました。先ほど、第三次ベビーブームが起きなかったという話をしましたが、日本の出生率は、この第二次ベビーブーム時からほぼ一貫して下がり続けています。

同研究所は約5年ごとに出生率の予測値を発表していますが、その推計によると実際の出生率が2・0を切った1976年には、その後の出生率はまた2・0に戻ると予測されていました。出生率が1・8程度に下がった1986年にも、再び2・0に向けて上昇していくと予測し、さらに出生率が下がった1992年、97年においても、政府はその後の出生率が回復するという予測を出し続けました。

最近になって、ようやく上がらないという予測に変わりましたが、なぜ政府は出生率が回復するという推計を出さざるを得なかったのでしょうか。それは、年金給付額の将来推計を出す上で、出生率が回復するという前提に立ったほうが、将来の年金給付額が減額するという説明をしなくて済むという「下心」があったからではないかと思います。

このように、政府は常に楽観的であったわけですが、現実には、まったく楽観的な推計を許さない状況がずっと続いていました。こういった政策ミスにより、統計数値にバイアスがかかり、将来の見通しがより苦しくなったといえます。

人々の結婚観の変化も要因

人口減少のもう一つの側面として、結婚に対する意識変化もあります。

家族形態の変化を研究している中央大学の山田昌弘教授によると、現在の70代、80代の人の未婚率は3％程度で、ほとんどの人が結婚をしています。そして、離婚する人も少ないために、10人に9人ほどの人は初婚の相手と生涯を添い遂げます。[※3] 一方で、学生の皆さんの世代は、一生に一度も結婚しない人の割合が4人に1人くらいになります。さらに、以前よりも離婚する人が増え、たとえ結婚しても、およそ3人に1人くらいの人は離婚すると見られています。これらを合わせて考えると、最初に結婚をした人と添い遂げる人の割合は10人中5人に満たないこととなり、家庭や家族の形が昔とはまったく異なることがわかります。

私が問題と感じるのは、こうした予測にもかかわらず、厚生労働省のウェブページなどでいまだに「あなたは年金をいくらくらいもらえます」といった情報を出す際のモデル世帯として、「夫が40年間会社員として勤めあげ、妻が一度も働いたことのない専業主婦の世帯における、厚生年金の月額受給額は22万円強」と紹介していることです。

確かに、このようなモデル世帯の厚生年金受給額は月額22万円くらいです。しかし、今の時代、夫がずっと1つの会社に40年間勤め、妻が一度も働いたことがないという夫婦がどれほどいるのか、ということです。こうしたモデル世帯での年金額の表示では、多くの人は自分たちの将来の年金額がどうなるのかはわからないと思います。

実際は、圧倒的に共働きの世帯が多く、しかも1つの会社に正社員で40年間勤めるということがいかに難しい時代になったかということも、このモデル世帯では反映していません。

このように、家族の形が大きく変わっているにもかかわらず、省庁・役所の人々の頭の中には、高度成長期のサザエさんのレガシーがいまだに生きているということなのではないかと思います。

２０１９年10月７日の日本経済新聞の一面には、「２０１９年の1年間に生まれてくる子どもの数が90万人を割るだろう」という予測記事が掲載されています。「出生数の予想以上の減少は、社会保障や経済成長に大きなマイナスの影響を与えるであろう」ということも述べられています。この記事でもやはり、90万人を割る時期が、国の推定より2年早まるであろうことを指摘していますし、実際に、２０１９年12月の終わりに発表された出生数は90万人を大きく割る86万４０００人でした。

※3　こころを育む総合フォーラム・第40回有識者会議　基調講演（http://www.kokoro-forum.jp/report/meeting_160509/）より。

コロナ危機でさらに加速する人口減

そして、２０２０年は新型コロナウイルス危機が発生しました。この影響で出生数の減少ペースに加速度がつくのは避けられそうにありません。婚姻件数も前年の水準に比べて16％程度下回った模様です。これによって、先行きの出生減に拍車がかかります。日本総合研究所の藤波匠上席主任研究員は、２０２１年の出生数が前年の20年より一気に6万３０００人も減り、78万４０００人になると推測しています。コロナが、日本の少子化を政府の推計より10年程度前倒しさせる。そんなリスクが現実化しそうです。

にもかかわらず、いまだに政府の推計には、少し上方バイアスがかかっているようです。予測を上回るスピードで2019年の出生数が90万人を割り込んだことについて、厚生労働省も様々な理由を説明しています。例えば、2019年5月に改元があったため、結婚を令和の時代の始まりに合わせて遅らせた人がいたとか、結果として2019年の出生数は少なくなったが、2020年には少し回復するだろう、といった説明もありました。確かに、そういった要因はあるかもしれませんが、大きなトレンドとして、生まれてくる子どもの数を逆転させるのは非常に難しいと思います。

いま一度おさらいをしますが、団塊の世代は、1947年からの3年間に毎年約270万人、合計800万人超という子どもが生まれていました。そして、70年代前半生まれの団塊ジュニアの世代は、毎年220万~230万人が生まれていたのに、それが今や100万人を切って86万人です。さらに2021年は80万人を切るおそれが強いのです。少子化がいかに急激に進んでいるかがわかると思います。

日本における選挙結果とシルバー民主主義

国の政策や法律は、選挙で選ばれた国会議員によって決められるのが基本です。高齢化の中で、人々の投票行動はどうなっているのでしょうか。人口構造の変化が政治に与える影響を見てみましょう。

日本の衆議院総選挙における年齢別の投票率を例にすると、直近の２０１７年の総選挙では20代の人々の投票率は約33％程度、60代の投票率は70％以上でした。そもそも若い人たちは人口が少なく、高齢者の人数はその何倍もいる上に、若い人たちが投票に行かず、高齢者の投票率が高くなっています。こうした状況を踏まえれば、この選挙に立候補する人たちが、高齢世代の利益になる政策を訴えたほうが選挙に当選しやすいと考えるのはごく自然なことです。これがいわゆる「シルバーデモクラシー」（シルバー民主主義）なのです。

シルバー層に対して政治家がおもねる。つまり、シルバー層のために政策や制度を作るほうが、自らの安泰を得られると考える政治家が少なくないということです。これを解決するには、10代、20代、30代の人々の投票率を上げるしかありません。この若い世代の人たちが、「私たちも投票に行くのだ」「私たちの世代の利益になるような制度を作ってほしい」「政策を変えてほしい」「もっと改革をやってほしい」、といったアピールをしない限り、現在のシルバー民主主義の状況は変わらないのではないかと考えます。

皆さんの世代の将来のために何が必要か、ということを考えるときに、もちろん自らの努力も前提としたその上で、国には何を求めるのか。あるいは、自分の住む市や区や町、村といった自治体の長や議員に何を求めるのか。自分たち若い世代の要求をアピールし、その要求を実現させるためには、現在の30％程度の投票率では、とうていその声は通らないということかと思います。

社会保障の世代間受益格差

こうした状況の結果、いったい何が起こっているのでしょうか。学習院大学の鈴木亘教授は、年金・医療・介護の３つの社会保障制度のすべてについて、世代別の推計を行っています。

これによると、例えば１９４０年生まれの人たちが受け取る年金額は、平均寿命で亡くなるまでに支払ってきた年金保険料に対して３４６０万円上回る、つまり黒字になります。医療費についても支払った保険料に対し、医療の給付として受けるサービスを金額換算すると１４００万円超の黒字になります。このように、この世代は生涯の社会保障収支が黒字になります。

ところが、１９７０年生まれくらいを境に赤字になります。皆さんの世代（２０００年生まれ）はどうでしょうか。年金は約２６００万円の赤字、医療は約６００万円の赤字、介護の赤字も合計すると３４６０万円ほどの赤字となります。

もちろんこうした推計は、様々な前提のもとで行われていますから、この推計値の正しさについてはいろいろな議論もあります。必ずしも若い世代が、自分が約３５００万円の赤字を抱えていると思い込む必要はないですが、全体として、日本では世代によって社会保障―年金・医療・介護―に格差があるということであり、この格差をどのように縮めるべきか、という議論が必要であると考えます。

若い世代が支払い損を抱えることの是非は、それぞれの人の考え方ではあります。しかし、世代によってこれだけの大きな格差があるということ、若い人に高齢化の負担が押しつけられていることの是非、いまの社会保障制度は本当に日本にとって健全な制度なのか、ということについてはよく考えていただきたい。これは、私からの問題提起とさせていただきます。

平成時代に閉じることのなかったワニの口

次に、シルバー民主主義によって生じたもう一つの結果として、２０１９年から税率が10％に上がった消費税について述べます。**図表９-６**のグラフの下の線は、毎年の所得税、法人税、消費税などによる税収を表しています。１９８９年の税収は約55兆円、２０１９年は約60兆円であり、平成の30年間で多少の紆余曲折はあったものの、税収は55兆から60兆へ５兆円ほど増えました。

図表９-６のグラフの上の線は国の一般会計の歳出、つまり支出を示しています。平成のは

図表 9-6　借金大国・日本

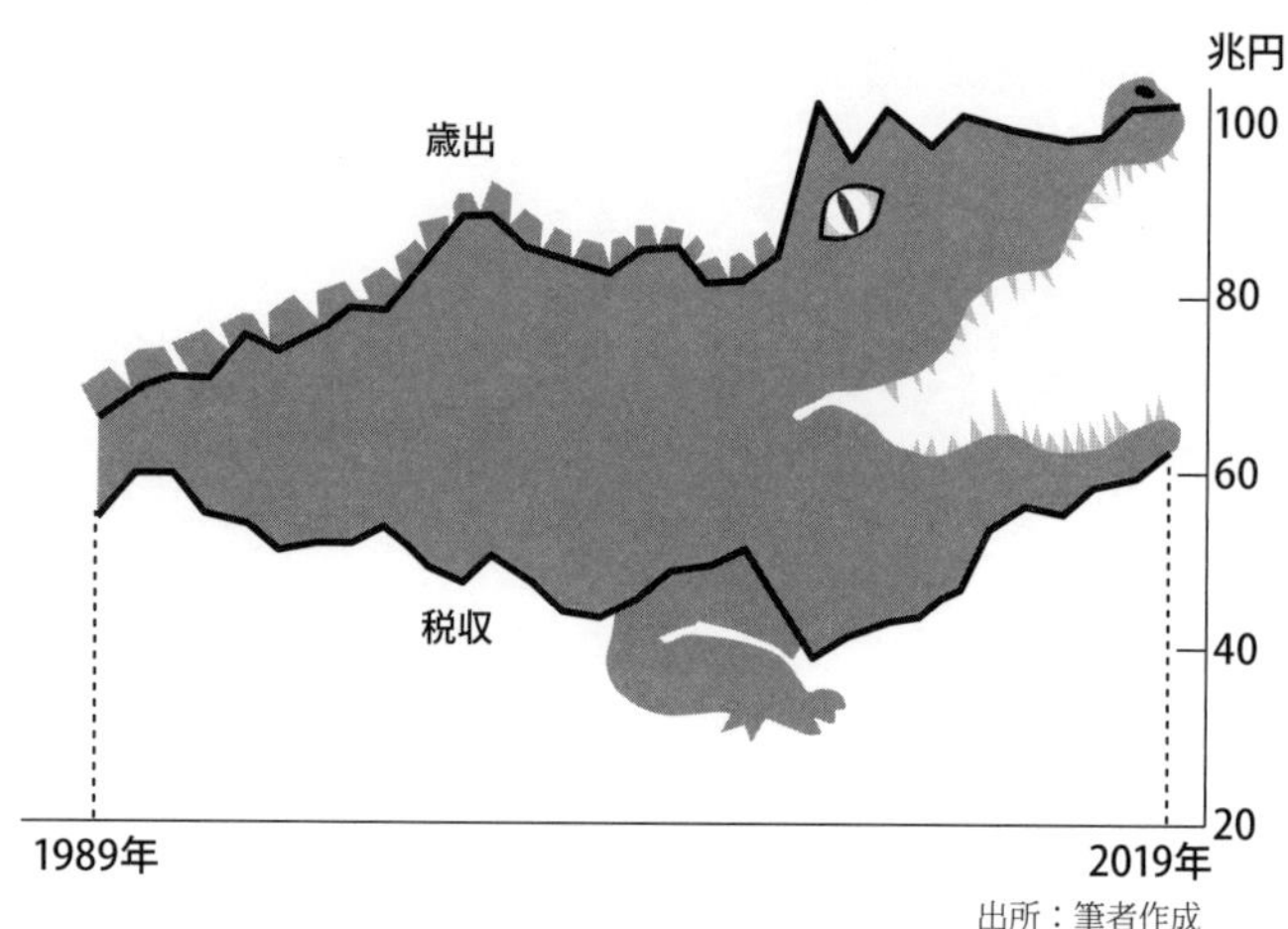

出所：筆者作成

じめは60兆円程度であったものが、今は１００兆円を超えています。

歳出が増えた一番の要因は年金・医療・介護であり、高齢化の影響を受けています。税収と歳出の差が40兆円近くあります。これは「ワニの口」と呼ばれており、財務省は平成の30年の間に、なんとかこれを閉じさせたいと考えていましたが、最後まで閉じることはありませんでした。

それに加えて、新型コロナが日本の国家財政を大きく揺さぶっています。２０２０年度の第１次補正予算で26兆円弱、２次補正で32兆円弱、３次補正では19兆円強の歳出を追加しました。すべての国内居住者を対象とする一人10万円の特別定額給付金のほか、コロナ危機に翻弄された医療体制を立て直す名目で１次補正に１

兆8000億円を計上し、2次補正ではこれを3兆円に積み上げました。予算の使い道は国会で承認を得るのが鉄則ですが、政府の裁量で使えるコロナ対応の「予備費」も破格の額が用意されました。まさに、財政民主主義に反するやり方ではないでしょうか。

もちろん、日本経済に未曽有の大打撃を与えているコロナです。国が前へ出て、政府・与党の責任で必要な歳出を実行することは欠かせません。消費者がお金を使わなくなり、政府の緊急事態宣言によって収入が途絶えた企業や個人も少なくありません。それらを救うのはまさに公の役割です。しかし、補正予算を子細に見ると、本当にコロナ対策として適切なのか、疑問を抱きたくなるような歳出もあります。

また、2021年度予算案を見ると、一般会計総額は当初予算で過去最高の106兆円超となっています。このうち40％を新規国債の発行で賄います。財務省は、コロナ克服と日本経済の成長を狙った予算案と説明していますが、やはり財政規律の緩みは隠せません。菅(すが)政権は2020年度の3次補正予算案も含めて「15カ月予算」と位置づけていますが、いわゆるワイズ・スペンディング（賢明な歳出）[※4]の名に値するかどうか精査が必要です。

いずれにしても、歳出と税収の差額を埋めているのは借金であり、国債を発行して国民や企業からお金を借りているわけです。**図表9-7**のように、国債には赤字国債と建設国債の2種類があります。このうち建設国債を発行して借りたお金は、道路、橋、水道などのいわゆるモ

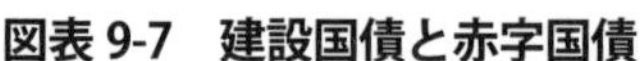

図表 9-7　建設国債と赤字国債

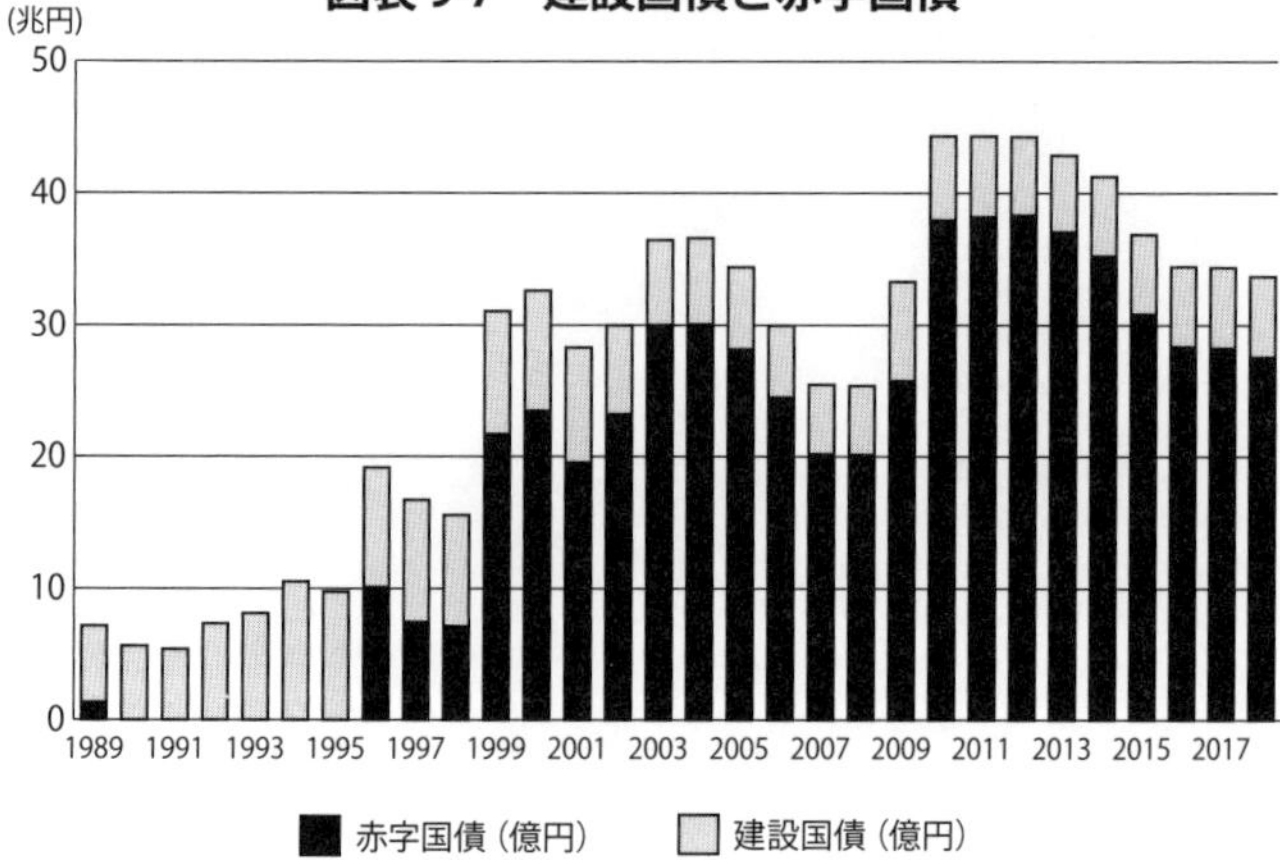

出所：財務省

ノを造ったり、改修したりするために使われます。いま造った新しい道路、舗装し直したアスファルトは30年後にもおそらく利用できますので、この借金は今の若い世代にも恩恵があるといえます。

もう一つの赤字国債は、実は財政法上はその発行を禁じられています。そこで、赤字国債を発行するために財政法を改正し、当該年度だけは赤字国債を発行できるようにするといったことを繰り返してきました[※5]。ところが２０１６年に成立した法律は、５年間、政府の判断で赤字国債の発行を認めました。菅（すが）政権はこれをさらに5年延ばす方針です。この赤字国債によって捻出された借金の多くは、高齢者の社会保障費に使われています。この赤字国債は将来、返済しなくてはなりません。国債は原則として60年で償還（完済）するというルールがあります。しかし実際は、元本を少しずつ減らしながら「借換債」の発行を繰り返すことで、最終的に60年で完済する仕組みをとっています。いまの若い世代が働き盛りの50歳くらいになるころには、そのときの税金から過去の赤字国債の返済をすることになっているでしょう。つまり、いまの若い世代に断りもなく借金をして、高齢者の社会保障を賄っているというのが現実です。

１００兆円の歳出に際し、せめて80兆円程度の税収がなければ赤字国債の発行は止められません。そういった意味では、消費税は赤字国債を減らすための、一つの有効な税収になるのではないかと思います。

※４　財政支出は、将来の成長率を高めるような分野に効果的に用いられるべきであるという意味。
※５　赤字国債の発行を認めるための特例法を特例公債法という。

敗戦時よりも多い日本の国家債務

現在、日本政府が抱えている債務残高のＧＤＰ（国内総生産）に対する割合は２２０％ほどです。ＧＤＰが5百数十兆ですので、国家債務の残高は１０００兆円を超えています。**図表9–8**のグラフの右側が示すように、90年代にバブル経済が崩壊して以降、日本の債務残高が急

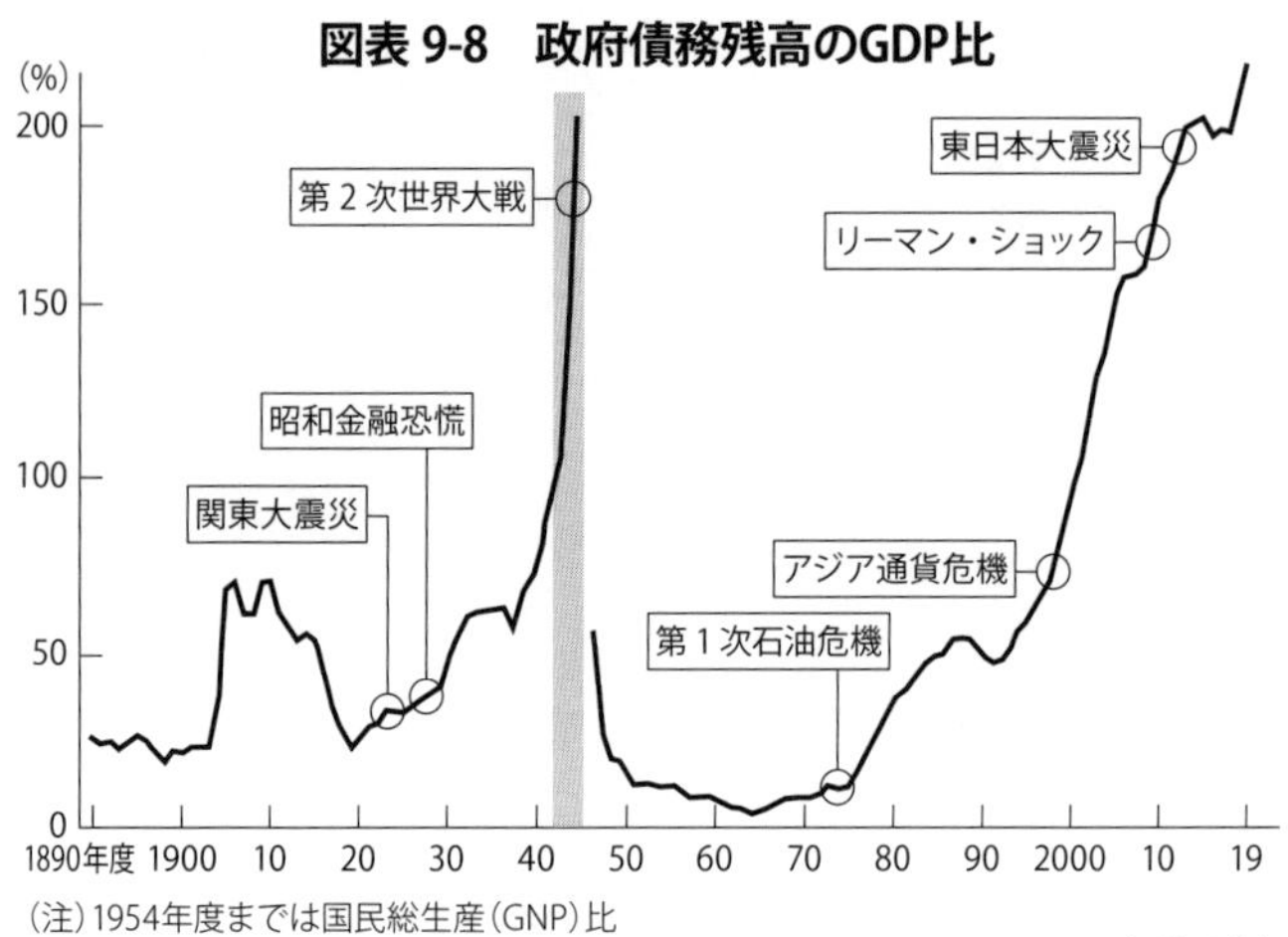

速に上がり、平成の30年間で借金大国になってしまったことがわかります。

一方で、**図表9-8**の左は１８９０年くらいから終戦前の１９４４年くらいまでの債務残高を示していますが、右側の現代のグラフとよく似ています。当時は、戦時国債を発行して国民からの多くの借金で戦費を賄いましたが、敗戦してその借金だけが残りました。

では、この時代、ＧＤＰ（ＧＮＰ）の２００％を超えた借金をどのようにして返済したのでしょうか。その方法は３つです。まず１つめは預金封鎖であり、それまで国民が銀行に預けていたお金は没収されてしまいました。２つめは円の切り替えであり、お札をすべて改刷してしまい、それまで国民の持っていた旧札を無効にしてしまいました。銀行に預けていても没収され、自宅に蓄えておいた旧札も利用できない状態にして、まさに国民から金融資産を巻き上げたのです。最後の1つはハイパーインフレです。超インフレを起こすことで、借金の金額を相対的に低下させました。このようにして、GDP200%を超える借金を帳消しにしました。

いまは、戦後当時と比べれば日本経済の懐も深くなっており、日本銀行が超低金利政策によって金利を低く抑えていることもあって、すぐに預金封鎖が行われたり、改刷を行うことで皆さんの持っている旧札を無効にしたりするなどといったことは考えにくいでしょう。しかし、この莫大な借金が日本の経済・財政の持続可能性をむしばんでいるという事実については、よくよく考える必要があると思います。これ以上借金を重ね、債務残高がGDPの230%、240%と上昇するようなことが起きた場合にどうなるか。実際、コロナ危機でこうした懸念が現実化しつつあります。我々は歴史を振り返り、歴史に学ぶことが必要です。特に、こうしたことが政治の場、国会などで議論されていないことが問題です。

データを公にし、GDPの220%にまで膨れ上がった債務をどのように減らしていくか、ということをオープンに議論して、その内容をもとに対策を実行していくことが政治家に求められます。そのためにも、若い世代の人々が、自分たちがハッピーになるためには何が必要なのかを考え、選挙権を行使することが重要であると考えます。

消費税頼みの国の財政

国の税収の柱は、所得税、法人税、消費税です。所得税は労働者の毎月の給料などから天引きされ、国税庁に支払われます。法人税は、法人がその儲け（利益）の中から法人税率に従い支払います。最後の消費税は、皆さんが普段の買い物をする際に支払っています。法人税と所得税は働いている人々が負担している税金であるのに対し、消費税は子どもや若い世代からお年寄りまで、すべての世代が負担している税です。

消費税は平成元年（１９８９年）に導入されましたが、当時の税率は３％でした。平成９年（１９９７年）の橋本龍太郎内閣時に5％に引き上げられたのち、しばらくはこの税率が続きましたが、２０１４年の安倍晋三内閣において８％へ、２０１９年10月には10％に引き上げられました。３％から始まった税率が平成の30年間をかけて10％まで上がったわけですが、食料品や新聞は軽減税率（８％）が敷かれています。

一方、例えば法人税については、２００９年度に急速に落ち込みました。その2年前の２００７年度には14・７兆円あった税収が半分以下になっています。これはリーマンショックによる企業業績の急激な悪化が要因です。また、所得税についても（税率の変更の影響もありますが）、バブル経済のころは税収が好調でした。ところが、景気の停滞とともに働く人々の収入が減り、それに伴い所得税収も減りました。つまり、所得税や法人税は景気の変動に左右されやすい税収といえます。

これらに比べ、消費税は景気の変動に対し比較的税収が安定しています。税率3％の時代の消費税収は6兆円前後、5％の時代は10兆円前後、8％の時代は10兆円超を維持しており、景気の変動に強いことが特徴です。だからこそ、社会保障の予算に充てる税収としては消費税が適当であると考えられます。社会保障を法人税収や所得税収で賄っている場合には、大不況が起こったときには税収が大幅に下がります。しかし、それに合わせ社会保障の歳出を減らすことはできません。そうしたことからも、今後の税収を考える中で、主役となるのは消費税であろうと考えられます。

表示方式によって変わる痛税感

ヨーロッパ諸国は、ＥＵに加入するためには、消費税（付加価値税）を最低でも15％にしなければなりません。イギリスの付加価値税の標準税率は20％、北欧の国々では25％程度です。日本は現在10％ですので、ＥＵ加盟国の例に照らせば、まだ税率を引き上げる余地があるともいえます。

しかし、買い物をするたびに20％の消費税を支払う、例えば1万円の物を買った際に２００

0円もの税金を支払うとなると、その負担の痛みを感じるのではないかと思います。この「痛税感」をなるべく緩和するために、ヨーロッパでは商品価額を税込みの総額表示にしています。例えば、イギリスでテイクアウトのコーヒーを注文すると、その価格は税込みで2・5ポンドと表示されており、そこには確かに20％の消費税がかかっていますが、税率、税額がいくらかということは値札には書いていません。[※6] つまり、消費税もコストの一つだと割り切って、値札の中に含めて表示をしているわけです。

こうした工夫により、買い物をする人々に20％の税率をなるべく感じさせないようにしています。ところが、日本は現在、外税方式（消費税抜きの価格表示）が基本であるため、値札には本体価格が表示されており、レジで代金を支払う際に消費税額がはっきりわかります。外税方式を続けていくと、これから消費税の税率を引き上げていく際に、消費者がすんなりと受け入れることはなかなか難しいのではないでしょうか。その対策として、日本もヨーロッパのように税額を含めた総額表示に変えていくべきではないだろうかと考えます。[※7]

※6　レシートには、代金の内訳として税額が表示されている。
※7　2021年4月より、総額表示が原則になる。

増え続ける高齢者の医療費について

次に医療費の問題について、歴史を振り返ってみましょう。

いま、皆さんがインフルエンザに罹(かか)った際に、病院で治療を受け、薬を処方してもらって会計で支払う医療費の負担分は、かかった医療費総額の３割です。仮に、６０００円の医療費がかかった場合は１８００円を払い、残りは健康保険から支払われています。

現在、高齢者の医療費の自己負担割合は、70歳から74歳では原則２割、75歳以上の後期高齢者は原則１割です。年をとることで病気にもなりやすく、病院に行く回数も増えるため、医療費の自己負担割合を下げることには一見正当性があるように見えます。しかし、果たして本当に正当なのか、という点について問題提起をしたいと思います。

政府は２０２０年12月にまとめた「全世代型社会保障検討会議」の最終報告で、現在１割負担をしている後期高齢者のうち、その23％に相当する年金収入２００万円以上の人を２割負担にすることを打ち出しました。[※8] これに伴い必要になる関連法の改正案を、厚生労働省が２０２１年の通常国会に提出する予定です。半歩前進といえなくもありませんが、後期高齢者の70％は１割負担が続くことになります。このことは、高齢者の負担引き上げがいかに政治的に難しいかを物語っています。

最終報告の取りまとめ時に、同検討会議の議長を務めた菅首相は、「若い世代の負担上昇を抑えることは待ったなしの課題だ」と述べました。首相が目指す方向性は正しいと思います。もっとも、負担引き上げの実施時期は、国政選挙への悪影響を気にする与党の意をくんで、２０２２年秋以降になる見通しです。しかし、負担引き上げの必要性に理解を示す高齢有権者は増えつつあるのではないでしょうか。選挙目当てだけの政策立案は的外れと言わざるを得ません。高齢者医療費の一部に充てている若い世代の健康保険料を過重にしないために、低年金や無年金の人には十分な配慮しつつも、後期高齢者の窓口負担は原則2割にするのが望ましい政策ではないでしょうか。

かつて、日本では高齢者の医療費は無料でした。１９７３年の田中角栄内閣は、70歳以上の医療費を無料にしました。そこで、この１９７３年は福祉元年と呼ばれました。当時は、この章の冒頭で述べた、漫画『サザエさん』の描く社会そのものであり、人口ピラミッドがまだ三角形であった時代です。よって、高齢者の医療費を無料にしても、社会全体として大した負担ではなく、田中首相は大いに国民の人気を博しました。

その後、様々な紆余曲折があったのち、小泉純一郎内閣の時代に75歳以上の高齢者に1割負担を求める法律が成立し、さらに、その2年後（２００８年）に後期高齢者医療制度が始まりました。

※8　75歳以上高齢者の上位7%は現役並みの所得があるとして、自己負担は現役同様に3割となっている。改革では、その次の所得層にあたる23%について自己負担を2割とした。

ただより高いものはない

ここでの論点は、「ただより高いものはない」ということです。誰かの負担をただにするということは、そのただにした人にかかったコストを他の人が支払っているということです。高齢者の医療費を無料にするということは、その医療費を他の世代が肩代わりしているということであり、それが本当に良いことといえるのでしょうか。

「福祉元年」という聞こえのいい言葉はあたかも善政を敷いたように聞こえますが、いま歴史を振り返ってみれば、田中角栄首相の失策だったのではないかと私は考えています。たとえ5%でも負担があることに意味があります。「完全な無料」は、いろいろな問題を引き起こす失策の典型ではないかと感じます。

実際、医療費を一度無料にしてしまって以降、制度変更を重ね、75歳以上の人々を対象とする後期高齢者医療制度の確立に至るまでに30数年を要しました。一度ただにしたものを元に戻すのは非常に難しいという一つの例といえます。

この例に照らすと、現在、安倍内閣のもとで幼児教育の無償化が行われています。3歳から

4歳の子どもが保育園に通う際にかかる費用は原則として無料とし、国が肩代わりするという政策です。国が肩代わりするというのは、結局は他の世代が肩代わりするということですから、この幼児教育の無償化についても、低所得でどうしても保育園への通園費用を支払うことのできない家庭に限定すべき政策であって、お金持ちの世帯に対してやることではないと考えます。

ある財界人のお別れ会のエピソード

最後に、2017年11月20日の日本経済新聞に掲載された記事とそのエピソードを簡単にご紹介し、この章を終わりたいと思います。この記事は、株式会社小松製作所で社長、会長を務められた安崎暁氏から送られた、ある案内を掲載したものです。

安崎氏は長く健康を維持していましたが、あるとき、体調の悪さを感じて病院で検査を受けたところ、末期の胆嚢癌等が見つかり、医師から余命は半年と宣告されました。安崎氏の決断は、延命治療は受けず、残り半年間のQOL（暮らしの質）を優先し、精いっぱい生きるというものでした。そして、その年の12月に東京のホテルにおいてお別れの会を開くので皆様どうぞお越しください、というお知らせを日本経済新聞に掲載したわけです。

余命半年と宣告されたときに、自分がその半年をどのように生きるのか。もちろん、苦しい治療を受けながら一日でも長く生きるという選択もあるでしょうし、この安崎さんのように一切の延命治療を拒否して、残された半年を自分らしく生きるという選択もあるでしょう。長寿化が進む中でこうした選択をする人々がたくさん生まれ、今後も増えると思います。

どう生きてどう死んでいくか、ということは一人ひとりにとっての大きな問題です。若い世代にはまだ切迫感や切実感はない問題でしょうが、こうした人の一生について思いを馳せながら、これからの日本の政策や制度改革、社会について考えを深めていただきたいと考えます。

■講義への駒村コメント

大林さんの報告は、21世紀の日本の最大の問題となる高齢化と財政、社会保障の持続可能性の確保が主題でした。これまで高齢化に伴い社会保障給付費が急増するなかで、その時々の選挙に対応するためにその場しのぎの対応がなされ、財源確保が後手後手に回り、膨大な公的債務を抱えてしまいました。日本は、国際的にも歴史的にも、最も公的債務が累積している状況で、新型コロナ対策を行わなければならない現状になっています。新型コロナ禍では、必要な財政支出を行うべきですが、その内容はポストコロナまでにらんだワイズ・スペンディングなのか疑問も多くあります。

公的債務の増加に対して、大林さんが講義で、１９４１年の戦時中に出版された『隣組読本戦費と国債』のあるページを示してくれました。そこにはこんな記述があります。「国債がこんな激増して、財政が破綻する心配はないか」、「答え。国債がたくさん増えても全部国民が消化する限り、少しも心配は無いです。国債は国家の債務、つまり国民全体の借金ですが、同時に国民がその貸してでありますから、国が利子を支払ってもその金が国の外にでていくわけではなく国内でことごとく国民の懐にはいって行っていくのです」。ほぼ今と同じような説明がされているわけですが、戦後、国債がどうなったのか、経済がどうなったのかは歴史が教えてくれるわけです。

今後、ますます高齢化が進み、投票者の高齢化によりシルバーデモクラシーが進む可能性があります。他方で、本当にシルバーデモクラシーがあるのか、高齢者は自分のことしか考えないで投票行動するのかという点については様々な議論もあります。

持続可能な社会保障制度を確立するためには、客観的な情報といろいろなケースも想定した推計に基づいて、すべての世代が責任を持って社会保障・財政改革に関わる必要があると思いました。

■学生の質問

大林さんは年金支給開始年齢の引き上げを主張されますが、引き上げ自体はこのシルバー民主主義のなか、また選挙に参加する人たちの多くが高齢者であるなか、実現は可能なのかについて教えていただきたいです。

大林……年金の支給開始年齢の引き上げには時間がかかります。現在、3年で1歳のペースで引き上げており、２０２５年に65歳支給開始に到達します（男性）。いま64歳になっている人に、いきなり来年から70歳にするという政策はあり得ないです。したがって、もし将来70歳支給開始にするならば、5歳×3年で15年かかるわけで、一番早くても２０３５年になります。対象者は現在55歳ということになるので、今の高齢者には影響を与えず、現役世代に影響を与えることになります。

■駒村のコメント

マクロ経済スライドが導入されたので、年金の支給開始年齢を引き上げなくても財政の持続可能性が確保されているという意見もあります。自発的に退職、支給開始年齢を遅くすれば増額年金を受け取れるので、そうした自主的な判断に任せるべきであるという意見や、これから支給開始年齢の引き上げをするのでは、かえって若い世代が不利になるという意見もあります。しかし、人々が自主的に65歳以降も働く、年金をもらうのを遅らせることを待つという政策でよいのか疑問でもあります。年金の計算式や税制なども変えながら、基本的には67歳とか70歳までは働き、その後に年金を受け取るように政府が高齢者雇用政策にコミットするということも必要ではないかと思います。

質問2

年金財政や医療における社会保障の改革や政策は、その効果を見るのには長い期間が必要であると思います。しかし、実際に政策を行う行政機関などでは、担当職員が頻繁に変わり、政策の効果の検証が難しいと聞いたことがあります。人生100年時代の社会保障制度を考える上で、行政や政治制度そのものを変えていくことは必要だと思いますか?

大林……政府の議論の進め方や資料の見直しも重要です。例えば、年金制度については5年に1度、超長期の見通しを厚労省が示す「財政検証」という仕組みがあります。ただ、この検証に使われる経済成長率などが現実離れしているという批判が強いです。講義でも出生率の政府推計が常に楽観的だったケースを話しました。まずは政府が正直な見通しを出すことが超長期の社会保障・税制を見通す上で欠かせません。重要なのは「根拠にもとづいた政策立案」（Evidence based Policy Making, ＥＢＰＭ）です。

第10章

人生100年時代の働き方：生涯現役社会への道

——2040年問題に備える——

高齢人口がピークに達する2040年、日本は大きな転換点を迎えます。それが「2040年問題」です。このまま何も施策を講じずにいると、私たちはどのような問題に直面するのでしょうか。また、それを回避するには何をすればいいのでしょうか。世界で高齢化が進む現在、生涯現役社会を実現するために必要なことをお話しいただきました。

日本私立学校振興・共済事業団理事長

清家 篤（せいけ・あつし）

1954年生まれ。慶應義塾大学経済学部卒業。1992年、慶應義塾大学商学部教授に就任。以降、同大学商学部長などを経て2009年から2017年まで慶應義塾長を務める。慶應義塾学事顧問。2016年、フランス政府よりレジオン・ドヌール勲章シュヴァリエを受章。主な著書に『労働経済』（共著、東洋経済新報社）、『金融ジェロントロジー』（編著、東洋経済新報社）、『雇用再生』（NHKブックス）、『生涯現役社会の条件』（中公新書）など多数。

「2040年問題」の背景にある人口構造

今回は、今後の日本の雇用システムや社会保障制度についてお話しします。今後と言うときに特に意識しているのは２０４０年です。これはそのころ、正確には２０４２年に高齢者人口は絶対数でピークに達し、団塊ジュニア世代の高齢化による「２０４０年問題」といわれる大きな課題を抱えることになるからです。

まず、高齢化とは何かです。それは総人口に占める高齢人口の比率で計られます。ここでいう高齢人口とは65歳以上の人口を指し、この定義は１９５０年代に国連によって定められました。日本はいま、世界で一番この高齢化率が高い国になっています。あとで詳しく見ますけれども、すでに30％に接近しています。

もう一つ、高齢化を計る基準に高齢化のスピードがあります。高齢化のスピードは、65歳以上の人の比率が７％から14％になるまでに何年かかったかで算出されます。ちなみに高齢化人口が７％を超えると、その社会は「高齢化社会」、英語で言いますと「aging society」、age に進行形の ing のついた社会となります。これがその倍の14％になると、その社会は「aged society」、age に完了形 ed のついた社会となり、高齢化した社会、「高齢社会」になります。

日本は、１９７０年に高齢化社会に入りました。そして高齢人口比率が14％になって高齢社会になったのは、1994年です。つまり高齢人口が7％から14％になるまでの期間は24年でした。一方、日本より一足先に高齢化の進んでいたヨーロッパの国々を見てみると、高齢化社会から高齢社会になるまでにだいたい50年から100年かかっていますから、日本の高齢化のスピードは、とても速いことがわかります。フランスなどは114年かかっているので、これと比べれば日本は4倍以上のスピードです。

高齢者内の構造変化も重要です。高齢者でも比較的若い65歳から74歳の人に対して、より高齢の75歳以上の人の割合が、2015年には大体1対1くらいだったのに対して、2025年になると1対1・5になります。急速に75歳以上の人口比率は増えていきます。「高齢化の奥行きが深くなる」といってもよいかもしれません。その背景にある要因は何でしょうか。

それは、いわゆる「団塊の世代」と呼ばれる人たちです。団塊の世代というのは1947年から49年までに生まれた人で、47年生まれの人は2022年に、49年生まれの人は2024年には75歳になります。つまり、団塊の世代が皆75歳以上になる年を指して「2025年問題」といわれるわけです。

以上のことを**図表10-1**で確認しておきましょう。この図では日本の65歳以上の高齢人口比率の推移を1950年代から示してあります。比較のために、ドイツとフランスのそれも描かれています。

図表 10-1　65歳以上人口比率の推移

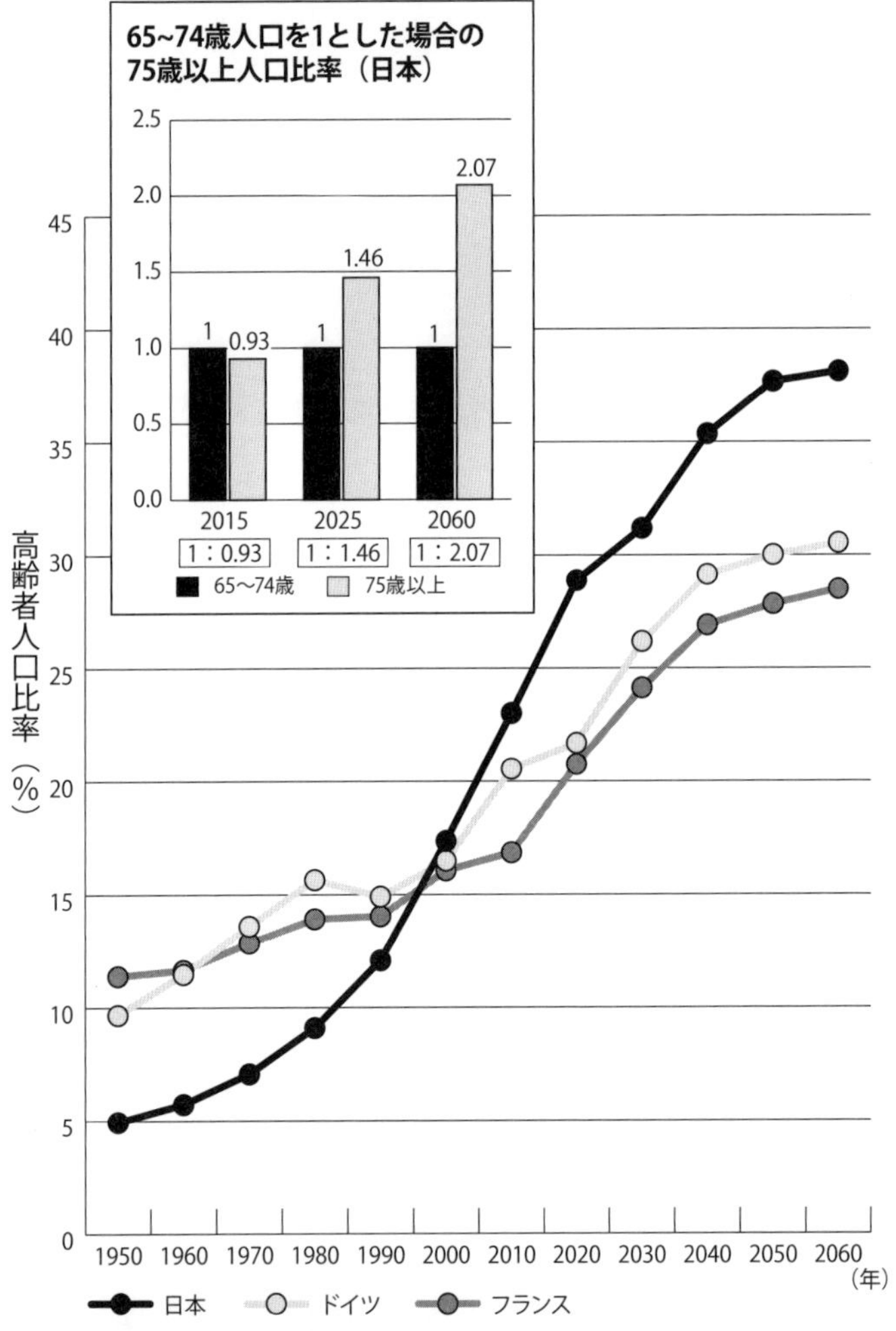

出所：国立社会保障・人口問題研究所「人口統計資料集　2020年版」より筆者作成

まず日本の高齢人口比率は、もうすでに２０２０年の時点で30％に近くになっていて、高齢化先進国であるドイツ、フランスなどよりも高くなっていることを確認してください。しかしこれも通過点であって、いまから20年後の２０４０年ごろには35％くらい、すなわち日本の人口の３分の１以上が64歳以上の高齢者になります。最終的に２０６０年あたりには、日本の人口の５人に２人が65歳以上の高齢者になるわけです。

この折れ線グラフの傾きを、日本とドイツ、フランスで比べてみると日本はより急カーブになっています。先ほどお話しした高齢化のスピードの速さを示しています。さらに、左上の囲みの中の棒グラフは、65歳から74歳までの高齢者の比率を黒い棒で、75歳以上のそれを薄い色の棒で表しています。２０１５年には65歳から74歳の高齢者の比率と75歳以上のそれの比率は1対1でした。しかし２０２５年には１対１・５になっています。そして、右端に示されている２０６０年ごろには１対２という比率になります。先に申し上げた高齢化の奥行きの深まりということです。まず団塊の世代による75歳以上の急増が２０２５年問題を引き起こすわけですが、冒頭に申し上げた２０４０年問題というのは、この団塊の世代の子どもである団塊ジュニアの人たちの高齢化によるものです。

２０４０年問題の主役は、団塊ジュニアの人たちです。いま、赤ちゃんが毎年どのくらい生まれているかというと、90万人弱です。一方で、団塊の世代はその３倍くらい、約２７０万人生まれてきました。毎年270万人です。したがって、この人たちが一気に75歳以上になる2025年はとても重要な年になるわけです。そして、この人たちの子どもである団塊ジュニアもたくさん生まれていて、毎年ほぼ200万人の赤ちゃんが誕生していました。

団塊ジュニアとは、1971年から1974年に生まれた人たちです。その前後の1970年や1975年も含めることもありますが、よく使われるのは71年から74年生まれの人です。そこで71年生まれの人は2036年に65歳以上になり、74年生まれの人たちは2039年に65歳以上になります。したがって2040年には団塊ジュニアはほぼ全員65歳以上の高齢者になります。つまり、2040年問題というのは、毎年200万人生まれていた団塊世代の子どもである団塊ジュニア世代が65歳以上の高齢者になって、高齢者の絶対数がピークを迎えることに起因するのです。

2040年問題は、団塊の世代よりは人数は少ないとはいえ、現在生まれている赤ちゃんの2倍以上の人々が一気に高齢者になります。ここで問題は、団塊ジュニアを支える団塊三世のかたまりはないということです。これは**図表10‐2**を見ていただくとわかります。2015年の国勢調査をもとに作られた人口ピラミッドです。

このなかで実線の丸をつけたのが団塊の世代です。そこからほぼ25年後のところで点線の丸をつけたところが団塊ジュニア世代です。両方とも出っ張っていますね。こうなると、そこか

図表 10-2　人口ピラミッドの変化（2018年）

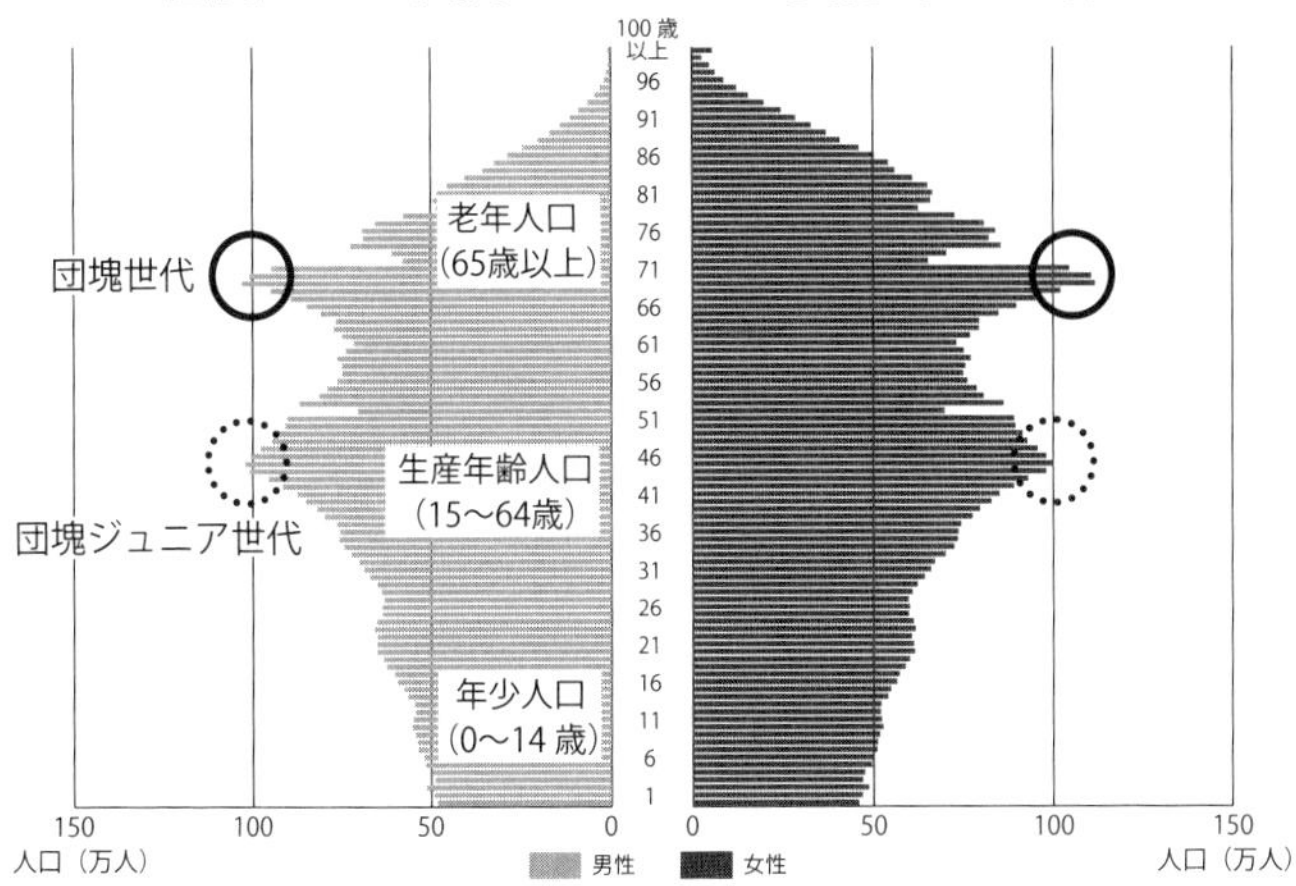

◎団塊世代と団塊ジュニア世代の出生数

団塊世代	1947 年	1948 年	1949 年	
	268 万人	268 万人	270 万人	
団塊ジュニア世代	1971 年	1972 年	1973 年	1974 年
	200 万人	204 万人	209 万人	203 万人

※前後の1967～1969年、1975年は約190万人

出所：国立社会保障・人口問題研究所「人口統計資料集　2020 年版」より作成

らまた25年くらいあとに団塊三世の出っ張り、というふうに期待するのは当然です。つまり1990年代の半ばくらいから2000年代半ばくらいまでに、また赤ちゃんは増えて、そこに該当する人口も増えているはずです。しかし、そのあたりに人口の出っ張りは見られません。実は、このころに生まれた赤ちゃんの数は、たかだか100万人くらいでした。

団塊の世代は、よく人口ボーナスといわれます。労働力が多いということはそれだけ生産力も高くなります。消費者としても、経済の成長には人口の多いことはとてもプラスになります。こうした人口ボーナスは、経済成長に大きく寄与します。同様に、団塊ジュニアもいわばプチボーナスでした。団塊の世代ほどではないけれど、生産力や消費力は高まったわけです。ところが、そのあとには団塊三世の人口ボーナスは出現しませんでした。これが、これからの日本の人口を考えたときに大きな問題になるのです。

団塊の世代が数年後の2025年には75歳以上の後期高齢者になります。75歳以上になると有病率、要介護認定率は高くなってきます。これによって、医療費や介護費も大きく増加します。それでも、それは団塊ジュニアの人口プチボーナスでなんとか支えられるかもしれません。しかし、その先の2040年、団塊ジュニアの人たちが65歳以上の高齢者になるときには、そうはいきません。団塊ジュニアを支える団塊三世の人口ボーナスはないのです。2040年が問題といわれる理由の一つはこれです。

図表 10-3　労働力人口の将来見通し

年	2017年実績値	2025年予測値	2040年予測値
労働力参加が適切に進まないケース			
労働力人口	6720万人	6341万人	5460万人
女性30~34歳の労働力率	75.2%	76.1%	76.1%
女性35~39歳の労働力率	73.4%	74.5%	74.7%
男性60~64歳の労働力率	81.7%	81.7%	81.7%
男性65~69歳の労働力率	56.5%	56.5%	56.5%
労働力参加が適切に進むケース			
労働力人口	6720万人	6673万人	6195万人
女性30~34歳の労働力率	75.2%	81.5%	86.3%
女性35~39歳の労働力率	73.4%	83.5%	92.0%
男性60~64歳の労働力率	81.7%	85.0%	89.4%
男性65~69歳の労働力率	56.5%	62.7%	71.6%

出所：労働政策研究・研修機構（JILPT）資料シリーズNo.209

２０４０年の日本はどうなるのか

２０４０年問題とは、具体的にはどういう問題なのでしょうか。ポイントは大きく２つあり、一つは労働力人口の減少で、もう一つは団塊ジュニア世代の経済的困窮です。一つずつ見ていきましょう。

①　労働力人口の減少

２０４０年には、人口はかなり減っています。いま日本の人口は約1億２６００万人くらいですが、今世紀の半ばには1億人を割り込むであろうと予測されています。これによって起きるのが、労働力人口の減少、つまり働く人たちの減少です。

図表10－3は、労働力人口の将来見通しです。

図表の上半分を見ていただきたいのですが、何も対策をしないままでいると、直近の2017年にだいたい6720万人ほどいた労働力人口は、2040年には5500万人を割り込むところまで減少すると予測されています。労働力人口、働く意志のある人が減ると、どんなことが起きるでしょうか。大きく3つの困ったことが起きます。

1つめは生産が減ります。生産というのは、「労働者の数×1人あたりの労働時間×時間あたりの付加価値生産性」という、この3つの変数の積として算出されます。今後、労働時間は増やせません。むしろ、もっと短くしていかなくてはならない。その上で労働者の数が減れば、労働時間あたりの付加価値生産性を相当大幅に上げない限り生産は減っていきます。すなわち、マクロ経済のサプライサイド、供給面で成長が制約されるわけです。

2つめに、消費も減る可能性があります。消費というのは所得の関数であり、そして人口の多くを占める勤労者の所得というのは、「賃金×労働者の数」で定義されます。労働者の数が減ると、それを補うだけ賃金を上げないと勤労者の所得総額は減ります。生産性を向上させ、それをしっかりと労働者に配分して賃金をうんと上げない限り、所得水準も下がることになります。ということは、所得水準に依存して決まる消費も減ることになります。すなわち、マクロ経済のディマンドサイド、需要面で成長が制約されるわけです。

そして3つめには、社会保障制度の持続可能性が低下します。社会保障制度は何によって支えられているのかというと、基本的には社会保険の保険料と税金です。社会保険料は、働いている労働者とその人を雇っている企業が賃金水準に応じて折半で払うものですから、ここでも労働者の数が減るということは、それを埋め合わせるだけの賃金上昇がなければ保険料も減ることを意味します。税金は働いている人たちの勤労所得からも徴収されますから、税収も減ることになります。もちろん、そうなっても保険料率や税率を高めれば保険料収入や税額は確保されるわけですけれど、そうなれば可処分所得は激減します。

つまり、労働力が減ると、生産が減る、消費が減る、社会保障の持続可能性も低下するということで、日本の経済や社会に大きなマイナスをもたらす可能性があるのです。高齢者人口の絶対数が2042年に約3925万人でピークに達すると予測されていますが、同時に労働者の数がこれだけ減ってしまうと、日本は大変なことになります。2040年あたりに起きるかもしれない厳しい事態のシナリオです。

② 団塊ジュニア世代の経済的困窮

その上、実は団塊ジュニア世代の人たちが貧しい状態で高齢化する可能性も高まっています。団塊ジュニアで1971年生まれの人たちは、ちょうど大学を卒業する1993年ごろ、バブルが崩壊してすでに就職氷河期といわれる時期に入っていて、新卒の就職は厳しくなっていました。非正規労働者となった人たちの比率も高くなり、結果的に賃金は安い、雇用も不安定という人たちの比率も増えてしまいました。

実はもともと、団塊ジュニアの人たちは労働市場においてハンデを背負っています。労働経済学に「コーホート効果」という言葉があります。コーホートとは「同時期に出生した集団」という意味で、団塊の世代であるとか団塊ジュニア世代のような、大きな人口のかたまりを指します。人口の多いグループというのは、就職するときに競争相手も多いため、労働の需給関係で就職難になったり、賃金が安くなる可能性があります。実際、アメリカの団塊世代、いわゆるベビーブーマーの出生年次は日本よりも長く、１９４０年代の後半から１９６０年代前半くらいまでだったので、特に量的にも大きいのですが、アメリカのベビーブーマーについてのコーホート効果は、労働経済学の分析ではっきりと論証されています。つまり、数が多かったことにより、生涯の賃金が安くなっているのです。

したがって、日本の団塊世代も毎年２７０万人生まれているので、実はアメリカのベビーブーマーと同じように就職は大変で、生涯の賃金も安くなったかもしれなかったわけです。ところが、団塊の世代の人たちは、就職期がちょうど日本の高度成長期に重なりました。１９６０年代から70年代の初めにかけてのことです。人数は多かったけれど、それを上回るような求人、労働需要もあったので、団塊の人たちは楽々と就職できました。とてもツイていたわけですね。そのあとも、1970年代の半ばから1990年前半のバブル経済に至る日本経済の黄金期に働きざかりの年齢を迎えていたので、団塊の人たちの賃金はどんどん上昇しました。団塊の世代の人たちの生涯賃金は、ほかの世代よりもむしろ高くなっているほどです。

ところが、団塊ジュニア世代の人たちは、それほど幸運ではありませんでした。まず、数の多さのため、コーホート効果でほかの条件が一定であっても生涯賃金が安くなるリスクを抱えていました。それに加えて就職する時期が、バブル経済が崩壊した就職氷河期だったため、ダブルパンチで非正規雇用者も増え、生涯賃金も安くなってしまったのです。親の団塊世代に比べて、ツイていない世代なのです。

そこで**図表10-4**を見てください。これは横軸に世代、縦軸に所得の変動を見ています。上から順に1996年から2001年、2001年から2006年、2006年から2011年、2011年から2016年と、それぞれ5年間の所得の変化を世代別に見ています。この図の中で、給与の増減率で大きく下がっているところが、団塊ジュニア世代の含まれる年齢層です。1996年から2001年まででは20代後半くらいから30代の前半くらい。直近のところでいえば、40代のところということになります。どの5年間の変化を見ても団塊ジュニア世代のところは、所得の伸びがほかの世代に比べて低くなっていたり、さらに、マイナスのときのマイナス幅も大きくなっています。例えば2011年から2016年の5年間ではほかの世

図表 10-4　世代別の所得変動（男性一般労働者）

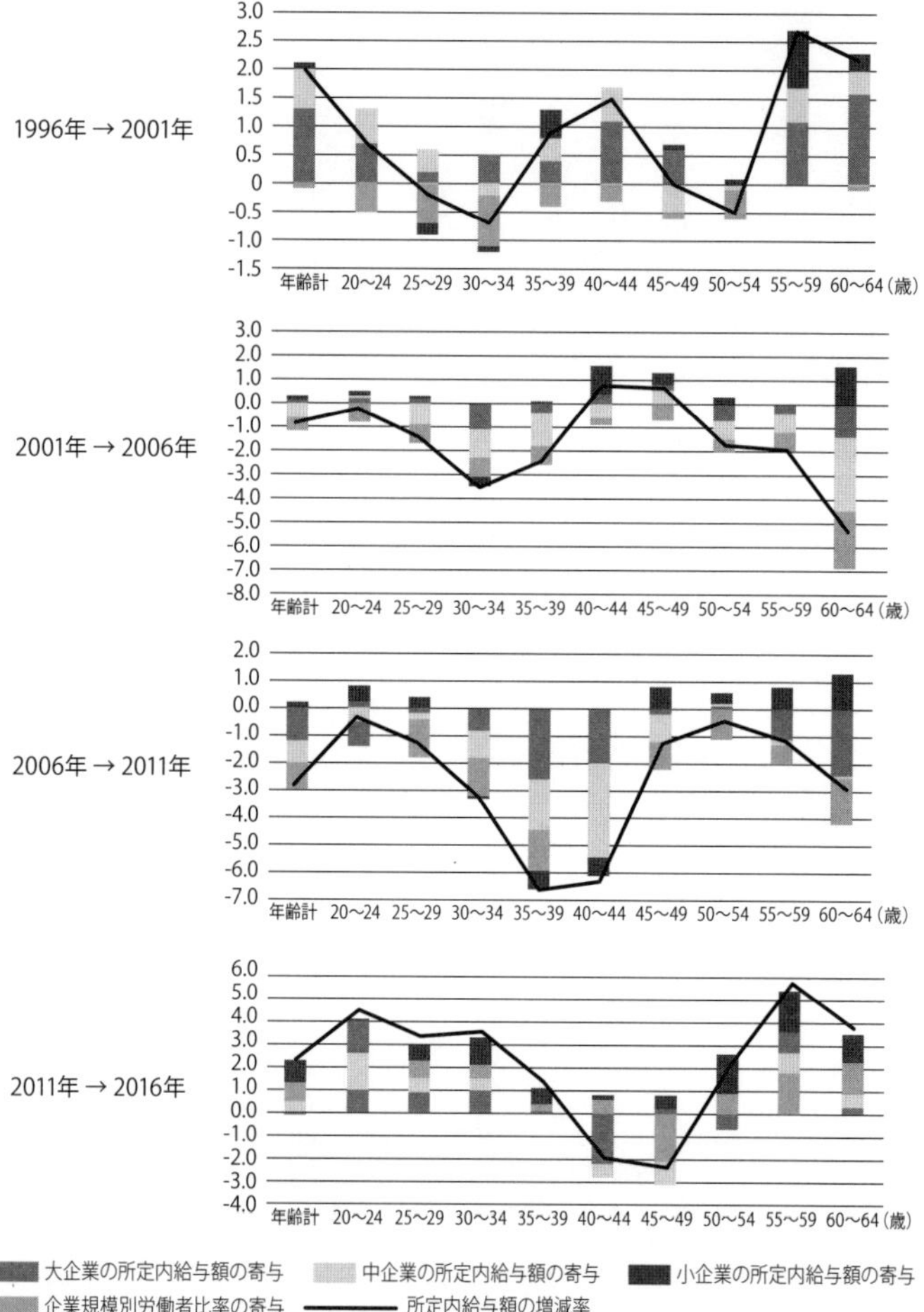

※2001年に25~29歳の人は1972~1976年生まれ、30~34歳の人は1967~1971年生まれ
(注)雇用労働者1000人以上を大企業、100～999人を中企業、10～99人を小企業としている。
出所：厚生労働省「平成29年版厚生労働白書」(2017)

代は所得が増えているのに、団塊ジュニアだけはマイナスになっています。あるいは、リーマンショック後のすべての世代で所得が減ったときも、団塊ジュニアの所得の減り方はより大きなものとなっています。

このように、団塊ジュニアの人たちはもともと生涯賃金が安いので、厚生年金に入っていたとしても、高齢になってもらえる年金額は少なくなってしまいます。なぜなら、労働者の加入している厚生年金の年金額は、働いていたときの賃金の平均額に応じて決まるからです。さらに非正規雇用のため、定額の国民年金だけの人や年金に入っていない人もたくさんいます。定年がなくて長く働ける自営業の人のための年金である国民年金の給付額は、厚生年金ほど高くありません。つまり、団塊ジュニアの人たちは次のような状況にあるといえます。

① 生涯賃金が低い（コーホート効果）→ 年金の水準が低い

② 非正規比率が高い（就職氷河期）→ 無年金・低年金

先に説明したように団塊ジュニア世代は２０３０年代後半から高齢化するわけですが、要するに２０４０年問題とは、このまま放っておくと２０４０年ころには貧しい高齢者の急増を招きかねないということなのです。それを若い世代が支えなければならない。２０４０年問題の一番深刻なところはここにあります。

生涯現役社会にふさわしい雇用システムや社会保障制度に

ではどうしたらいいか、解決策は何でしょう。一つは、支え手を増やすことです。もう一つは、団塊ジュニア世代の人たちが貧しい高齢者にならないで済むようにするということです。この2つについて考えてみることにしましょう。

支え手を増やすということで大切なのは、現在、まだ十分にその能力を活用されていない人口グループの労働力率を高めることです。20代後半から50代後半までの男性はほぼ100%就労していますので、労働力率を高める余地のあるのは女性と高齢者です。先に見ていただいた**図表10－3**（389ページ）の下半分にそのシナリオに沿った試算を示しています。

女性の労働力率はよくM字カーブといわれるように、30代で下がってMの字の谷を形成しています。直近の2017年では30代女性の労働力率は75%程度ですが、これを2040年には90%程度まで引き上げていく。また、男性の60代前半の人の労働力率は、いま80%を少し超えたあたり、60代後半になると50%を超えたくらいですが、これを60代前半で90%くらいに、そして60代後半でも70%を超えるところまでもっていく。このように、いまはまだ活用されていない女性や高齢者の労働力率を高めることができれば、前述のように、このまま何もしないと労働人口約6700万人が5500万人以下に減るところを、6200万人くらいの水準は維持できるかもしれません。その程度の減少であれば、時間あたりの付加価値生産性を着実に高めることで生産量を維持できるかもしれません。あるいは、生産性の向上をしっかりと賃金の上昇に結びつけることによって勤労所得を維持し、消費の水準も維持できるかもしれません し、そこから社会保険料や税収を納めてもらうことで社会保障制度を維持していくことも可能になると思います。

このうち、女性の労働力率を高める方策ははっきりしています。子育てと就労の両立が可能となるような育児支援サービスを充実させること。そして、これもまた子育て就労の両立可能となるような、働き方改革です。これは女性だけでなく父親となる男性労働者の子育て参加を促進するためにも必要です。こうした子育て支援政策と働き方改革をしっかりと進めることによって、女性の就労を促進することはきわめて重要です。

高齢者の就労促進は、特に日本においては大いに期待されているところです。それは、日本における高齢者の労働力率は、世界のなかでもとても高い水準にあるからです。60代前半の男性高齢者の労働力率は、先ほど申しましたように日本は80％くらいですが、ヨーロッパでは50％を割っているところも少なくありません。アメリカやイギリスでも60％くらいです。この高い就労意欲を生かして、働く意思と仕事能力のある高齢者の労働力率を高められれば、**図表10**

―3（389ページ）の下半分のシナリオは実現可能です。

そのためにはどうしたらよいでしょうか。労働経済学の実証分析、例えば私と本学経済学部の山田篤裕教授との共同研究（清家篤・山田篤裕『高齢者就業の経済学』日本経済新聞出版社）などでその方策は確認されています。高齢者の就労に影響する変数は主として3つあって、それは影響力の大きな順に、高齢期の健康状態、定年退職の経験、年金の受給資格です。一つずつ詳しく見ていきましょう。

① 健康寿命の延伸

まず健康については、健康寿命を延ばすことです。寿命といえば平均寿命を想起されると思います。日本は世界で一番長い部類に入り、男性は約81歳、女性は約87歳です。これに対して、健康寿命というのは厳密な定義があるわけではないのですが、厚生労働省が統計を作るときに採用しているのは、「健康上の理由で生活に支障がない状態の年齢」というやや主観的な定義です。健康上の理由で生活に支障のない、移動の困難といったことのない状態、といった意味での健康寿命です。

図表10―5を見てください。男性と女性の平均寿命と健康寿命が描かれています。平均寿命は順調に右肩上がりに延びていますし、同時に健康寿命も延びています。しかしその間には常

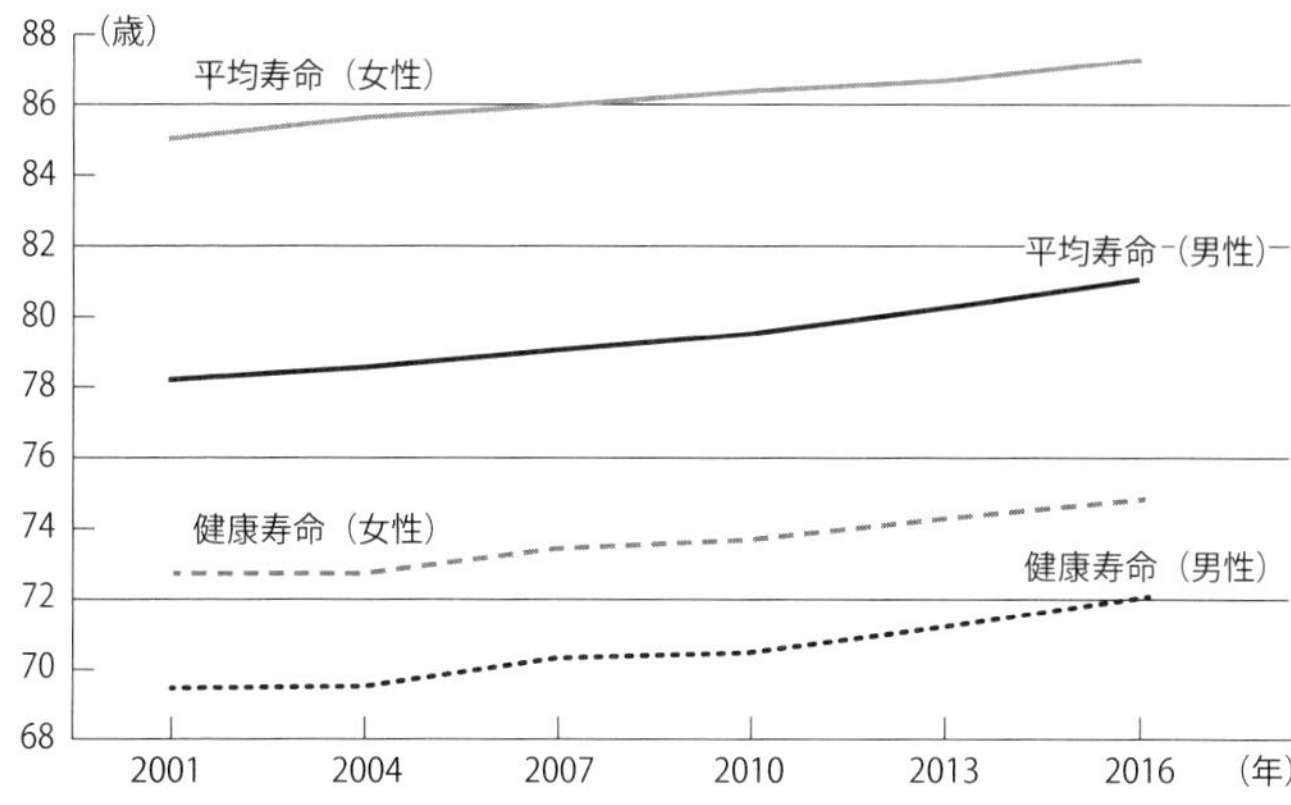

出所：平均寿命は厚生労働省「簡易生命表」、健康寿命は同「健康日本21推進専門委員会資料」などから筆者作成

にほぼ、10歳くらいの差があります。男性の場合は平均寿命約81歳に対して健康寿命約72歳、女性では平均寿命約87歳に対して健康寿命約75歳といった現状です。

このギャップをもう少し縮めていきたい。それによって高齢期の労働力率も高くなります。働く期間も延びてきますから、健康寿命の延伸によって職業寿命も延びていくわけです。

もう一つ、健康寿命を延ばすことの大切さは、介護の期間が短くなることです。あるいは介護の必要性が低下することです。これは高齢者が幸せになると同時に、介護をする人たちを楽にします。

介護を必要とする人の増加にしたがい、介護サービスも合わせて充実していかないと、親の介護のために仕事を辞めなければならない人も増えてしまいます。実際、介護による離職は子育てのための離職よりもっと深刻です。というのは、親のために仕事を辞めなければならない人は、働き盛りで責任のある仕事をしている人たちも多いからです。また、子育ての場合は、子育て期間はあらかじめわかっていますが、介護の場合、いつまで続くか事前にはわかりません。始まりも終わりも予測できないのです。

子育ての場合には、一時期休むとか労働時間を短くして働くとか、そういう対応は可能ですが、介護の場合、しばしば仕事を完全に辞めてしまわなければならないのです。特に介護を担う人は女性が多いことを考えると、健康寿命の延伸は女性の就労促進のためにも大切です。

② 定年年齢の引き上げ

次に、影響の大きな変数である定年退職経験についてはどうでしょうか。日本では高年齢者雇用安定法という高齢者の就労を促進する法律により、１９９８年からは60歳未満の定年は法律的に認められなくなりました。しかし、高齢化の進展に伴い、また厚生年金の支給開始年齢も65歳に段階的に引き上げられることになり、政府は高年齢者雇用安定法を改正して、65歳までの雇用確保を企業に求めるようになりました。現在はまだ60歳定年のところも次第に定年年齢を引き上げつつあります。これまで定年の延長を進めてきた中小企業に加えて、最近では大企業で定年を65歳に引き上げるところも増えており、また、公務員の定年も段階的に65歳に引き上げられることになるはずです。今後、少なくとも65歳までは、定年による就業の阻害効果は消えていくことになるでしょう。

もちろん、定年の年齢を引き上げるためには年功賃金の見直しも必須です。年齢とともに上昇する賃金体系のままで定年の年齢を引き上げれば、企業は賃金の高い高齢労働者を多く抱え込むことになり、労務費は膨張してしまいます。年功賃金の傾斜は、もっと緩やかにしなければなりません。そして実は、これまでも日本の年功賃金は、そのように変化しています。

ただし問題は、60歳以上になると、賃金は大幅に低下していることです。ピーク時の6割程度になっています。これまで、定年まではかなりの傾斜の年功賃金で、定年後は再雇用などで賃金を大幅に下げるということをしてきたわけですが、本格的に65歳まで定年を延長するということになれば、もう少し前の40歳代、50歳代あたりから傾斜を緩やかにして、大きな段差なくスムーズに65歳までもっていくようにすべきでしょう。

年功賃金制度には、大きなメリットもあります。特に若い時代にはむしろ年功賃金のほうが良いと考えられます。未経験の若者は、まずは職場の先輩から仕事を教えてもらって一人前になるからです。こうした仕組みは、仕事を教える先輩の賃金が、仕事を教えてもらう後輩よりも高くないとうまく機能しません。また、若い社員も徐々に仕事を覚えて能力を高めていきますから、それに合わせて賃金を上昇させることは合理的といえます。

産業や職種などによって違いはあるかもしれませんが、入社からおおむね10年くらいは年齢・勤続年数に応じて機械的に賃金を上昇させるのでよいでしょう。そのあとで、年齢や勤続年数と賃金との関係を弱めていき、40歳代後半から50歳代前半あたりからは、その関係をさらに小さくしていくといった年功賃金の変更を、労使で話し合ってほしいと思います。

③ 年金受給の繰り下げと在職老齢年金制度の見直し

年金はもともと引退を可能にするための給付ですから、公的年金の受給資格を得ることによって、引退を誘発する（＝就業を抑制する）ことは当然です。つまり、年金で引退できるようになったので、もう働かないという選択はあってしかるべきです。経済学の言葉で言えば、所得の増加によって余暇をより多く消費するようになるという「所得効果」で、年金の充実によって就業は抑制され、労働力率も低下するということは経済学的な理屈どおりのことです。

そしてこの年金の受給開始年齢は引き上げられつつあります。男性の厚生年金の受給開始年齢は、現在は63歳、２０２２年からは64歳、そして最終的に２０２５年からは65歳となります。もちろん受給開始年齢以前から減額された年金は受給できますが、原則は65歳からとなりますので、60歳代前半における厚生年金による引退促進（＝就業抑制）効果は薄れ、その意味で労働力率も上昇すると期待されます。

また、65歳以降も65歳で受給するのではなく、実際の年金受給開始を繰り下げることによって給付額は増額されるという「繰り下げ受給による年金増額」の仕組みもあります。これは厚生年金制度に内蔵された就労促進効果をもたらす部分といえますので、65歳以降の労働力率上昇も期待できます。

しかし、高齢層の就労に関して厚生年金制度は一つ大きな問題を抱えています。それは厚生年金制度には、上述の「所得効果」以上に就労を抑制する効果を持つ部分が含まれているということです。「在職老齢年金制度」といわれるもので、年金受給資格を得たあとも働き続けると、働いて得た勤労収入に応じて年金給付額が減らされるということです（現行制度下では、勤労収入と年金額の合計が一定額を超えると年金が減額されます）。

このような制度の下では、年金受給資格のある個人は、できるだけ年金を減額されないように勤労収入を抑えようとするため、結果として働く日数や、労働時間を短くするようになります。主婦がパートタイムで働くときに、税制上の配偶者控除を受けられるよう出勤日数を調整して年間収入を抑えるのと同じです。

高齢者の就労を本格的に促進するためには、厚生年金制度の持つ過度な就労抑制効果を除いていかなければなりません。また税制においては、公的年金給付等控除といった、勤労収入よりも年金給付を税制上優遇する制度もあります。働いて勤労収入を得るよりも年金所得を得ることを税制上有利にするため、これもまた就労を抑制する可能性を持ちます。

在職老齢年金制度を廃止し、年金給付を優遇するような税制を見直すことで高齢者の就労を促進する、あるいは少なくとも阻害しない中立的な制度にしていくべきです。そのような政策をとることで、高齢層の労働力率はさらに上昇していくと期待されます。

団塊ジュニア世代への人的資本投資

高齢期の労働力率の引き上げと同時に、団塊ジュニア世代が貧しくならないような方策を講じることも大切です。まず取り組むべきは団塊ジュニア世代で非正規雇用の人たちを正規雇用化することです。いま非正規雇用で働いている人、パートタイマーやアルバイトなど不安定で賃金の安い仕事で働いている人たちを、できるだけ企業に正社員として雇ってもらう。正社員は、期間の定めなく、定年までの雇用を基本的に保障されています。こうした、安定した、きちんと賃金の払われるような雇用に転換していくことです。

また、非正規雇用で働いている人は、仕事をするための能力を身につける機会が少ないのも問題です。企業は、正社員に対しては教育訓練の費用を負担していますが、非正規雇用の人に対しても同等に教育訓練を行うようにすることも大切です。

そして、正規雇用化の結果として派生することですが、働く人たちには厚生年金に加入してもらうことも重要です。実は、いま社会保障制度改革のなかで年金制度の改革も進んでおり、厚生年金に加入する条件も緩和されることになっています。

現状では、労働時間が短い人、そして規模が小さい企業で働いている人など、雇用者であっても厚生年金に加入していない人は少なくありません。具体的には加入条件として、従業員規模500人以下の企業では週20時間未満の短時間労働の人は、厚生年金に入れなくてもいいことになっていたからです。これは大問題で、同じように働いていても、短時間就労でたまたま働いている会社の規模が小さかった場合、老後の所得保障が得られないというのは、どう考えても正当化できません。この問題は2020年の年金改革で少し改善され、厚生年金が適用される従業員規模は拡大されることになりました。[※1] 私自身は、少なくとも企業の規模要件は撤廃すべきだと思っています。

それから、最近行われた厚生年金の改革の一つの成果でもあるのですが、以前は公的年金に25年以上加入していないと年金をもらえないという仕組みでしたが、2017年の年金制度改正によって、10年間の加入期間で年金をもらえるように変わりました。

※1　従来の週20時間未満の短時間労働者の厚生年金適用の従業員数企業規模は、501人以上だったが、改革により2022年10月から101人以上、2024年10月から51人以上が対象になる。

第四次産業革命への期待

もう一度、２０４０年問題を整理します。労働力人口が減って、支え手が減ってしまうこと、そして団塊ジュニア世代が貧しい状態で高齢になる可能性があること、この２つの問題が重なることで２０４０年問題は起きるわけです。

これに対する対処策は、まず女性や高齢者の労働力率を高めることで、労働職人口をできるだけ維持する。そのためには、健康寿命の延伸、定年の延長、在職老齢年金制度の見直しなども必要である。そして、団塊ジュニア世代が貧しい状態で高齢期を迎えないように雇用や年金制度の現状を改善していく。これらをしっかりと進めることの大切さをお話ししました。

日本は世界で類を見ない高齢化となっていますが、同時に第四次産業革命といわれるような大きな技術変革も進んでいます。これは高齢化の問題解決に資するものとして期待されています。

第一次産業革命は、高等学校の教科書に載っているような18世紀の終わりから19世紀の初めにイギリスで始まった蒸気機関による機械化です。第二次産業革命では、19世紀の終わりから20世紀の初めにかけて電力を大量に使って自動車などを流れ作業で大量に作ることができるようになりました。第三次産業革命は、20世紀の後半に始まったコンピューターを使ったインフォメーションテクノロジー（ＩＴ）の革命です。１９７０年くらいから急速に進んだマイクロエレクトロニクス革命といわれるようなものも含まれます。

そして第四次産業革命は、いま進んでいるＡＩ（Artificial Intelligence）すなわち人工知能、あるいは自律的なロボット、つまり、自分である程度判断しながら活動できるロボットの出現などによって、仕事のあり方も大きく変わりつつあります。

第四次産業革命の流れとして、高齢化との関係で期待したいのは、医療や生命科学の進歩で広い意味での健康寿命を延ばすことです。例えば、年をとって視力が衰えても映像でモノを見ることで仕事を続けられたり、あるいは筋力が衰えてもパワースーツなどを使うことで従来と同じように仕事をしたりすることもできる。このように、新しい技術は高齢化に対処するときの大きな助けになるかもしれません。

そもそも労働人口は減っていくので、相当、生産性を上げていかないと生産は維持できません。この生産性を上げるときに大切なのは、まさに新しい技術だといえます。

高齢化問題と地域の支え合い——２０４０年問題が東京に与える影響

２０４０年問題は、団塊ジュニア世代の問題であると同時に、東京の問題でもあります。なぜかというと、２０４０年に高齢者が最も増えるのは、東京、あるいは東京首都圏だからです。

実は、地方では介護サービスはもう十分足りているというところも少なくありません。高齢者の絶対数自体が減っているからです。特別養護老人ホームに入るための順番待ちといったことなどは、地方ではかなり改善されてきています。むしろ介護サービスの不足問題は、東京など大都市圏でより深刻な問題になっているわけです。これは２０４０年ごろにはますます加速していきます。要介護の高齢人口の東京一極集中のために、東京では介護の労働力不足は深刻になり、地方から介護労働力を呼び寄せることになります。そうなると、ますます地方は空洞化し、人口は東京に集中します。

そうならないためにも、人口の地方分散を進めていかなくてはなりません。[※2] 以前からいわれていることですが、地方再生や地方創生というのは、実は地方の問題ではなく、そうしないと東京が立ち行かなくなるからなのです。東京一極集中のままですと、東京で増えてくる高齢者は東京では介護できなくなります。その人たちは東京近辺の地方に移ってもらって、介護を受けるというようなことも必要になってくるかもしれません。

人口の減少は、地域の行政サービスの量や質にも影響していくでしょう。人口は減ってくるわけですから、少なくなる労働力を市町村役場などでそんなにたくさん雇うわけにはいかなくなります。少ない労働力は、付加価値を生産する民間部門で働いてもらわなければ税収も得られません。公務員の数はぐっと減ってこざるを得ません。

そうしたなかで高齢者は増えますから、地域で生活するために必要とされる介護サービスや見守りサービスなどをすべて市町村の職員で賄うことはできなくなります。いま行政が行っているようなサービスを、今後は提供できなくなるでしょう。

特に小さな町では、必要なすべてのサービスの提供は不可能になります。例えば、小さい村や町では下水道を整備するために専門技術者などを雇えなくなるかもしれません。一つの町や村ですべての行政サービスを提供するフルセット主義は無理になり、それぞれ持っている得意技を融通し合うような、村や町、県などの連携が必要になってくるでしょう。

同時に、高齢者の見守りや介護、子育て、防災といった地域で必要なサービスの一部、ないしはかなりの部分を住民が互いに提供し合うという互助の仕組みもこれからもっと必要となるでしょう。

※2　地方への高齢者の移住については、第5章の野尻論文も参照。

長期的視点に立ち、今から「2040年問題」に備える

ここまでお話しした2040年問題にどう備えるのか、けっこう大変です。なんといっても

費用がかかります。消費税を10％に上げるだけでも大変でした。しかし、すでに予想されているように、これから先、10％で済むとは到底思えません。そこで、これからどのように負担をして、どのように給付を受けるのか、これをみなさん一人ひとりで考えていかなければならないのです。

よく私たちは「税金を納める」、「給付を受ける」と言いますけれど、社会保障は店でモノを買うのとは違います。社会保障は、いくら払うのかは皆さんで決めているのです。よく政治家は、「国民に消費税の負担をお願いする」などと言いますけれども、それは政治家の決めることではなく、その政治家を選ぶ私たちの決めることです。

これについて、慶應義塾大学を創った福沢諭吉はなんと言ったかというと、『学問のすゝめ』の第7編には次のようにあります。

「主客」:「凡そ国民たる者は一人の身にして二箇条の勤（つとめ）あり。その一の勤は、政府の下に立つ一人の民たる所にてこれを論ず、即ち客の積りなり。その二の勤は、国中の人民申合せて一国と名づくる会社を結び、社の法を立てゝこれを施し行うことなり、すなわち主人の積りなり」（福澤諭吉『学問のすゝめ（第7編）』明治7年）

国民は確かに決められたルールに従って税金や保険料を納め、そして決められたルールに従ってそこから年金や医療サービス、介護サービスを受けたりします。そういう面では客かもしれません。しかし、いくら保険料を払うか、いくら税金を払うか、そこからどれくらいの給付を受けるかということを決めるのは、実は政権を選択する国民一人ひとりです。その場合、私たちは客ではなくて国の主人の役割を持つのです。国民は、国の客でもあるし主人でもある。まさに、民主主義の社会とは、そういう社会のことです。

では、そのときにどのくらい負担をするのか。給付をたくさん受けたければ負担も多くなります。負担は少なくしたいということであれば給付も下がります。どこでバランスをとるのでしょうか。

このバランスのことを福沢諭吉は「公智」といっています。これは『文明論之概略』のなかに出てくる言葉です。

「公智」：「人事の軽重大小を分別し軽小を後にして重大を先にしその時節と場所とを察するの働を公智と云う。」（福沢諭吉『文明論之概略』明治8年）

福沢は智恵というものを「私智」と「公智」に分けています。私智とは、勉強ができるとか、ものをよく知っているとか、ものを理解する能力をいい、公智とは、私智を使いながら、いまある状況のもとでより大切なことは何か、あと回しにしていいことは何なのか、これを判断する判断力をいいます。あらゆることはトレードオフです。負担を多くすれば給付も多くなるし、負担が軽ければ給付も少ない。どこでバランスをとりますか。

『文明論之概略』だけは、一度は読むことをお勧めします。この本の冒頭には、「重いというのは軽いというのがあるから存在する」と書かれています。つまり、徹頭徹尾、物事は相対的なものであると言っているのです。

福沢諭吉という人は、とてもクールな人です。絶対的な価値などはない。これは明治維新の直後くらいに書かれていますが、明治維新も絶対的に正しいわけではないと。昔の殿様が悪かったわけではない。ただ、いまの日本の置かれた状況を考えると、廃藩置県をして日本を一つの国にするのが相対的に良いというだけだ、と言っているわけです。

まさに2040年問題を考えるときに、「バランスをどこでとるのか」という話になるわけです。バックキャスティング[※3]などといわれますが、2040年問題に備えていまから何をしなければならないのか。2040年からバックキャストして、いまやらなければならないことを考えましょうということです。

そのときに福沢はどういう視点で考えるべきかについても述べています。それは次に引用する「奴雁（どがん）」の視点です。

「奴雁」：「群雁野に在りて餌を啄むとき、其内に必ず一羽は首を揚げて四方の様子を窺ひ、不意の難に番をする者あり、之を奴雁と云ふ。学者も亦斯の如し。天下の人、夢中になりて、時勢と共に変遷する其中に、独り前後を顧み、今世の有様に注意して、以て後日の得失を論ずるものなり。」（福澤諭吉『民間雑誌』明治7年）

つまり、雁の群れが一心にエサをついばんでいるとき、そのなかで一羽だけ首を高く上げて難に備えている雁がいる。これを「奴雁」という。福澤はここで「学者」と言っていますけれども、学問を学んだ者はどういう役割を果たさなければならないかというと、国の「奴雁」の役割を果たしてください、と。まわりの人たちが目先のことに汲汲（きゅうきゅう）としているような場合でも、歴史を顧み、現状を冷静に分析し、将来のために何をいまなすべきかを考える、そういう役割を果たしてほしいということです。

今回は２０４０年問題に備えるというお話をしましたが、少しでも「奴雁」の視点を持て公智を働かせ、まさに国の主人として、これからこの日本をどういうふうにしていったらいいのかを考えていただければうれしいと思います。

※3　あるべき未来の姿から目標を定め、逆算して現在すべきことを考えること。

■講義への駒村コメント

少子高齢化が進むなかで、当面は団塊の世代が75歳になる2025年を、そして次に団塊ジュニア世代が65歳になり引退を開始する2040年をどのように乗り越えるのかということは、経済・社会保障にとっても重要な課題です。そこで鍵になるのは、65歳以上の高齢者が様々な領域で活躍することです。特に高齢者雇用の促進が鍵になります。

人口の高齢化は、出生率の変動と寿命の伸長によって発生します。そして高齢化は、日本の人口に占める高齢者の割合が増えるという日本の人口構造の変化の捉え方であって、社会の問題になります。自分の老後の問題を「高齢化問題」とはいわないですね。

これに対して、人生100年の時代、すなわち長寿化は私たち一人ひとりの寿命が延びるという意味で、「自分事」として捉え、準備する必要があります。

本書でも長寿社会に備えて、金融システムを活用して若いときから資産形成をしなければならないという議論をしてきました。寿命が100年になると、60歳あるいは65歳以降、40年、35年の人生があるわけで、それだけの長さの生活をするためには、資産形成だけではかなり厳しいです。寿命の伸長に連動して、長く働く、引退のタイミングを遅らせて生活費を確保する、といったことが個人的にも重要になります。そして、長く働くためには、肉体と頭脳、すなわち健康と能力という人的資本が重要であり、人的資本も若いときから形成することが必要になります。

また学ぶというのは、良い人生のためにだけするものではありません。善い社会を作るために学ぶということも大事です。２０２０年から続くコロナ危機は、福沢諭吉が経験した明治維新のころと同じような大変革を社会にもたらす可能性があります。コロナ危機により、世界が一体化していることを私たちは改めて認識したわけです。善い社会なしに、良い人生などないということです。

最後に、福沢諭吉の言葉を紹介したいと思います。

福沢諭吉はその論考「教育の目的」で以下のように述べています。

「教育の目的は、人生を発達して極度に導くにあり。そのこれを導くは何のためにするやと尋ぬれば、人類をして至大の幸福を得せしめんがためなり。その至大の幸福とは何ぞや。……天下泰平・家内安全、すなわちこれなり。今この語の二字を取りて、かりにこれを「平安の主義」と名づく。」

本書の良い人生は「家内安全」、善い社会が「天下泰平」に対応すると思います。

福沢諭吉は、１８６８年７月４日の上野戦争（戊辰戦争の戦闘の一つで、上野における彰義隊と新政府軍の戦闘）の真っ最中でも、芝新銭座の慶應義塾において、普段どおりにウェーランド経済書を使った経済の講義を続けました。どんな変動期でも、臆せず学ぶことにより、良い未来、善い社会、福沢のいう「平安の主義」が訪れるのです。

出典：福沢諭吉「教育の目的」『福沢諭吉教育論集』岩波文庫（1991）

おわりに

過去、現在、将来という時間の感覚があるのは人類だけだと思います。将来のことを考え、現在の資源を貯めておく。この時間的な感覚こそが「金融」という、人類を発展させる仕組みを生み出したといえましょう。

しかし、その時間的な感覚は、同時に人生における様々な悩みをもたらしました。

人は常に将来のことを考えているとされます。常に頭の中の60％が将来のことに占められているという研究もあります。そして、将来を考えること自体が不安の原因になるとされます。

そうした不安を忘れる方法として、今日、禅が注目されています。禅がもたらすマインドフルネスは、現実逃避ではなく、いまの自分と向き合うこと、そして心を無にすることが「心の平穏」を取り戻す方法であるからです。この禅、マインドフルネスの効果は、脳神経科学で確認されています。

現在、健康に不安を抱えている人、生活が不安定な人、家族の問題を抱えている人、十分な蓄えがない人はお金の不安を持っていると思います。そうした不安な状況に至らない方法として、貯蓄があり、貯蓄した資産を有効に使うのが金融の知識です。将来の不安への準備が貯蓄を増やす原動力かもしれないのです。しかし、いくらあれば将来の不安が解消されるのか。金融や社会保障の知識がないと、この答えは見つからないと思います。

他方で、貯蓄が苦手な人、できない人もいるでしょう。いま目の前にあるお金を使わないで取っておくことは、誰にとっても簡単なことではありません。もしかしたら、生き物の本能に反しているのかもしれません。節制・貯蓄という行動は強い自制心が必要で、計画的で合理的な考えを必要とするでしょう。もちろん収入が不十分な人は貯蓄そのものが難しいでしょう。さらに生活への不安や困窮そのものがストレスの原因になり、貯蓄や投資といった合理的な判断の阻害要因になるという研究もあります。

貯蓄が苦手な人には、行動経済学の手法で自動的に貯蓄を行うような仕組みも提案されています。例えば、第5章でも紹介されたように、英国では老後資産の形成を促すために、強制加入の個人年金制度が導入されています。これはデフォルト・初期設定は強制加入にし、保険料を給与から天引きするようにしておき、どうしても加入したくない人は脱退できる、脱退自由という仕組みです。それなら加入自由でも同じではないかと思うかもしれませんが、加入自由とするよりも脱退自由にしたほうが、加入継続率が高くなることが確認されているのです。なぜなら、わざわざ加入するという意思決定を行う必要がないからです。これは人間の行動は初期設定に従う傾向があるという心理学の成果を生かした仕組みです。

人間以外の動物は、合理的な選択という意味での貯蓄という行動は行いませんが、一部の鳥類や哺乳類には「貯食」という行動があります。例えばキツツキの仲間やリスは、食料が不足する冬場に備えて、ドングリの実などを木の中や地中に保存します。ただ、これは合理的な発想というよりは、冬に向けてホルモン分泌が変化することによる本能的な行動とされています。人間も合理的貯蓄ではなく、本能的な貯蓄であれば、ストレスはあまりないのかもしれません。

しかし、リスはせっかく集めて埋めたドングリをすべて食べるわけではありません。どうもどこに埋めたかを忘れてしまうようです。そしてその忘れられたドングリの実がやがて木になり、森になり再び実をつけて次の世代のリスに豊かな生活をもたらします。このように忘れられたドングリはまるで「投資」のような役割を果たしているわけです。でも、はたしてリスは本当に埋めたドングリを忘れたのでしょうか。別の「説」もあります。リスはドングリの木と「契約」しているのかもしれないというのです。

読者の皆さんも子どものときに読んだかもしれない『シートン動物記』の「ヒッコリーの森を育てるリスの物語　バナーテイル」にその説が紹介されています。少し引用しましょう。

この本は、厳しい自然で家族で力を合わせて暮らしていくハイイロリスのバナーテイルの話です。

むかしむかし ヒッコリー（ドングリの木の一種）がハイイロリスに言いました。「私の子供である実を、あなたが土に埋めてくれたら、その仕事のお礼に 95％は差し上げます。けれど残りの5％の実はそっとしておいて、ヒッコリーの木に育つ機会を与えてください」。

この約束こそが、ハイイロリスが暮らす森に、ヒッコリーの木が生えている理由です。

これは、リスとドングリ（ヒッコリーの木）の契約です。なんとも魅力的な「説」ですが、これは人間と金融・貯蓄、そして地球の関係にも置き換えることができると思います。忘れられたドングリの実が、やがて木になり、森になるように、貯蓄は投資になり、経済成長を生んで社会を豊かにするわけです。しかし、人類の経済成長が地球の環境に深刻なダメージを与えるようになると、貯蓄→投資→経済成長の単純な関係に変更が求められるようになります。

本書でも紹介した「地球（惑星）の限界」という考えです。地球環境が多くの面で深刻な状況に陥っており、人類の経済活動も「地球の限界」のなかで行うべきであり、同時に地球のメインテナンスにももっと費用を使う必要があるというものです。

ハイイロリスとヒッコリーの木の契約は、まさに人類と地球の契約に置き換えることができるでしょう。地球、そして自然環境が「権利」を持ち、契約の主体として、人類と契約を結ぶのです。ヒッコリーとリスの契約のように。

実は地球、自然環境そのものが権利の主体と見なす考え方は実際にあります。そして、本書でも第7章で紹介したように、サスティナブルファイナンス、ESG投資という形でSDGsの推進力になり、豊かな地球を次世代に残すことが金融システムの新しい役割になっています。SDGsは地球と人類の契約と見なすこともできるでしょう。しかしこの契約は、簡単に守ることは難しいかもしれません。やはり際限のない経済成長のほうが大事だと思う人がいるからです。

そうであるなら、もし人類が契約が守れない場合は、リスが埋めたドングリを忘れるように、資産の一部を忘れていただいて、次世代の地球環境の維持のために投資するという仕組みも「あり」ではないかと、私は思います。第3章では、加齢に伴い高齢者が資産管理・運用が困難になるという話をしました。最終的には高齢者が忘れて使えなかった資産は、遺産として子どもの資産になりますが、その一部を地球環境の維持のために役立ててもらうような仕組みはどうでしょうか。忘れたお金は未来の世代を豊かにするために使ってもらうということです。そうであれば、リスがドングリを忘れるのと同様に「忘れる」ことも満更悪くないということになりますね。

本書は大学の講義をもとに編集したもので、そう聞くとハードルが高いと感じられるかもしれませんが、読者が本書を通じて、金融の意義や可能性を少しでも理解していただければ、目的を達成できたと思います。

最後に、本書のもとになった寄附講座に資金を出していただいた三菱ＵＦＪ信託銀行、さらに用字用語集を作成していただいた同社の大内誠氏、高信氏、そして本書の編集に尽力してくださった慶應義塾大学経済研究所ファイナンシャル・ジェロントロジー研究センターの寺田喜美子さん、荒木宏子さん、佐野潤子さん、海嶋晴賀さん、そして同じく慶應義塾大学経済学部の寄附講座をもとにした『社会のしんがり』に続き、本書の編集をしてくださった新泉社の内田朋恵さん、素敵な表紙の絵を提供いただいた坂崎千春さんにお礼を申し上げたいと思います。

２０２１年４月

駒村康平

1　ＲＤＲ（Retail Distribution Review）

188ページ

英国における、消費者保護強化を目的とする金融規制の見直しのこと。2013年1月に導入された。特に消費者向けの金融商品販売に関する抜本的な制度改革であり、ＩＦＡ（Independent Financial Adviser、独立系ファイナンシャル・アドバイザー）制度の整備や、投資信託等をはじめとする金融商品の販売会社からのキックバック報酬収受の禁止等が、代表的かつ重大な改革として知られる。

2　フィンテック（Fintech）

296ページ

ファイナンス（finance）とテクノロジー（technology）を組み合わせた造語。金融サービスとＩＣＴを組み合わせた技術革新や、革新的な商品・サービスおよび、それらを手がける事業者を指す。昨今の具体例としては、スマートフォン等を使った決済・送金等の金融サービス、ＡＩを活用した資産運用サービス、資金の貸し手と借り手を直接結びつけるレンディングサービス（融資仲介サービス）等が挙げられる。

3　フィナンシャルインクルージョン（金融包摂）　302ページ

すべての人々が、経済活動のチャンスを捉えるため、また経済的に不安定な状況を軽減するために必要とされる金融サービスにアクセスでき、それを利用できる状況のこと。

欧米では、主に金融機関に口座を持つことができない低所得者や社会層（アンバンクト）が金融サービスを受けることができない問題（フィナンシャルエクスクルージョン）に対して、フィンテックを活用した低コストの金融サービスを提供することで問題解消を目指す動きを指す。

日本では、金融機関が十分な担保を有しない企業へ消極的な融資姿勢をとる問題や（日本型金融排除）、認知機能の低下した高齢者へ金融サービスの提供が制限される問題に対して、フィンテックをはじめとする新たな技術・機能を活用して解消を目指す動きを指す。

4　オープンAPI（Application Programming Interface）　304ページ

自社のアプリケーションの機能や管理するデータ等（ＡＰＩ）を他社が共通基盤として活用できるようにネットワーク上で公開する仕組みのこと。銀行業においては、「銀行がFintech企業等にＡＰＩを提供し、顧客の同意に基づいて、銀行システムへのアクセスを許諾すること」（金融庁金融審議会　金融制度ワーキング・グループ報告　２０１６年12月）を指す。

例えば、株式会社マネーフォワード等が提供するいわゆる家計簿アプリは、オープンＡＰＩの仕組みを活用した新たな金融サービスの一つ。銀行等の伝統的な金融機関は、オープンＡＰＩの仕組みを通じてフィンテック企業と協働し、ビジネスモデルの変革を進めている。

5　デジタルバンキング　305ページ

為替や決済、預金や融資といった、従来は銀行の店舗でのみ利用できたすべての銀行業務の機能をデジタル化し、オンライン上のプラットフォームにて実現すること。伝統的な金融機関が提供している銀行業務のデジタル化（いわゆるインターネットバンキング）や、ネット銀行をはじめとする新興の金融機関が提供する、スマートフォンのみですべての銀行取引を完結できるサービスを指す。

特に新興の金融機関は、徹底的な顧客の利便性向上やシームレスなサービス提供によって、伝統的な金融機関との差別化を図っている。

6　レグテック（Regtech）　311ページ

レギュレーション（regulation）とテクノロジー（technology）を組み合わせた造語。金融分野をはじめとする複雑な規制に対して、ＩＣＴ技術を活用して管理の効率化を通じた事業者側の負荷軽減やコンプライアンス対応の向上を目的とするもの。令和元事務年度の金融行政方針において示された金融デジタライゼーション戦略でも「レグテックの推進」が挙げられるなど、官民双方からの注目が高まっている。

具体的には、リスクデータの収集と管理の効率化や、アンチマネーロンダリング（ＡＭＬ）などの犯罪収益移転防止に関わる機能・手順の高度化への活用が進んでいる。

7　ブロックチェーン　313ページ

取引の履歴情報を、当該取引の参加者全員が電子的かつ相互に分散して管理・保管・維持し、合意することで正当性を保証する技術。または、その技術を活用した分散型台帳を指す。

従来の中央集権型システムと比べ破壊・改ざんが困難であり、安価にシステムを構築することが可能である一方、取引の即時性や拡張性には課題があるとされる。

従来、ビットコインをはじめとする暗号資産（仮想通貨）の中核技術であったが、近年では企業等によるトークン（ネットワーク上で使用される一種の暗号資産、428ページ「暗号資産」参考）発行や行政サービスへの活用にも用途の広がりを見せている。

8　スマートコントラクト　317ページ

あらかじめ定められたプログラムに基づいて、自動的に電子契約の締結や履行を実行する仕組みのこと。例えば、自動販売機でペットボトルを買うときに「欲しい商品を選択して代金を投入する」という条件が満たされると自動的に商品が払い出され、その商品の所有権が利用者に移転するという一連の流れもスマートコントラクトの一つ。

ブロックチェーンとの親和性が高く、両者を組み合わせることで第三者を介さずに契約の締結から履行が可能となり、データ改ざんのリスクやコストを低減することが可能となる。具体的には、手作業が主流であるオプション取引の処理をスマートコントラクトによって自動化する取り組みが挙げられる。一方、実装に向けては既存のシステムからスマートコントラクトを活用した新たなシステムへの移行コストや、セキュリティ向上等の課題が挙げられる。

9　暗号資産（仮想通貨）　317、321ページ

インターネットを通じて記録・移転されるデジタル通貨の一種。不特定多数の人や企業間での代金の支払い等に使用でき、専門の取引所を通じて円、ドル、ユーロ等の法定通貨と交換することが可能。

ほとんどすべての暗号資産にブロックチェーン技術が活用されており、公的な発行主体による裏付け、あるいは裏付けとなる資産を持たないこと、銀行等の第三者機関の経由なしで流通するという特徴がある。代表的な暗号資産として、ビットコインやイーサリアム等がある。

10　ICO（Initial Coin Offering）　319ページ

企業等の事業者が、暗号資産を新規に発行することによって、投資家から資金を調達する手段のこと。事業者がインターネット上で公開したプロジェクトに対して、投資家はビットコイン等の既存の暗号資産を払い込むことによって新規の暗号資産を取得する。

事業者は、投資家から払い込まれた既存の暗号資産を専門の取引所にて換金することで、プロジェクトの運営資金等を獲得する。投資家は、新規に取得した暗号資産の値上がり益の獲得やプロジェクトが提供するサービスの利用を期待して投資を行う。

11 ステーブルコイン

321ページ

ドルや円等の法定通貨を裏付け資産とする暗号資産のこと。法定通貨を裏付け資産としているため、裏付け資産を持たないビットコインやイーサリアム等の他の暗号資産と比べて価格の変動幅が小さく、決済で利用しやすいなどの特徴がある。

ドルに連動するステーブルコインが現在の主流だが、暗号資産の取引事業等を手がけるGMOインターネットが円連動のステーブルコインの発行準備を進めるなど、ドル以外のステーブルコインの発行に注目が集まる。なお、現時点では日本国内におけるステーブルコインの発行・流通に関するルールは整備がなされておらず、国内居住者はステーブルコインの保有・取引を行うことができない。

[参考文献]

第1章

ダン・アリエリー（2014）『ずる―嘘とごまかしの行動経済学』（ハヤカワ・ノンフィクション文庫）

JNEWS（2019）「知的財産ビジネス事例集」

金融庁（2020）「つみたてNISA対象商品届出一覧」（指定インデックス投資信託、指定インデックス投資信託以外の投資信託、上場株式投資信託の合計）

厚生労働白書（2016）「死亡数及び死亡率の推移と将来推計」

リベルタス・コンサルティング（2018）「我が国における自筆証書による遺言に係る遺言書の作成・保管等に関するニーズ調査・分析業務（2017年度法務省調査）」

日本証券業協会（2020）「株式分布状況調査／個人の株式保有比率（金額ベース）」

投資信託協会（2020）「投資信託の全体像（2020年10月末）」

山岡浩巳・加藤出・長内智著、中曽宏監修（2020）『デジタル化する世界と金融―北欧のIT政策とポストコロナの日本への教訓』きんざい

第2章

Clark, Robert, Matsukura, Rikiya and Ogawa, Naohiro（2013）Low fertility, human capital, and economic growth: The importance of financial education and job retraining : *Demographic Research* 29 :

pp.865–884.

Lusardi, Annamaria and Mitchell, Olivia S.（2011）Financial Literacy around the World: An Overview. No. w17107：National Bureau of Economic Research

Lusardi, Annamaria and Mitchell, Olivia S.（2014）The Economic Importance of Financial Literacy: Theory and Evidence：*Journal of Economic Literature* Vol.52, No.1 :pp.5-44.

Sekita, Shizuka（2011）Financial Literacy and Retirement Planning in Japan：*Journal of Pension Economics & Finance*, Vol.10, Issue 4, : pp.637-656 : doi : 10.1017/S1474747211000527

Shimizutani, Satoshi and Yamada, Hiroyuki（2020）Financial literacy of middle-aged and older Individuals：Comparison of Japan and the United States：*The Journal of the Economics of Ageing* vol. 16, June 100214

Yoshino, Naoyuki, Morgan, Peter J. , and Trinh Long Q. T（2017）Financial Literacy in Japan: Determinants and Impacts. No.796：ADBI working paper series

第3章

Agarwal, S., et al.（2009）The Age of Reason: Financial Decisions over the Life Cycle and Implications for Regulation: , *Brookings Papers on Economic Activity* Fall : pp. 51-117

駒村康平編著（２０１９）『エッセンシャル金融ジェロントロジー――高齢者の暮らし・健康・資産を考える――』慶應義塾大学出版会

Strough, J., Parker, A. M., and de Bruin, W. B. (2015). Understanding Life-Span Developmental Changes in Decision-Making Competence: *Aging and Decision Making* Academic Press : pp. 235-257

第５章

フィデリティ退職・投資教育研究所（２０１７）「相続に伴う資産、世代、地域、金融機関間の資金移動—相続人５０００人アンケート」
依田高典、岡田克彦編著（２０１９）『行動経済学の現在と未来』日本評論社
金融庁（２０１６）「平成27事務年度金融レポート」
金融庁（２０１８）「高齢社会における金融サービスのあり方（中間的なとりまとめ）」
金融庁金融審議会　市場ワーキング・グループ第14回事務局説明資料（２０１８）「高齢社会における金融サービスのあり方について」
金融庁金融審議会　市場ワーキング・グループ報告書（２０１９）「高齢社会における資産形成・管理」
国立社会保障・人口問題研究所（２０１７）「日本の将来推計人口（平成29年推計）」
厚生労働省第７回企業年金研究会資料（２００７）「個別制度の課題について」
内閣府（２０１８）「高齢社会対策大綱」
日本銀行調査統計局（２０２０）「資金循環の日米欧比較」
野尻哲史（２０１７）『脱老後難民—「英国流」資産形成アイデアに学ぶ』日本経済新聞出版社
大原　啓一、沼田　優子、野尻哲史（２０２０）『ＩＦＡとは何者か—アドバイザーとプラットフォーマー

のすべて』きんざい
Pensions Commission（2004）「Pensions：Challenges and Choices: The First Report of the Pensions Commission
United States Government Accountability Office（2016）Retirement Security：Better Information on Income Replacement Rates Needed to Help Workers Plan for Retirement

第6章

浅岡輝彦、佐久間亨編著（２０１８）『家族信託をもちいた財産の管理・承継』清文社
道垣内弘人（２０１７）『信託法』有斐閣
Gratton, Lynda and Scott, Andrew（2016）The 100-Year Life, Living and Working in an Age of Longevity
N. Gary, Susan（2019）Best Interests in the Long Term: Fiduciary Duties and ESG Integration：90 University of Colorado Law Review 731
能見善久、樋口範雄、神田秀樹編著（２０１７）『信託法制の新時代―信託の現代的展開と将来展望』弘文堂
信託博物館（三菱ＵＦＪ信託銀行）（https://www.tr.mufg.jp/ippan/about/hakubutsukan/）
スティーブンソン、G．T．（１９９３）『信託の真髄―先駆者Ｆ・Ｈ・フリースの生涯』（三菱信託銀行フリース伝研究会訳）東洋経済新報社

第7章

バウンド（2019）『60分でわかる！ＳＤＧｓ超入門』技術評論社
エレン・マッカーサー財団（2019）「ＣＥ100参加企業」（https://www.ellenmacarthurfoundation.org/our-story/our-network/members）
独立行政法人国際協力機構（2015）「『ミレニアム開発目標（ＭＤＧｓ）報告2015』の概要」
夫馬賢治（2020）『ＥＳＧ思考―激変資本主義1990-2020、経営者も投資家もここまで変わった』講談社＋α新書
夫馬賢治（2020）『データでわかる 2030年 地球のすがた』日経プレミアシリーズ
グリーンボンド発行促進プラットフォーム（2020）「グリーンボンド発行実績」
GSIA (2019) Global Sustainable Investment Review
Hoekstra, R. (2019) *Replacing GDP by 2030: Towards a Common Language for the Well-being and Sustainability Community*: Cambridge University Press
蟹江憲史（2020）『ＳＤＧｓ（持続可能な開発目標）』中公新書
経済産業省（2020）「令和元年度（2019年度）エネルギー需給実績」
国際連合（2018）「持続可能な開発目標（ＳＤＧｓ）報告2018」
松田千恵子（2018）『ＥＳＧ経営を強くする コーポレートガバナンスの実践』日経ＢＰ
三隅隆司、茶野努、安田行宏編著（2020）『日本企業のコーポレート・ガバナンス―エージェンシー

問題の克服と企業価値向上』中央経済社

水口剛（２０１７）『ＥＳＧ投資―新しい資本主義のかたち』日本経済新聞出版社

水野雅弘、原裕（２０２０）『ＳＤＧｓが生み出す未来のビジネス』インプレス

世界経済フォーラム（２０２０）「ジェンダー・ギャップ指数２０２０」

渋澤健（２０２０）『ＳＤＧｓ投資　資産運用しながら社会貢献』朝日新書

Steffen, Will et al (2015) Planetary Boundaries: Guiding Human Development on a Changing Planet

スティグリッツ、ジョセフ・Ｅ他（２０１２）『暮らしの質を測る―経済成長率を超える幸福度指標の提案：スティグリッツ委員会の報告書』（福島清彦訳）金融財政事情研究会

高木邦子（２０２０）「急拡大するソーシャルボンド市場―コロナ債続々、生保が後押し」日経ＥＳＧ（https://project.nikkeibp.co.jp/ESG/atcl/news/00091/）

The Climate Group（2020）「RE100」（https://www.there100.org/）

東京証券取引所（２０１９）「改訂コーポレートガバナンス・コードへの対応状況」

冨山和彦、澤陽男（２０１５）『決定版　これがガバナンス経営だ！―ストーリーで学ぶ企業統治のリアル』東洋経済新報社

ウェルズ、デイビッド・ウォレス（２０２０）『地球に住めなくなる日「気候崩壊」の避けられない真実』（藤井留美訳）ＮＨＫ出版

持続可能な開発ソリューション・ネットワーク（２０２０）「Sustainable Development Report2020」

第8章

翁百合、柳川範之、岩下直行編著（2017）『ブロックチェーンの未来―金融・産業・社会はどう変わるのか』日本経済新聞出版社

第9章

こころを育む総合フォーラム・第40回有識者会議　基調講演（http://www.kokoro-forum.jp/report/meeting_160509/）

第10章

清家篤、山田篤裕（2004）『高齢者就業の経済学』日本経済新聞出版社

福沢諭吉（1978）『学問のすゝめ（第7編）』岩波文庫

福沢諭吉（1995）『文明論之概略』岩波文庫

おわりに

シートン、アーネスト・T（2006）『シートン動物記8　ヒッコリーの森を育てるリスの物語　バナーテイル』（今泉吉晴訳）福音館書店.

編著者プロフィール

駒村康平（こまむら・こうへい）

慶應義塾大学経済学部教授、ファイナンシャル・ジェロントロジー研究センター長
1964年生まれ。慶應義塾大学大学院経済学研究科博士課程単位取得退学。博士（経済学）。国立社会保障・人口問題研究所、駿河台大学経済学部助教授、東洋大学経済学部教授などを経て、2007年から慶應義塾大学経済学部教授。厚生労働省顧問、社会保障審議会委員（年金部会、年金数理部会、生活保護基準部会部会長、障害者部会部会長、生活困窮者自立支援及び生活保護部会部会長代理、人口部会）、金融庁金融審議会（市場ワーキング・グループ）委員、社会保障制度改革国民会議委員など。
著書に『日本の年金』（岩波新書）、『社会政策―福祉と労働の経済学』（共著、有斐閣）、『中間層消滅』（角川新書）、編著書に『社会のしんがり』、『検証・新しいセーフティネット―生活困窮者自立支援制度と埼玉県アスポート事業の挑戦』（共に新泉社）など多数。

みんなの金融

良い人生と善い社会のための金融論

2021年6月6日　第1版第1刷発行

編著者　駒村康平

発　行　新泉社

東京都文京区湯島1-2-5 聖堂前ビル

TEL 03-5296-9620　FAX 03-5296-9621

印刷・製本　萩原印刷株式会社

ISBN 978-4-7877-2107-5　C0033